南京栖霞山长江大桥养护与管理

Maintenance and Management of Nanjing Qixiashan Yangtze River Bridge

宗　海　王　浩　朱文白　主编

奚　晖　乔海滨　黄晓明
崔　冰　严卫兵　沈　阳　主审

中国质量标准出版传媒有限公司
中　国　标　准　出　版　社

北　京

图书在版编目（CIP）数据

南京栖霞山长江大桥养护与管理 / 宗海，王浩，朱文白主编 . —北京：中国质量标准出版传媒有限公司，2023.12

ISBN 978-7-5026-5142-8

Ⅰ. ①南… Ⅱ. ①宗… ②王… ③朱… Ⅲ. ①长江—公路桥—养护—研究—南京 Ⅳ. ① U448.145.7

中国国家版本馆 CIP 数据核字（2023）第 008400 号

中国质量标准出版传媒有限公司
中 国 标 准 出 版 社 出版发行

北京市朝阳区和平里西街甲 2 号（100029）

北京市西城区三里河北街 16 号（100045）

网址：www.spc.net.cn

总编室：（010）68533533 发行中心：（010）51780238

读者服务部：（010）68523946

中国标准出版社秦皇岛印刷厂印刷

各地新华书店经销

*

开本 787 × 1092 1/16 印张 17 字数 320 千字

2023 年 12 月第一版 2023 年 12 月第一次印刷

*

定价：70.00 元

编审委员会

主　　审　奚　晖　乔海滨　黄晓明　崔　冰　严卫兵　沈　阳

主　　编　宗　海　王　浩　朱文白

副 主 编　茅建校　汪　昊　李　丹　徐梓栋

编　　委　匡建国　俞嫣盈　聂佳豪　程树铭　邢晨曦　张鹏飞　廖睿轩　何嘉铭　要世乾　郜　辉　韩　锐　沈思正　朱小杰　桂　桂　庞振浩　苏　迅　徐文城　李　伟　卢　超　吴　钊　孙松林　马　翔　邢晓桢　刘红涛　张啸晨

编写单位　南京公路发展（集团）有限公司
东南大学
中交公路规划设计院有限公司
江苏法尔胜缆索有限公司
玛格巴（上海）桥梁构件有限公司
苏交科集团股份有限公司
南京林业大学
河海大学
中铁宝桥（扬州）有限公司

序

随着“交通强国”等国家重大战略的持续推进，我国在桥梁建设领域取得了举世瞩目的成就，已成为世界桥梁大国并正在向强国迈进。在新的发展起点上，随着建设和服役桥梁规模的不断扩大，桥梁运维管养逐渐成为新的工作重点。如何在复杂的自然环境和繁重的交通负载下保障桥梁安全运营、提升桥梁管养智能化水平、降低在役桥梁运维成本、延长桥梁使用寿命，是贯彻国家新发展理念、促进桥梁工程高质量发展需要思考的重要议题。

南京栖霞山长江大桥是国内同类型桥梁中的杰出代表，获第十七届中国土木工程詹天佑奖等多项科技奖励。2012 年 12 月通车以来，它的规划建设、运营状态、养护情况受到了国内外同行的广泛关注。在通车十周年之际，南京栖霞山长江大桥管养团队联合中交公路规划设计院有限公司、东南大学等单位精心编撰了《南京栖霞山长江大桥养护与管理》。本书全面阐述了南京栖霞山长江大桥十年间养护与管理的理论方法、技术创新和实践经验，成果汇聚了管养团队 3600 多个日夜守护的心血，充分体现了他们开拓创新的聪明才智和精益求精的工匠精神。本书注重桥梁管养的实用性、创新性、交叉性和综合性，紧密围绕高质量发展目标，梳理了南京栖霞山长江大桥十年间的管养经验及探索历程，循序渐进、脉络清晰、案例丰富，建立了一套较完整的桥梁管养体系，值得广大桥梁管养单位和从业工作者学习与借鉴，对于促进我国桥梁运维管养技术的进步有着重要的意义。

前 言

南京栖霞山长江大桥（原南京长江第四大桥）位于中国江苏省南京市境内，是《南京市城市总体规划》中“五桥一隧”过江通道之一，是中国“五纵七横”国道主干线中上海至成都高速公路的枢纽工程和南京绕越高速公路的过江通道和重要组成部分，也是中国首座三跨连续体系悬索桥。南京栖霞山长江大桥的建成对于优化国家高速公路网在南京区域的过江布局，疏通南京大市域交通，缓解过江交通压力，进一步推动南京跨江区域经济社会的发展均具有里程碑意义。2012 年通车以来，大桥交通量稳步增长，至 2022 年 8 月累计车流量已突破 1 亿辆。面对日益增长的交通压力，如何做好南京栖霞山长江大桥的管理与养护工作，实现桥梁百年全寿命周期内安全稳定运行，是桥梁守护者们共同面临的新课题。

值南京栖霞山长江大桥通车十年之际，南京公路发展（集团）有限公司将桥梁管理、养护的实践经验与技术创新归纳整理成专著。本书内容包括工程概况、桥梁养护与科研概况、桥梁结构健康监测与评估、桥梁关键主体构件养护、桥梁关键附属设施养护、钢桥面铺装养护、水下地形监测与桥梁防撞、风险评估与应急管理。

本书由南京公路发展（集团）有限公司董事长宗海、东南大学教授王浩以及南京公路发展（集团）有限公司总工程师朱文白主编，负责全书框架设计和统筹协调，编写组成员参与了全书的编写和整理工作。本书相关工作得到了东南大学、中交公路规划设计院有限公司、江苏法尔胜缆索有限公司、长江下游水文水资源勘测局、河海大学、苏交科集团股份有限公司、南京林业大学等单位帮助与支持，在此一并致谢！

本书是针对南京栖霞山长江大桥十年养护工作的总结，可为今后桥梁的健康保障与安全运维提供科学指导，也希望能为从事大跨度桥梁管理与养护的同行们提供参考。由于新一代信息技术、智能养护设备在大跨度桥梁管养中的应用日新月异，编者认知水平有限，书中难免存在不足、缺陷和错误，敬请读者批评指正，在此深表谢意！

南京公路发展（集团）有限公司

2022年12月

目　录

1　工程概况 ……………………………………………………………… 1

1.1　工程背景 ……………………………………………………………… 1

1.1.1　桥梁概况 ……………………………………………………… 1

1.1.2　技术标准 ……………………………………………………… 2

1.1.3　运营环境 ……………………………………………………… 3

1.2　结构体系 ……………………………………………………………… 8

1.2.1　缆索系统 ……………………………………………………… 9

1.2.2　加劲梁 ………………………………………………………… 14

1.2.3　索塔 …………………………………………………………… 16

1.2.4　锚碇 …………………………………………………………… 22

2　桥梁养护与科研概况 ……………………………………………… 27

2.1　组织机构及职责 ……………………………………………………… 27

2.2　南京栖霞山长江大桥养护历程 ……………………………………… 27

2.3　桥梁管养系统 ………………………………………………………… 33

2.3.1　信息化管养系统 ……………………………………………… 33

2.3.2　除湿系统 ……………………………………………………… 37

2.3.3　路面管理系统 ………………………………………………… 37

2.3.4　健康监测系统 ………………………………………………… 38

2.3.5　桥梁运营模态在线分析系统 ………………………………… 44

2.4 代表性科研与技术研发 …… 49
2.4.1 复合浇注式沥青混凝土钢桥面铺装养护关键技术 …… 49
2.4.2 主桥面排水盖板自动控制系统 …… 50
2.4.3 长吊索振动监测与抑振技术研究 …… 52

3 桥梁结构健康监测与评估 …… 54

3.1 桥梁关键荷载监测与分析 …… 54
3.1.1 桥址区长期风特性分析 …… 54
3.1.2 桥梁温 / 湿度特征分析 …… 55
3.1.3 桥面车辆荷载统计分析 …… 56
3.2 桥梁结构关键性能参数监测与评估 …… 58
3.2.1 桥塔及锚碇位移测量及分析 …… 58
3.2.2 钢箱梁挠度测量与分析 …… 61
3.2.3 钢箱梁应力水平监测与评估 …… 65
3.2.4 钢桥面铺装温度监测与分析 …… 70
3.2.5 桥梁动力特性追踪监测与评估 …… 72
3.2.6 特殊事件监测分析 …… 78
3.3 总结 …… 81

4 桥梁关键主体构件养护 …… 83

4.1 缆索系统 …… 83
4.1.1 养护历程 …… 83
4.1.2 缆索系统索力检测 …… 84
4.1.3 缆索除湿系统 …… 89
4.1.4 索夹螺杆力检测与补张 …… 93
4.1.5 吊索养护 …… 98
4.1.6 限位吊索检查 …… 103
4.2 索塔 …… 104
4.2.1 养护历程 …… 104
4.2.2 索塔外观检查 …… 105
4.2.3 索塔预防性养护 …… 105
4.3 锚固系统 …… 106
4.3.1 养护历程 …… 106

4.3.2 锚碇外观检查 …… 107
4.3.3 锚室除湿系统 …… 108
4.3.4 锚固系统预防性养护 …… 110
4.4 钢箱梁 …… 111
4.4.1 养护历程 …… 111
4.4.2 钢箱梁外观检查 …… 111
4.4.3 钢箱梁焊缝检测 …… 113
4.4.4 钢箱梁除湿系统 …… 114
4.5 总结 …… 115
5 桥梁关键附属设施养护 …… 116
5.1 主桥塔－梁纵向位移控制阻尼器 …… 116
5.1.1 装置简介 …… 116
5.1.2 养护历程 …… 117
5.1.3 性能分析 …… 119
5.1.4 阻尼器改进设计与更换 …… 123
5.2 横向抗风支座 …… 128
5.2.1 装置简介 …… 128
5.2.2 养护历程 …… 128
5.2.3 主桥横向抗风支座病害检查 …… 129
5.2.4 主桥横向抗风支座更换与养护 …… 131
5.3 伸缩缝 …… 133
5.3.1 装置简介 …… 133
5.3.2 养护历程 …… 134
5.3.3 性能分析 …… 134
5.3.4 伸缩缝病害处置措施 …… 135
5.4 梁底检查车 …… 137
5.4.1 装置简介 …… 137
5.4.2 养护历程 …… 138
5.4.3 性能分析 …… 138
5.4.4 梁底检查车检测与加固 …… 139
5.5 总结 …… 141

6 钢桥面铺装养护 ······ 142
6.1 养护历程 ······ 142
6.2 钢桥面铺装跟踪观测情况及病害处置 ······ 142
6.2.1 铺装典型病害（缺陷）及产生原因 ······ 142
6.2.2 铺装典型病害统计分析 ······ 147
6.2.3 烧伤病害处置 ······ 149
6.3 钢桥面铺装路用性能评估 ······ 150
6.3.1 使用状况检测方法 ······ 150
6.3.2 评价依据 ······ 151
6.3.3 历年检测数据汇总分析 ······ 153
6.3.4 探地雷达检测数据分析 ······ 159
6.4 钢桥面铺装性能预测模型 ······ 166
6.4.1 现有车辙模型验证与优化 ······ 166
6.4.2 基于有限元的车辙深度预测模型研究 ······ 175
6.4.3 疲劳预测模型 ······ 191
6.5 钢桥面铺装温度场 ······ 193
6.5.1 铺装层温度场和外界影响因素的相关性分析 ······ 193
6.5.2 钢箱梁铺装层温度场的有限元分析 ······ 197
6.6 钢桥面铺装功能性修复措施 ······ 201
6.6.1 局部车辙处置 ······ 201
6.6.2 局部坑槽处置 ······ 203
6.6.3 原材料及混合料技术要求 ······ 204
6.6.4 施工工艺 ······ 204
6.7 钢桥面铺装结构性修复措施 ······ 207
6.7.1 处理方案 ······ 207
6.7.2 原材料及混合料技术要求 ······ 207
6.7.3 施工工艺 ······ 209
6.7.4 质量验评标准 ······ 211
6.8 总结 ······ 211
7 水下地形监测与桥梁防撞 ······ 213
7.1 水下地形监测 ······ 213

7.1.1 桥位区水文概况 …… 213
7.1.2 桥位区水道概况 …… 214
7.1.3 桥轴线断面河床演变分析 …… 216
7.2 桥梁防撞 …… 221
7.2.1 航道通航条件 …… 221
7.2.2 船舶交通状况 …… 223
7.2.3 助航标志专项改造 …… 225
7.2.4 防撞护舷改造提升 …… 227
7.2.5 桥墩防撞性能评估 …… 229
7.3 总结 …… 237
8 风险评估与应急管理 …… 238
8.1 风险评估与控制措施 …… 238
8.1.1 风险评估目的 …… 238
8.1.2 风险评估方法 …… 238
8.1.3 风险评估指标 …… 239
8.1.4 风险评估流程 …… 241
8.1.5 运营期风险识别 …… 242
8.1.6 运营管理风险估测 …… 246
8.1.7 风险控制措施 …… 247
8.2 突发事件应急管理措施 …… 248
8.2.1 制定生产安全事故应急预案目的 …… 248
8.2.2 危险源与风险分析 …… 249
8.2.3 风险源监控 …… 250
8.2.4 应急预案体系 …… 251
8.2.5 预案演练 …… 251
8.2.6 突发事件处置 …… 254

1 工程概况

1.1 工程背景

1.1.1 桥梁概况

南京栖霞山长江大桥（原南京长江第四大桥）位于长江江苏南京区段内，在南京八卦洲长江大桥下游约 10km 处，距长江入海口约 320km，是我国“五纵七横”国道主干线中上海至成都高速公路的枢纽工程和南京绕城高速公路的过江通道与重要组成部分，也是中国首座三跨连续体系悬索桥，被誉为“中国的金门大桥”。南京栖霞山长江大桥于 2008 年 12 月 28 日正式开工建设，2012 年 12 月 24 日正式通车。2018 年 8 月，南京栖霞山长江大桥荣获 2016 年至 2017 年度交通运输部公路交通优质工程奖（李春奖），该奖项为中国公路行业的最高奖项。2018 年 9 月，南京栖霞山长江大桥以综合评分 97.81 分、工程质量等级优良，顺利通过了交通运输部的竣工验收。2020 年 4 月，南京栖霞山长江大桥荣获第十七届中国土木工程詹天佑奖。南京栖霞山长江大桥航拍图如图 1-1 所示。

图 1-1 南京栖霞山长江大桥航拍图

南京栖霞山长江大桥北起于南京六合区横梁街道以东与宁通公路相交处，南止于沪宁高速公路相交处的麒麟枢纽，全长 28.996km，桥面布置为双向六车道，设计最高速度为 120km/h。南京栖霞山长江大桥通车意味着南京“大外环”完全闭合，由“C”形变成“O”形。南京栖霞山长江大桥的建成通车，增强了南京过江通道的通行能力，提升了国家运输主通道的通行能力，完善了江苏省主干线公路网布局，进一步分离了城市交通与过境交通，缓解了城市交通压力，使南京过江设施的功能更加明晰，极大地促进了南京都市圈的建设。

1.1.2 技术标准

南京栖霞山长江大桥设计采用的主要技术标准如下。

（1）公路等级：平原微丘区高速公路。

（2）行车道数：双向六车道。

（3）设计行车速度：跨江大桥设计行车速度采用 100km/h，两岸接线计算行车速度采用 120km/h。

（4）大桥桥面宽度：大桥标准横断面宽度为 33.0m，其各部分组成为右侧护栏 2m × 0.5m，紧急停车带 2m × 3.00m，行车道 2m × 3m × 3.75m，左侧路缘带 2m × 0.75m，中央分隔带 2.0m。

（5）桥面最大纵坡：小于 3%。

（6）桥面横坡：2%。

（7）设计洪水频率：1/300。

（8）通航净空标准：按中华人民共和国交通部《关于南京长江第四大桥通航净空尺度和技术要求的批复》执行。

（9）通航水位：设计最高通航水位 7.98m（采用年最高洪水位频率 5% 分析水位），设计最低通航水位 0.44m（按保证率 99%，重现期为 10 年的保证率频率法进行计算）。

（10）车辆荷载：公路 I 级。

（11）设计基本风速：31.2m/s。

（12）地震基本烈度：Ⅶ度。

（13）船舶撞击荷载：南塔，平行于航道方向取 105.1MN，垂直于航道方向取 52.6MN；北塔，平行于航道方向取 35.7MN，垂直于航道方向取 18MN。

其余技术指标按照相关标准执行。

1.1.3 运营环境

1.1.3.1 气象特征

南京栖霞山长江大桥桥址区位于江苏省南京市西北部，属北亚热带向中亚热带过渡气候带，具有过渡性、季风性、湿润性的特点。主导风以偏东风为主，春夏季主导风为东风和东南风，秋冬季主导风为东风和东北风。每年受台风影响期为5月下旬至11月下旬，集中期是7月至9月，占86.2%。6月前后为一年一度的梅雨季节，年平均降水量1015.3mm，6月至8月雨量占年降水量45%。南京地区光照充足，年平均日照2155h，年平均气温15.5℃，极端最高气温43.0℃，极端最低气温-14.0℃。南京地区主要灾害性天气有大风、连阴雨、冰雹、干旱、台风、寒潮、冰冻、浓雾和暴雪、高温、暴雨等。其中寒潮以11月出现的概率最大，3月次之；冰雹以3月至5月出现概率最高；雾以11月至次年1月最多，7月至9月最少；炎热高温以7月中旬至8月下旬出现最多。

1.1.3.2 河道基本资料

长江南京河段位于长江下游，上起七坝与上游新济洲河段衔接，下迄三江口进入镇扬河段的仪征水道，主河道全长65km。水流方向在八卦洲以上呈东北向，以下呈东南向。长江南京河段属分汊河型，平面形态宽窄相间，呈藕节状，自上而下由新潜洲汊道、梅子洲汊道、八卦洲汊道和兴隆洲汊道四部分组成。汊道之间由单一段连接，其中兴隆洲汊道的左汊于1985年建坝堵塞，右汊已成为单一的龙潭弯道，长江南京河段河势图见图1-2。长江南京河段受潮汐影响，属感潮河段，潮位为非正规半日潮型，每日有两次高潮和低潮，年最高潮位多发生在汛期上游来水量最大或较大而又适逢大潮汛的时候。

南京栖霞山长江大桥所处龙潭水道，该水道上起八卦洲尾，下到三江口，全长约23km。一般分为上弯道（八卦洲尾—拐头）、过渡段（拐头—石埠桥）和下弯道（石埠桥—三江口）三段。龙潭水道的河床演变与上游水道演变密切相关，龙潭水道上游的八卦洲汊道在1985年前以自然演变为主，其变化特征是汊道河势不稳定，洲头崩退、深槽岸线冲刷、边滩岸线淤积，滩、槽移位，左汊不断衰退，右汊逐渐发展，平面变形较大。1985年以后，八卦洲汊道的人工抛石护岸及整治工程陆续竣工，逐步稳定了八卦洲汊道的河势。目前，左汊衰退的趋势已趋于稳定，从而为下游龙潭水道提供了一个相对稳定的来水条件。由于护岸工程的全面竣工，对长江南京河段的稳定起到了相当大的作用，龙潭水道深泓的摆幅趋小，总体河势较为稳定。

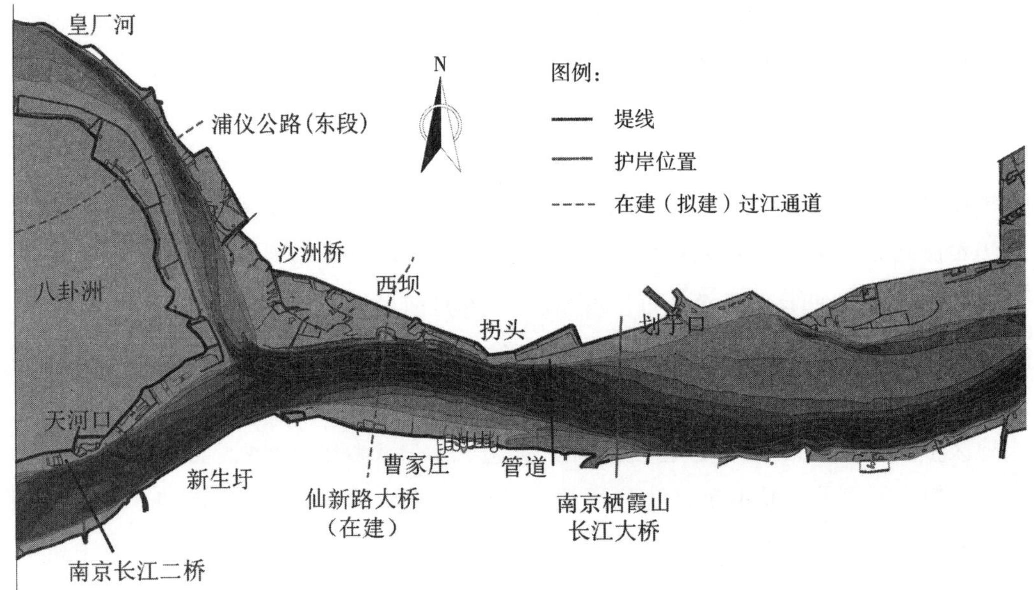

图 1-2　长江南京河段河势图

1.1.3.3　相邻涉水设施与周围环境

南京栖霞山长江大桥位于南京河段龙潭弯道的过渡段，即石埠桥附近，桥位的上游是八卦洲汊道，下游是龙潭水道的下弯道。

（1）跨河建筑物

南京栖霞山长江大桥桥位处上游跨河桥梁主要有上游约 20km 处的南京长江大桥、上游约 10km 处的南京八卦洲长江大桥。南京栖霞山长江大桥附近跨河建筑物特征信息见表 1-1。

表 1-1　南京栖霞山长江大桥附近跨河建筑物特征信息

桥梁名称	所在水道	通航孔净高 /m	主跨跨径 /m	建成年份
南京长江大桥	南京大桥水道	24	144	1968 年
南京八卦洲长江大桥	草鞋峡水道	32	592	2001 年
南京大胜关长江公路大桥	南京水道	32	648	2005 年
南京大胜关长江铁路大桥	南京水道	32	336	2010 年

（2）临河建筑物

南京栖霞山长江大桥桥位段长江沿线码头主要分布在桥位的南岸。南京栖霞山长江大桥桥位南岸上游 1.95km 至上游 450m 范围内依次有南京炼油厂 1#～8# 码头，近岸有炼油厂疏浚区域。桥位与上游化肥厂港池口门相距约300m，港池入江口门上游侧有海事码头，下游侧有化肥厂1#～3#码头及捷达煤码头。桥位下游约300m处为石埠桥粮库码头、920m～1510m范围内依次为南京炼油厂10#～12#码头。桥位北岸上下游1km范围内没有临河建筑物。

（3）穿河建筑物

南京栖霞山长江大桥桥位上游共有3条穿江管道，距桥位上游约2400m和2000m处为金陵、扬子氢气、成品油及光缆管道，距桥位上游约1200m处为金陵石化物料管道穿江工程。

1.1.3.4 地质地貌

南京栖霞山长江大桥桥位区域北岸属长江下游冲积平原，由北向南地貌单元由长江高漫滩渐变为长江低漫滩，地势开阔平坦，水网发育，地面标高4.0m～5.0m，地表岩性为第四纪全新世黏性土；近长江水域附近，枯水期裸于地表，丰水期被江水淹没，地表岩性为砂类土，地形微向长江倾斜。

南京栖霞山长江大桥南岸紧靠宁镇山脉，为低漫滩地与山前岗地直接衔接的地貌景观。从东向西主要分布斗门山、北象山、栖霞山、黄龙山，主峰海拔分别为70.0m、80.8m、284.7m、119.0m。出露有泥盆系、二叠系、三叠系、侏罗系、白垩系、下第三系等地层，主要基岩岩性为沉火山角砾岩、灰岩、砂岩、泥岩等。山前地带和南岸附近表层分布有第四系的黏性土与砂性土地层。

据江苏省地震工程研究院对桥位区地震安全性评价及地震危险性分析专题报告，近场区规模较大的主要断裂有6条，它们分别是施官集断裂（F1）、南京—湖熟断裂（F2）、幕府山—焦山断裂（F3）、汤山—东昌断裂（F4）、滁河断裂（F5）、江浦—六合断裂（F6）。

公元288年至2005年，南京栖霞山长江大桥桥址区共记载到大于或等于4级地震69次，其中5级至5.9级地震35次，6级以上地震10次，最大地震为1853年4月14日黄海6级地震。另据区域地震台网记录，自1970年以来，工作区共记录到大于或等于2.0级地震724次，其中：3.0级至3.9级地震104次；4.0级至4.9级地震10次；5.0级至5.9级地震4次；6.0级以上地震2次，即1979年7月9日江苏溧阳6.0级地震和1984年5月21日南黄海6.2级地震。

南京栖霞山长江大桥桥址区主体位于华北地震区长江中下游至南黄海地震带内，属中强震活动区。工作区地震活动空间分布是不均匀的，主要表现为成团成片分布的丛集性特征，并具有较好的重复性。长江中下游至南黄海地震带是华北地震区的一个中强震活动带。地震活动具有明显的海强陆弱特点和成团成片分布的丛集性特征，震源深度较集中地分布在 10km～20km 范围内，属壳内浅源地震。南京栖霞山长江大桥桥址区地震基本烈度为Ⅶ度，按实测地震动参数进行结构抗震分析，并根据规定进行抗震设防。

1.1.3.5　2012 年至 2022 年交通量统计

南京栖霞山长江大桥自建成通车以来，每年车流量稳步增加。桥梁通行交通量情况与桥梁技术状况息息相关，对桥梁的钢桥面铺装和正交异性桥面板的耐久性也有直接影响。图 1-3～图 1-5 分别为南京栖霞山长江大桥 2012 年至 2022 年（截至 2022 年 8 月）年总交通量统计、日均交通量统计和货车占比统计。

截至 2022 年 8 月，南京栖霞山长江大桥累计车流量已经突破 1 亿辆。其中，2020 年日均交通量为历年最高，为 41892 辆，但货车占比较上一年有所降低。

分析南京栖霞山长江大桥 2012 年至 2022 年交通量数据发现，南京栖霞山长江大桥交通量呈现逐年增长的趋势，近几年交通量趋于稳定；自通车以来重载车数量逐年增长，重载车占比已逐渐趋于稳定，占比为 30%～35%，但重载车辆中拖挂车数量增加幅度较大，2018 年拖挂车数量约为 2013 年拖挂车数量的 12 倍。重载车通行量虽然是逐年递增，但是随着 2019 年超载治理工作的逐步开展，南京栖霞山长江大桥超载车通行量几乎为 0，有效控制了桥梁铺装层车辙的产生与发展。

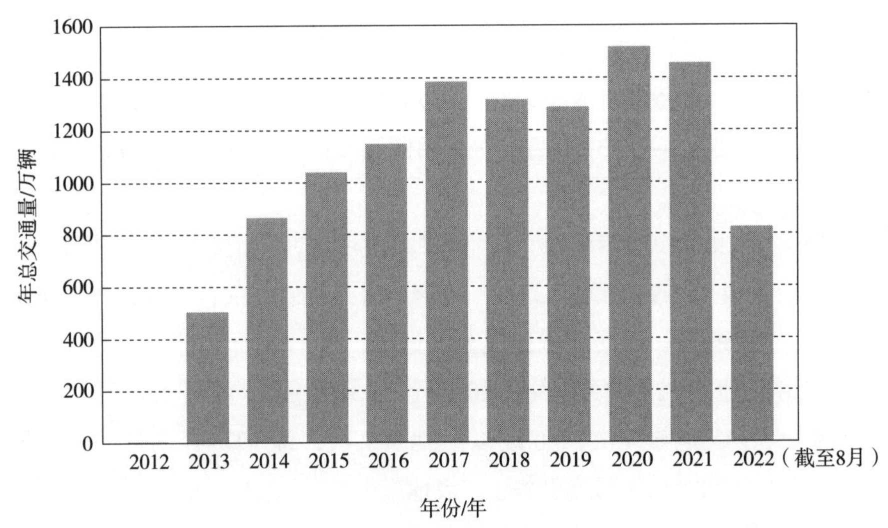

图 1-3　南京栖霞山长江大桥 2012 年至 2022 年年总交通量统计

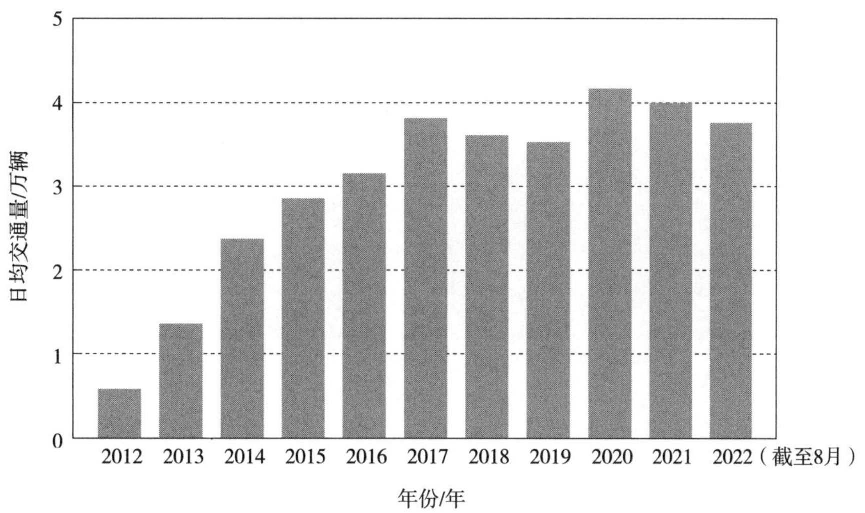

图 1-4 南京栖霞山长江大桥 2012 年至 2022 年日均交通量统计

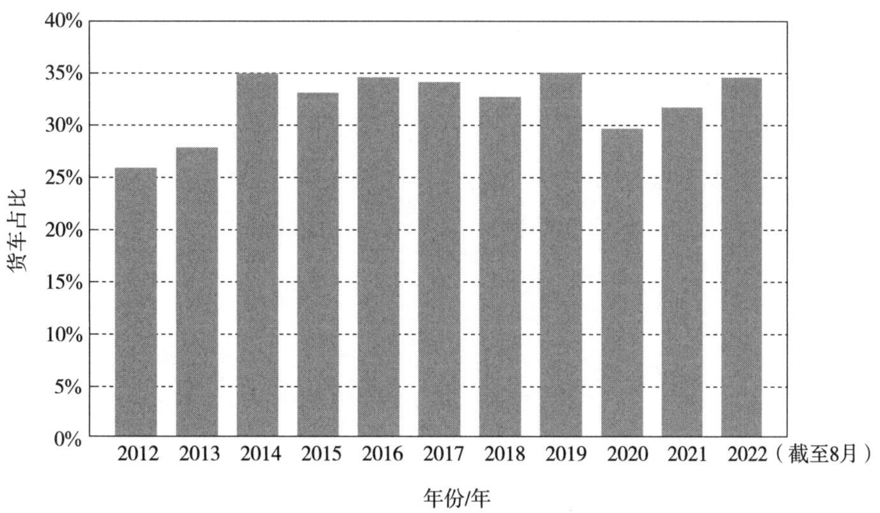

图 1-5 南京栖霞山长江大桥 2012 年至 2022 年交通量货车占比统计

南京栖霞山长江大桥 2014 年至 2021 年上下行交通量统计结果如图 1-6 所示。统计结果表明，上行（由北往南）方向交通量与下行（由南往北）方向交通量基本持平；同一方向通行货车中，约 88% 的货车行驶于第三车道，约 12% 的货车行驶于第二车道。

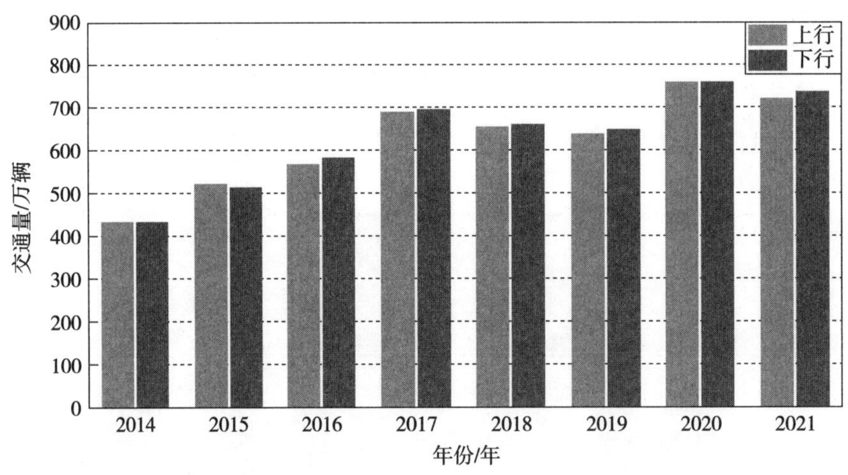

图 1-6　南京栖霞山长江大桥 2014 年至 2021 年上下行交通量统计

1.2　结构体系

南京栖霞山长江大桥主桥为主跨 1418m 三跨吊钢箱梁悬索桥。主缆三跨布置为 576.2+1418+481.8=2476m，主梁跨径布置为 410.2+1418+363.4=2191.6m，北边跨吊索布置为 13.8+24×15.6+22=410.2m，中跨吊索布置为 22.6+88×15.6+22.6=1418m，南边跨吊索布置为 22+21×15.6+13.8=363.4m。主缆矢跨比 1/9，矢高 157.5m。南北索塔 IP 点标高 +234.200m，南北锚散索鞍 IP 点标高 +25.000m。南京栖霞山长江大桥总体布置见图 1-7。

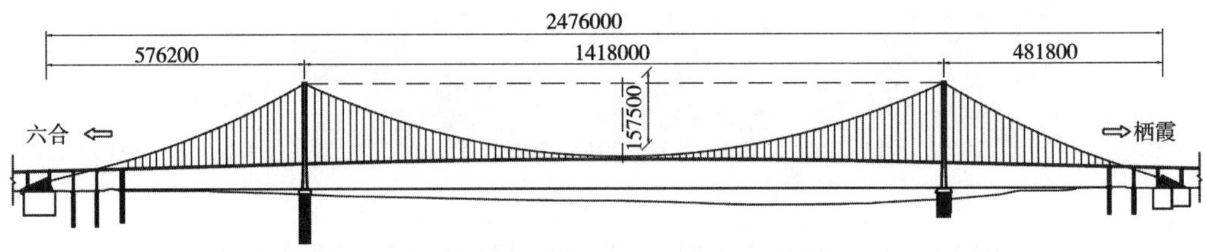

图 1-7　南京栖霞山长江大桥总体布置（单位：mm）

南京栖霞山长江大桥主缆通过主索鞍支撑于南北桥塔塔顶，缆、鞍、塔之间不相互滑动，通过散索鞍分散锚固于南、北锚碇。主桥加劲梁约束系统布置如图 1-8 所示，具体包括：(a) 索塔竖向弹性支承（弹性拉压支座及垫石）、索塔横向支承（支座及垫石）、索塔纵向限位支承（钢牛腿、挡块及支座）和纵向阻尼器；(b) 过渡墩竖向拉压支承（支座及垫石）和过渡墩横向支承（钢牛腿、挡块及支座）。

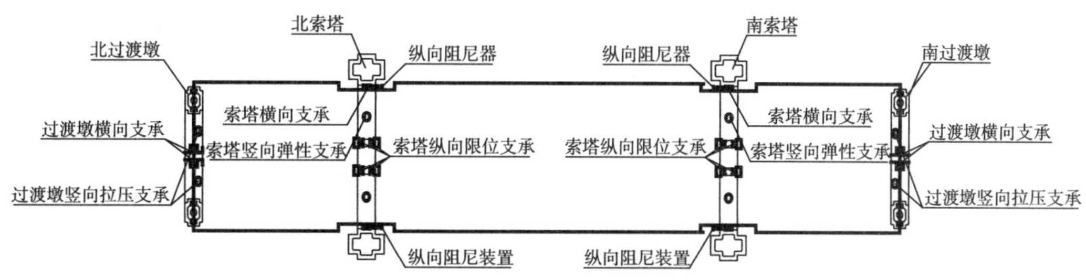

图 1-8　主桥加劲梁约束系统布置

南京栖霞山长江大桥的约束体系决定了主桥结构静动力特性与单跨或三跨两铰体系的悬索桥有很大的不同。当竖向荷载作用在边跨时，加劲梁的变形与一般的连续梁相似；当竖向荷载作用在中跨时，边跨的变形与一般的连续梁相似，但中跨的变形则与单跨或三跨两铰连续梁相似。由于横向加劲梁是连续梁结构，在风荷载作用下加劲梁的横向变形（挠跨比）远小于常规约束体系的悬索桥。

1.2.1　缆索系统

1.2.1.1　主缆系统

（1）主缆

综合考虑国内制造、安装等方面的经验和设备条件，南京栖霞山长江大桥主缆采用预制平行钢丝索股（PPWS）。全桥共 2 根主缆，每根主缆中，从北锚碇到南锚碇有通长索股 135 股，北边跨另设 6 根索股（背索），在北主索鞍上锚固；南边跨设 8 根背索，在南主索鞍上锚固。每根索股由 127 根直径为 5.35mm 的高强度镀锌钢丝组成。主缆在架设时，竖向排列成尖顶的近似正六边形，主缆索股排列及编号见图 1-9，紧缆后主缆为圆形主缆断面。其索夹内直径为 790mm（北边跨）、773mm（中跨）和 796mm（南边跨），索夹外直径为 800mm（北边跨）、783mm（中跨）和 806mm（南边跨）。主缆系统相关参数见表 1-2。

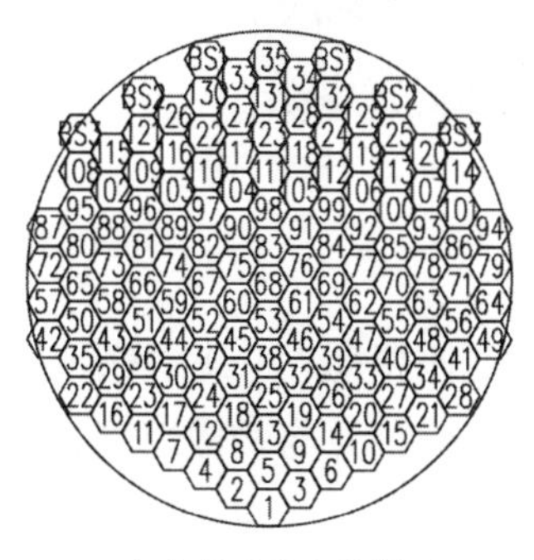

（a）北边跨主缆断面

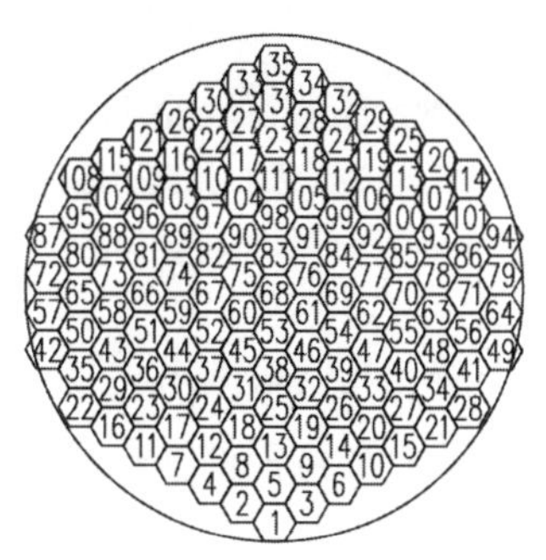

（b）中跨主缆断面

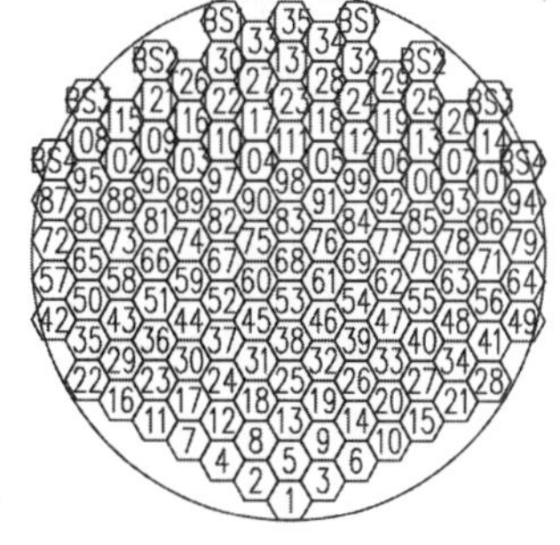

（c）南边跨主缆断面

图 1-9　主缆索股排列及编号

表 1-2　主缆系统相关参数

项目		单位	中跨	北边跨	南边跨
大缆根数		根	2	2	2
索股	钢丝直径	mm	5.35	5.35	5.35
	钢丝根数	根	127	127	127
单缆	索股股数	股	135	141	143
	钢丝面积	m^2	0.38542	0.40255	0.40826
	直径	m	783	800	806
	主缆钢丝线密度	kg/m	3025.5	3160	3204.8
	缠丝等线密度	kg/m	83.714	85.55	86.159
	主缆线密度	kg/m	3109.214	3245.55	3290.959
	主缆等效密度	kg/m^3	8067.1	8062.5	8060.9
材料	弹性模量	MPa	2×10^5	2×10^5	2×10^5
	泊松比		0.3	0.3	0.3
	线膨胀系数	1/℃	1.2×10^{-5}	1.2×10^{-5}	1.2×10^{-5}
	钢丝强度	MPa	1770	1770	1770

索股两端设索股锚头，索股锚头采用热铸锚，在锚杯内浇筑锌铜合金，使主缆钢丝与锚杯相连。主缆在主索鞍鞍罩及锚室入口等处采用喇叭形缆套密封防护，主缆上方设置主缆检修道，主缆及检修道一般构造见图 1-10。

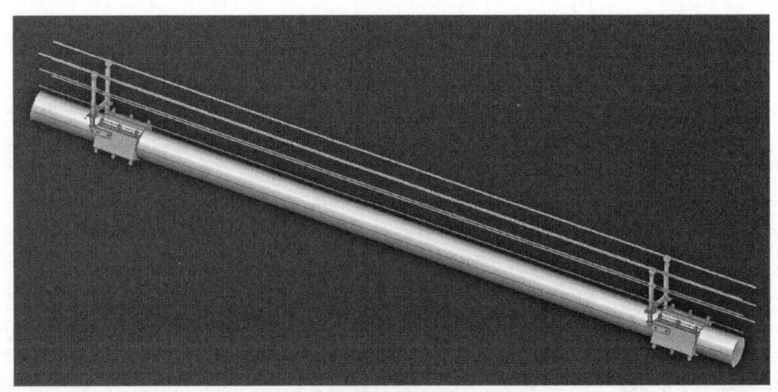

图 1-10　主缆及检修道一般构造

（2）主索鞍

主索鞍共有 4 个，分别位于南、北索塔两塔柱顶面索鞍底座格栅上。主索鞍采用铸、焊相结合的结构形式，鞍槽部分是铸钢件，鞍身部分为板焊件并与鞍槽焊接。为增加主缆与鞍槽间的摩阻力，并方便索股定位，鞍槽内设竖向隔板。边跨附加索股锚固于鞍顶的锚架上。为了便于主索鞍的吊装施工，主索鞍分为中、边跨两块制作。主索鞍下设有聚四氟乙烯 - 不锈钢滑动副，实现主缆、加劲梁架设时的索鞍偏置和顶推。主索鞍三维图示见图 1-11。主索鞍构件采用除湿与涂层防腐相结合的结构防护方法。

（3）散索鞍

南、北锚碇左右锚室内均设置摆轴式散索鞍，共有 4 个。摆轴式散索鞍采用铸、焊相结合的结构形式，鞍槽部分是铸钢件，鞍体部分为板焊件并与鞍槽焊接。鞍槽内设竖向隔板，鞍槽顶部设置三道压紧梁，以压紧鞍槽内的主缆。散索鞍下部设置摆轴、底座和底板，以完成主缆竖向分力的传递。散索鞍三维图示见图 1-12。

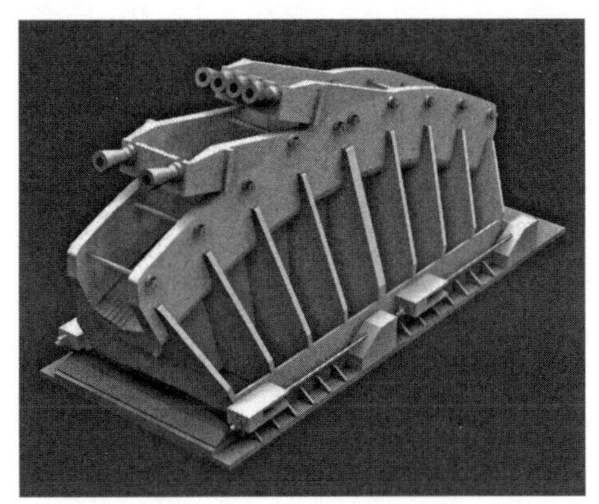

图 1-11 主索鞍三维图示

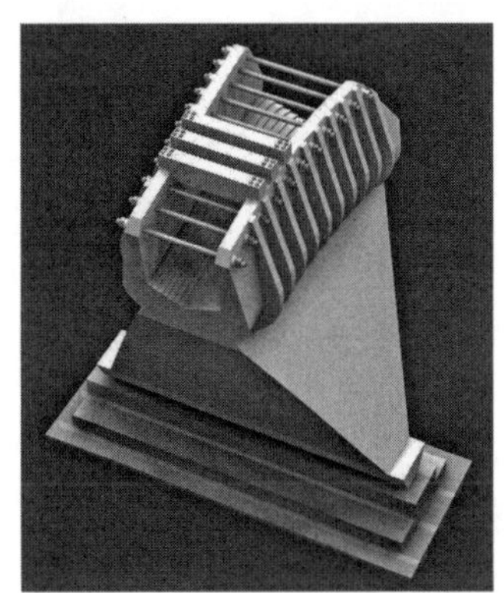

图 1-12 散索鞍三维图示

1.2.1.2 吊索系统

根据吊索受力特点，并综合考虑材料性能、制造加工、安装维护、后期更换等因素，南京栖霞山长江大桥采用平行钢丝吊索。全桥共 276 个吊点，每处吊点设 2 根吊索，共计 552 根吊索。吊索与索夹、钢箱梁（过渡墩）为销铰式连接。吊索及索夹一般构造见图 1-13。

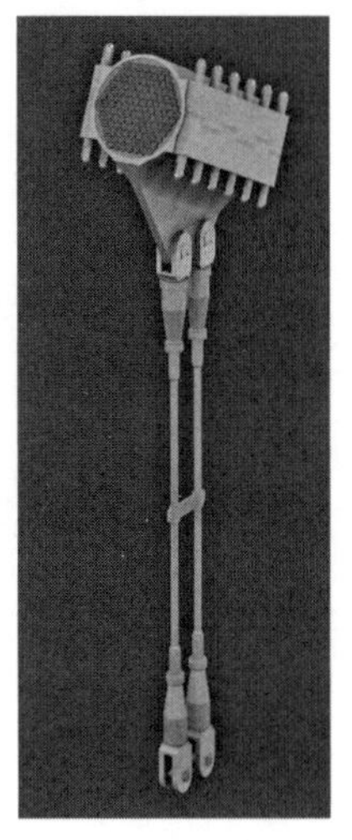

图 1-13 吊索及索夹一般构造

（1）吊索

吊索分为三类，第一类是边跨靠近锚碇处的吊索，其下端锚固在设置于过渡墩上的限位装置座体，限位装置由 12 根 MJ80 锚杆锚固于过渡墩墩顶内的锚箱内，上端与索夹相连接，定义为限位装置吊索。限位装置吊索采用直径为 7.0mm 的镀锌高强钢丝，钢丝标准强度大于或等于 1670MPa，每根吊索含 295 根钢丝，护套厚 11mm，限位装置吊索见图 1-14。第二类是受力较大和变形有特殊要求的塔侧长吊索和邻近限位装置吊索，定义为特殊吊索。特殊吊索采用直径为 5.0mm 的镀锌高强钢丝，钢丝标准强度大于或等于 1670MPa，每根吊索含 211 根钢丝，聚乙烯（PE）

护层厚 8mm，特殊吊索见图 1-15。第三类是除限位装置吊索和特殊吊索外的吊索，定义为普通吊索。普通吊索采用直径为 5.0mm 的镀锌高强钢丝，钢丝标准强度大于或等于 1670MPa，每根吊索含 103 根钢丝，PE 护层厚 7mm，普通吊索见图 1-16。所有吊索采用预制平行钢丝索股，外包双层护套（黑色内层和彩色外层）进行防护。

主缆
索夹
锚头
7-295吊索
锚头
限位装置底座

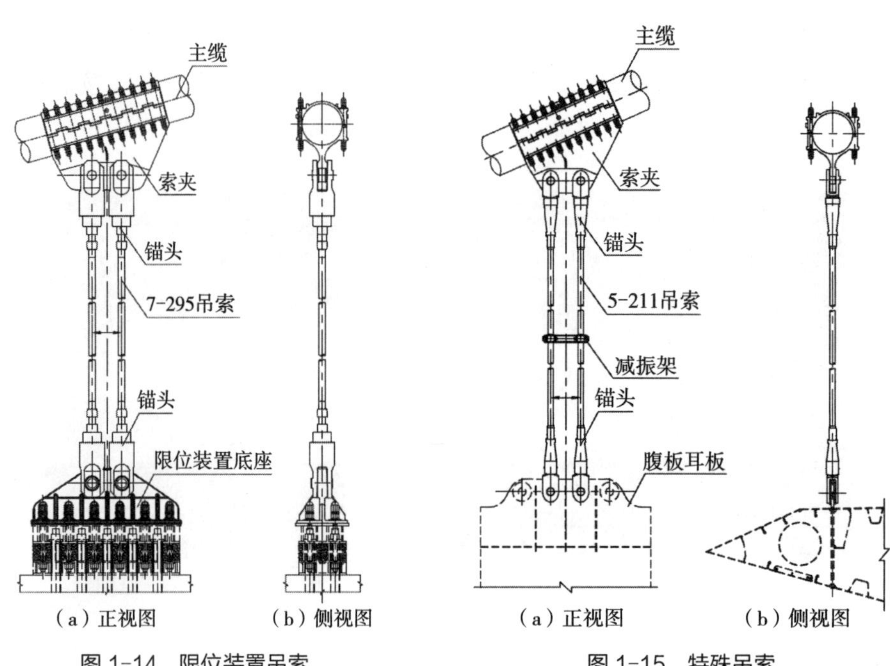

（a）正视图（b）侧视图

图 1-14　限位装置吊索

主缆
索夹
锚头
5-211吊索
减振架
锚头
腹板耳板

（a）正视图（b）侧视图

图 1-15　特殊吊索

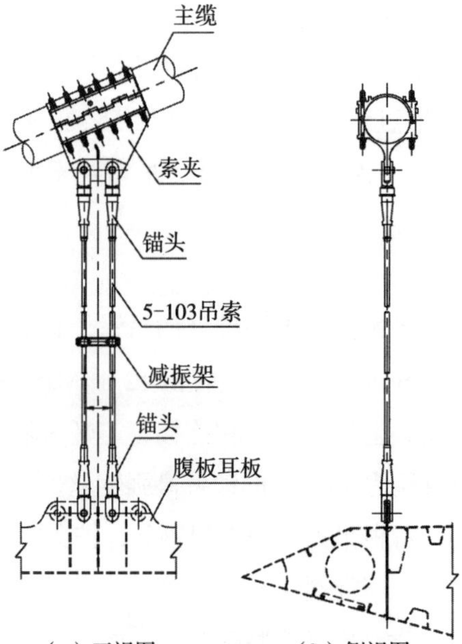

主缆
索夹
锚头
5-103吊索
减振架
锚头
腹板耳板

（a）正视图（b）侧视图

图 1-16　普通吊索

吊索两端锚头采用叉形热铸锚，锚头由锚杯与叉形耳板构成，锚杯内浇铸锌铜合金，叉形耳板与锚杯通过螺纹连接（上、下两端螺纹旋向相反）。叉形耳板与锚杯之间的螺纹设有 ±20mm 的调节量，在吊索安装时用以调整吊索长度。在吊索锚口处设置一段热轧无缝钢管，与锚头相连，钢管与吊索之间填充密封材料，以改善吊索的弯折疲劳影响。

为有效减少吊索的风致振动，将一个吊点的两根吊索通过减振架相连。吊索长度为 L，50m≥L≥20m 的吊索，设置一个减振架；100m≥L≥50m 的吊索，设置 2 个减振架；L≥100m 的吊索，设置 3 个减振架。减振架的位置处于吊索长度的均分点处。

为了适应主缆的横向位移，在中跨及边跨短吊索和主缆限位装置的吊索锚头处设有适应横向转动的关节轴承。

（2）索夹

索夹采用上下对合的结构形式，上、下两半索夹用螺杆相连并夹紧于主缆上。索夹及限位装置底座采用牌号为 ZG20SiMn 的低合金钢铸件，索夹及限位装置紧固件均采用合金钢制造。在接缝处上半索夹的内侧设有凹槽，下半索夹的内侧设有凸出的嵌齿，上下半索夹的外侧嵌填乙丙橡胶防水条防水。索夹构造见图 1-17。

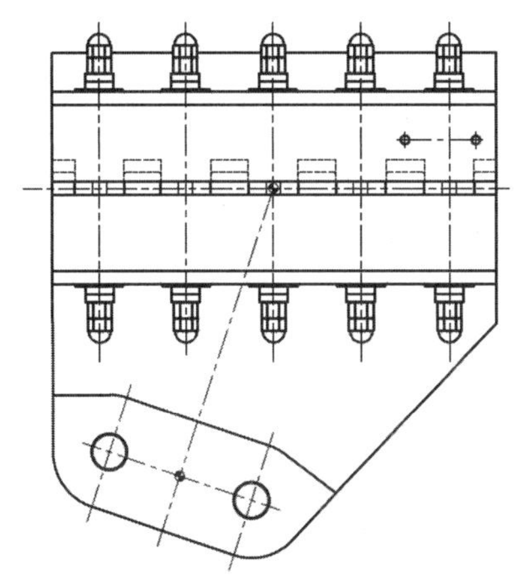

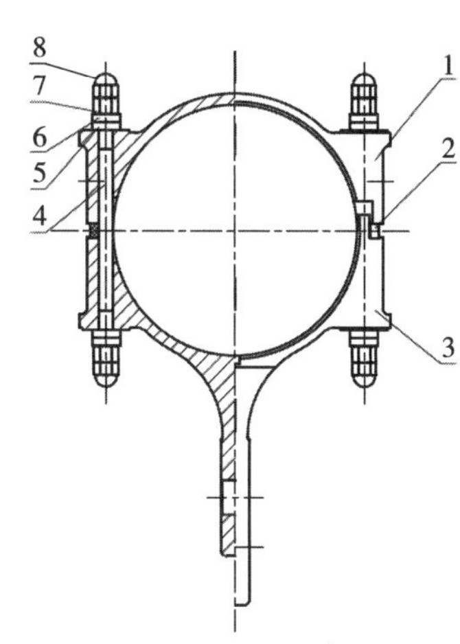

说明：

1——上半索夹；2——乙丙橡胶防水条；3——下半索夹；4——螺杆 MJ45×3；5——内球面垫圈 45；6——外球面垫圈 45；7——螺母 MJ45×3；8——防水螺母 MJ45×3

图 1-17 索夹构造

除安装吊索的索夹外，还有夹紧主缆的索夹和安装缆套的锥形索夹。由于主缆倾角不同，所需夹紧力不同，索夹长度及螺杆数量均不相同。为了制造方便，将长度、角度相近的索夹并为一组，同一组索夹耳板销孔位置略有变化，以适应索夹倾角的变化。为使 2 个销孔保持水平并尽量避免吊索偏心受力，销孔对称于通过索夹中心的垂直线布置。北边跨索夹共分 8 种类型，其中有吊索索夹 6 种。中跨索夹共分 7 种类型，其中有吊索索夹 6 种。南边跨索夹共分 8 种类型，其中有吊索索夹 6 种。各类索夹上均设有安装主缆检修道立柱的相应构造。

为了适应主缆的横向位移，中跨、边跨短吊索索夹 SJ4、SJ5、SJ3N、SJ4N、SJ3S、SJ4S 及主缆限位装置处索夹 SJ5N、SJ5S 的销孔能适应吊索关节轴承的安装。装于跨中的 SJ5 索夹底部设有排水孔，需要排水时可拆下螺栓进行排水。

（3）主缆竖向限位

南京栖霞山长江大桥受地形条件的制约，同时也为减小主梁边跨以节约投资，在总体布置上主梁边跨未基本覆盖边跨主缆区域。为适应总体布置，结构上需要设置主缆竖向限位以协调过渡墩区域主缆和主梁的竖向变形。

竖向限位方案可分为刚性和柔性两种设置方式。刚性限位方案将过渡墩设置为边索塔的形式，塔顶设置索鞍，通过减小主缆边跨协调边跨主缆与主梁竖向变形；柔性限位方案通过锚固于过渡墩的限位拉索限制主缆竖向变形。考虑到刚性限位方案需要在边索塔设置适应主缆水平位移的转索鞍，构造复杂且破坏了主缆整体线形流畅的美感，也大大增加了主缆架设施工控制的难度，南京栖霞山长江大桥选择柔性吊索竖向限位方案。

限位吊索的结构功能是限制主缆过渡墩位置的竖向变形，使相应位置主梁与主缆竖向变形相互协调。限位吊索示意如图 1-18 所示。为使限位吊索运营期始终保持受拉状态，主梁架设完成桥面铺装前，限位装置需预储拉力。经过对施工过程计算分析，综合考虑现场实施条件，最终选择梁段吊装完成后将限位吊索一次性张拉到位，预储设计拉力。

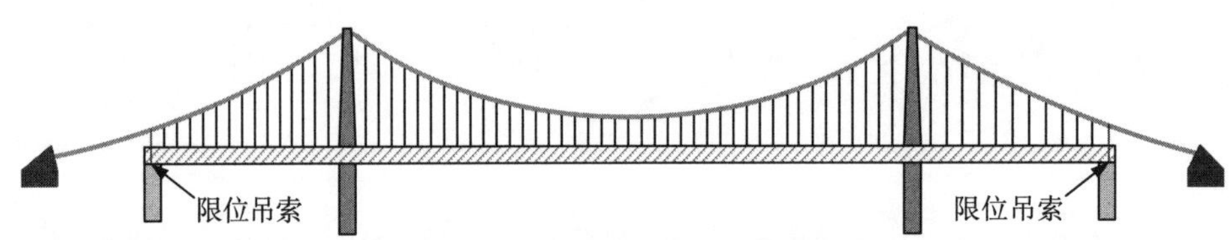

图 1-18　限位吊索示意图

1.2.2　加劲梁

南京栖霞山长江大桥加劲梁长 2189.6m，共 9 种类型（A～I）、144 个梁段。其中，A 梁段 1 段、B 梁段（标准梁段）125 段、C 梁段 4 段、D 梁段 4 段、E 梁段

2 段、F 梁段 2 段、G 梁段 2 段、H 梁段 2 段、I 梁段 2 段。梁段最大吊重 282t（D 梁段），标准梁段（B 梁段）单个梁段吊重 248t。梁段类型一览见表 1-3。

表 1-3 梁段类型一览表

梁段编号	A	B	C	D	E	F	G	H	I
区域	合龙	标准	索塔位置处					过渡墩处	
长度 /m	14.08	15.6	15.6	15.6	10.5	9.16	10.86	13.41	6.43
全桥段数	1	125	4	4	2	2	2	2	2
顶板 /mm	14/16	14/16	14/16	14/16	14/16	14/16	14/16	16	16
底板 /mm	10	10	12	16	16	20	16	10	10
斜底板 /mm	10/12	10/12	12	16	16	20	16	10/12	10/12
腹板 /mm	20/30	20/30	20/48	20/48	20	20	20	20/30	20
顶板 U 肋 /mm	6/8	6/8	6/8	6/8	6/8	6/8	6/8	6/8	6/8
底板 U 肋 /mm	6	6	6	6	6	6	6	6	6
顶板扁肋 /mm	14	14	14	14	14	14	14	14	14
腹板扁肋 /mm	20	20	20	20	20	20	20	20	20

加劲梁采用流线型扁平钢箱梁，梁高 3.5m（为保证成桥状态桥面 2% 横坡，横隔板在桥梁轴线位置预抛 1cm，按梁高 3.51m 设置），宽 38.8m（含风嘴）；标准梁段（B 梁段）长 15.6m，设置五道横隔板，间距 3.12m；顶板 U 肋上口宽 300mm，下口宽 170mm，高 280mm，U 肋中心距 600mm；底板 U 肋上口宽 250mm，下口宽 400mm，高 260mm，U 肋中心距 800mm；加劲梁设置两道通长腹板；为提高结构整体性，索塔附近的加劲梁设置两道纵隔板；吊索通过销轴连接于腹板吊耳之上，吊索连接区域腹板局部加厚。

检修道及风嘴主要作用是优化加劲梁气动外形，不参与加劲梁受力，仅承受其自身质量及检修人员荷载。该部分与加劲梁同时加工、架设，全宽 2.39m，检修道顶板厚 10mm，风嘴斜顶板及斜底板板厚 8mm，加劲肋厚 6mm。风嘴斜底板上设置人洞，运营期间人员可通过检查车进出风嘴进行常规巡检。加劲梁主体采用 Q345D 钢。加劲梁标准断面见图 1-19，标准梁段三维图示见图 1-20，加劲梁悬吊布置见图 1-21。

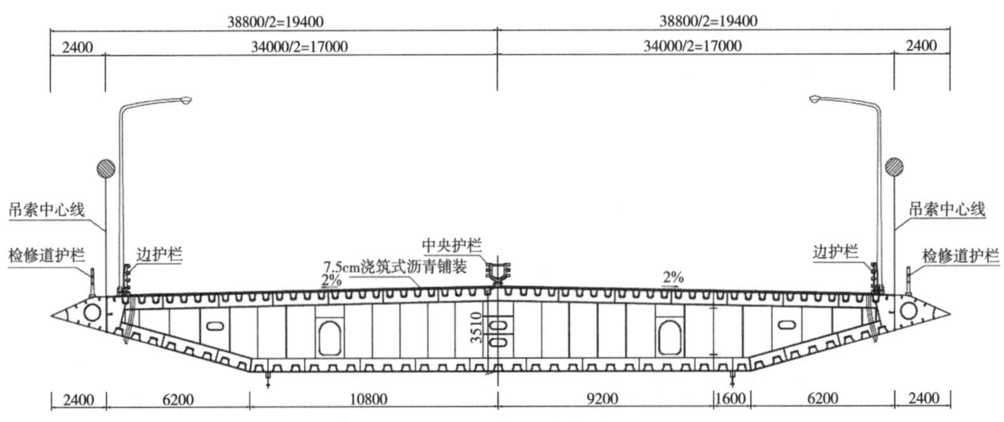

图 1-19　加劲梁标准断面（单位：mm）

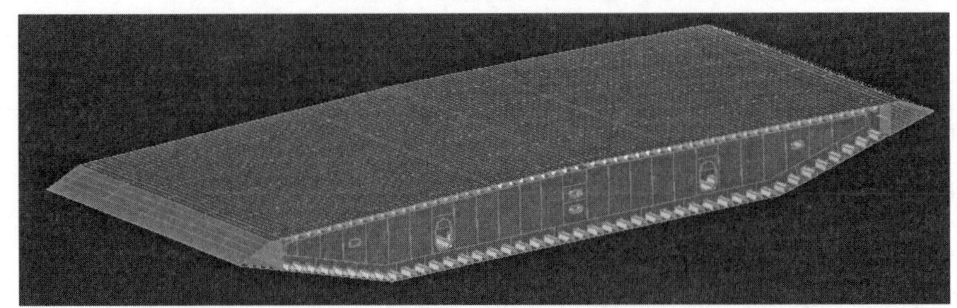
图 1-20　加劲梁标准梁段三维图示

图 1-21　加劲梁悬吊布置

1.2.3　索塔

1.2.3.1　索塔构造

索塔采用混合式结构形式，混凝土采用 C55。主梁以上为刚构式索塔构造为拱形城门式造型，拱梁高度设在标高 174.3m 处，通过竖杆与上横梁连为一体共同受力。主梁以下设一道下横梁。索塔一般构造见图 1-22。

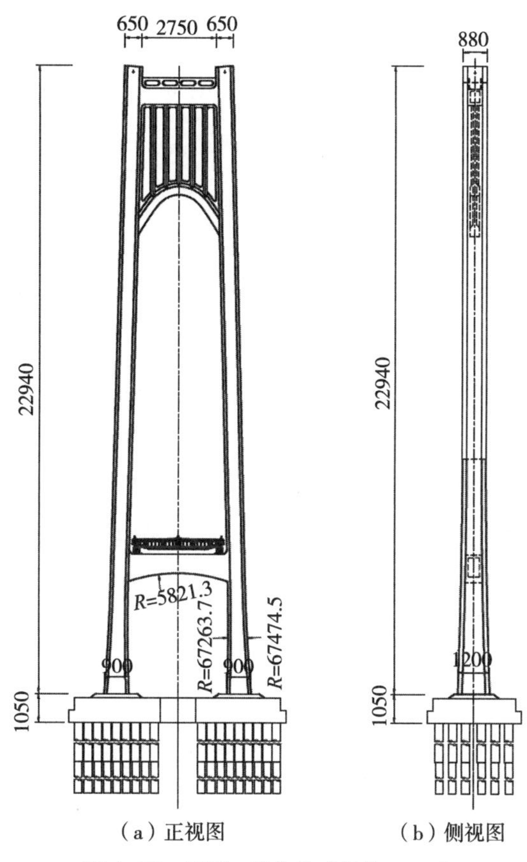

图 1-22 索塔一般构造（单位：cm）

塔柱为钢筋混凝土结构，上、下横梁为预应力混凝土结构，拱梁、竖杆为钢结构。

塔底设计高程 7.000m，塔顶设计高程 230.600m，塔冠顶设计高程 236.400m。塔顶左右塔柱中心线间距 34m，塔底左右塔柱中心线间距 45.5m。

根据主缆间距及加劲梁宽度，索塔两塔柱横桥向内倾，倾斜率为 1/38.92。塔柱顺桥向宽度自塔底至标高 93.000m 处，由 12.0m 按圆弧过渡到 8.8m，圆弧半径为 2312.1m；标高 93.000m 至塔顶均为 8.8m。横桥向宽度自塔底至标高 48.000m 处，由 9.0m 按圆弧过渡到 6.5m，塔柱外侧圆弧半径为 674.7m，塔柱内侧圆弧半径为 672.6m；标高 48.000m 至塔顶均为 6.5m。

为减小风阻系数，改善涡振性能并结合景观设计，对塔柱截面进行切角，其切角尺寸为 1.6m（顺桥向）×1.0m（横桥向）。塔柱壁厚自下而上分别为 1.35m、1.25m、

1.1m、1.0m，塔底设 5.0m 实心段，塔顶鞍座下设 4.6m 实心段。结合塔壁厚度变化设置九道横隔板，可以提高塔柱截面抗扭性能。

索塔下横梁顶面沿横桥向设置坡度为 1% 的双向排水坡，横梁高度 7.167m～10.000m，宽度 6.142m～6.492m，顶板厚 1.0m～1.167m；底板厚 1.0m～2.0m；腹板厚 1m。索塔上横梁顶面沿横桥向设 1% 的双向排水坡，横梁高度 6.0m～6.123m，宽度 5.6m，顶板厚 1.0m～1.123m；底板、腹板厚 1m。

上横梁采用 28 束规格为 19 根 15mm 直径钢丝的预应力钢束；下横梁采用 52 束规格为 19 根 15mm 直径钢丝的预应力钢束；拱梁处横隔板采用 2 束规格为 19 根 15mm 直径钢丝及 32 束规格为 9 根 15mm 直径钢丝的预应力钢束；竖杆与上横梁连接处采用 8 束规格为 9 根 15mm 直径钢丝的预应力钢束。规格为 19 根 15mm 直径钢丝的预应力钢束张拉控制力为 3710.7kN，塑料双壁波纹管直径为 100mm/116mm；规格为 9 根 15mm 直径钢丝的预应力钢束张拉控制力为 1757.7kN，塑料波纹管直径为 76mm/91mm。锚固形式均采用深埋锚工艺。钢绞线采用低松弛高强度预应力钢绞线，符合《预应力混凝土用钢绞线》（GB/T 5224—2014）的规定。单根钢绞线直径为 15.20mm，钢绞线面积为 140mm^2，钢绞线抗拉强度标准值为 1860MPa，弹性模量为 195000MPa。

1.2.3.2 索塔基础

（1）南塔基础

南塔基础构造见图 1-23，采用 48 根 D2.8m～D3.2m 变直径钻孔灌注桩基础，梅花式布置。按端承桩设计，桩底高程为 -60.0m，桩尖持力层为微风化砂砾岩。承台为哑铃形，平面尺寸 80.5m × 35.0m，厚 9.0m。桩径变化位置和钢护筒埋置深度根据冲刷深度、受力要求、地质条件等要求综合确定。钢护筒参与结构受力；桩身钢筋采用两根一束、径向放置的直径 32mm 的 HRB335 钢筋为主筋，在主要受力区主筋的间距为 19.7cm，螺旋筋为直径 10mm 的 R235 钢筋。

桩顶埋入承台 20cm，护筒高出承台底 40cm 以上部分进行切条处理，结合承台底层钢筋布设，割出沿圆周分布的宽度 12cm（或 5cm）、长度 1.6m 的钢板条 24 道，并在其外侧焊接两根（或一根）直径 32mm 的 HRB335 钢筋，以加强钢护筒与承台的连接。封底混凝土范围内，护筒内外壁沿圆周均焊接直径 32mm 的 HRB335 钢筋，环形钢筋竖向间距 30cm，以利于桩身与护筒共同受力。钢护筒壁厚 24mm，钢护筒底部标高为 -44.0m。钻孔灌注桩采用 C35 水下混凝土，承台采用 C35 混凝土，塔座采用 C35 混凝土，塔承台封底采用 C25 水下混凝土，桩基础钢护筒采用 Q345C。

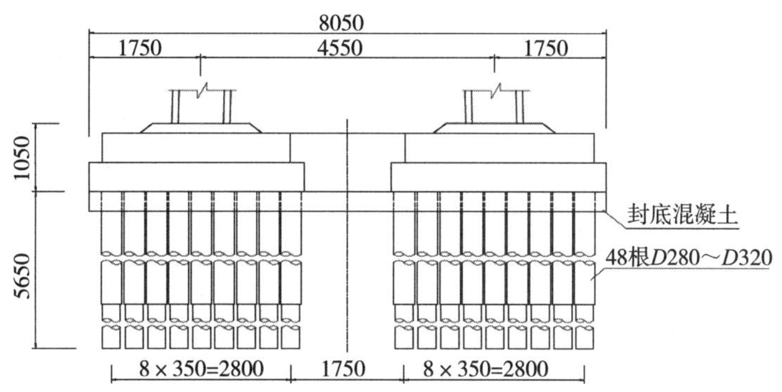

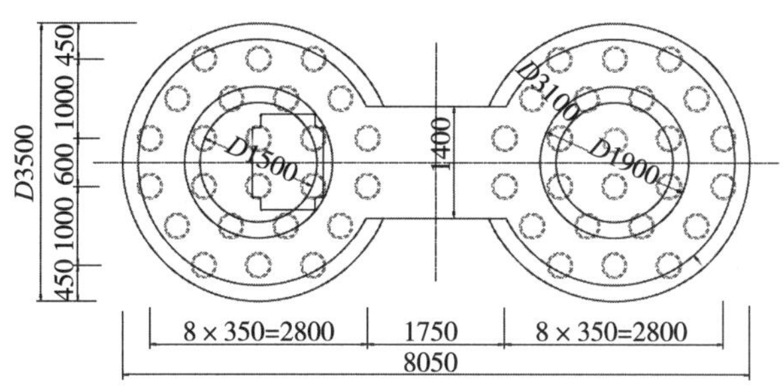

图 1-23 南塔基础构造（单位：cm）

（2）北塔基础

北塔基础构造见图 1-24，采用 38 根 *D*2.8m 钻孔灌注桩基础，梅花式布置。按摩擦桩设计，桩底高程 -110m，桩尖持力层为微风化粉砂岩。承台为哑铃形，平面尺寸 72.5m×27m，厚 8.5m。钢护筒参与结构受力，桩身钢筋采用两根一束、径向放置的直径 32mm 的 HRB335 钢筋为主筋，在主要受力区主筋的间距为 17.3cm，螺旋筋为直径 10mm 的 R235 钢筋。

桩身埋入承台 20cm，护筒高出承台底 40cm 以上部分进行切条处理，结合承台底层钢筋布设，割出沿圆周分布的宽度 12cm、长度 1.6m 的钢板条 24 道，并在其外侧焊接两根直径 32mm 的 HRB335 钢筋，以加强钢护筒与承台的连接。封底混凝土范围内，护筒内外壁沿圆周均焊接直径 32mm 的 HRB335 钢筋，环形钢筋竖向间距 30cm，以利于桩身与护筒共同受力。钢护筒壁厚 20mm，钢护筒底部标高为 -30.0m。钻孔灌注桩采用 C35 水下混凝土，承台采用 C35 混凝土，塔座采用 C35 混凝土，塔承台封底采用 C25 水下混凝土，桩基础钢护筒采用 Q345C。

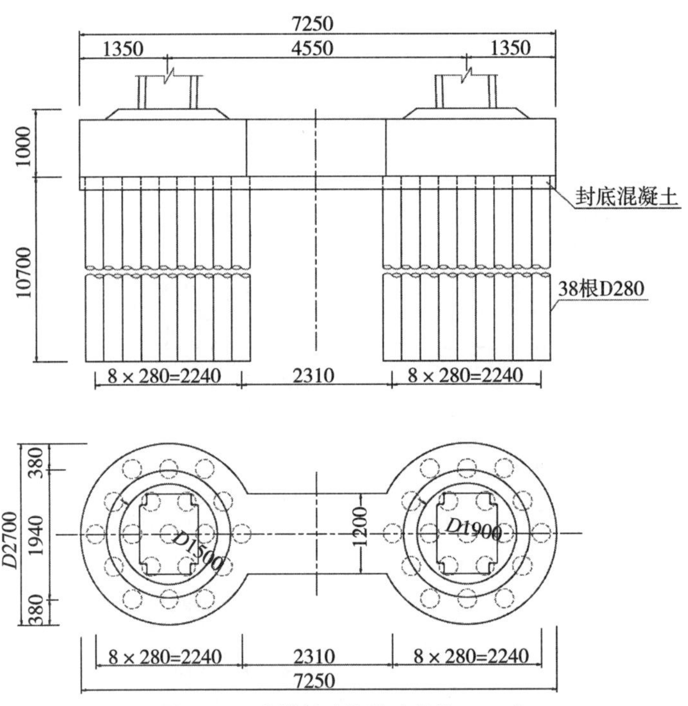

图 1-24　北塔基础构造（单位：cm）

1.2.3.3　钢拱梁

拱梁、竖杆及圈墙共同组成的构件是索塔重要受力结构，相关构造见图 1-25。拱梁底缘由 5 段相切的圆弧构成，其半径依次为 100.458m、11.059m、7.759m、11.059m、100.458m。拱梁拱脚段及竖杆圈墙为钢箱混凝土结构，拱梁截面呈马蹄形，高 4.2m，底缘宽 3.6m，上缘宽 1.6m。混凝土壁厚由 0.8m 过渡到实心段。

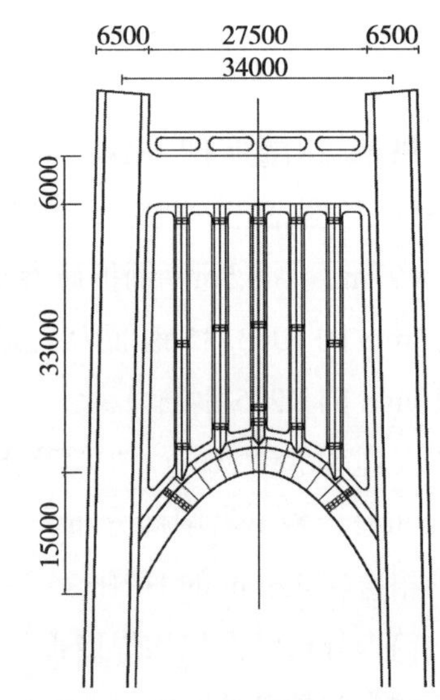

图 1-25　拱梁、竖杆及圈墙构造（单位：mm）

拱梁钢箱由外壁板、横隔板、加劲肋、圆柱头焊钉等构件组成。顶板和底板厚 28mm，侧板厚 24mm，外壁板纵向设加劲肋，厚 20mm；与竖杆交接处设横隔板，厚 16mm。

竖杆为钢结构，箱形截面长 2.0m、宽 1.6m。钢箱由壁板、横隔板、加劲肋等构件组成。壁板厚 24mm，横隔板厚 12mm，纵向设加劲肋。竖杆拱梁连接采用高强螺栓。

竖杆圈墙为矩形截面，平面尺寸 1.6m × 1.0m。竖杆圈墙钢箱由外壁板、加劲肋、圆柱头焊钉等构件组成。外壁板厚 16mm/20mm/24mm，竖向设加劲肋，厚 12mm。

钢混组合结构传剪器包括剪力钉和钢筋混凝土榫剪力键。剪力钉采用直径 25mm 的圆柱头焊钉，长 220mm。钢筋混凝土榫剪力键钢筋直径 16mm，纵向加劲肋上开孔直径 45mm。

拱梁端板采用 2 束规格为 9 根 15mm 直径钢丝及 32 束规格为 9 根 15mm 直径钢丝的预应力钢束与塔柱连接；竖杆与上横梁采用 8 束规格为 9 根 15mm 直径钢丝的预应力钢束和 40 根 ϕ32mm 预应力精轧螺纹粗钢筋连接。规格为 19 根 15mm 直径钢丝的预应力钢束张拉控制力为 3710.7kN，规格为 9 根 15mm 直径钢丝的预应力钢束张拉控制力为 1757.7kN，ϕ32mm 预应力精轧螺纹粗钢筋张拉控制力为 568.2kN。

拱梁、竖杆及圈墙等永久外露于大气中的钢构件的内、外防腐涂装均应按重防腐涂装方案进行，其干膜总厚度不应小于 260μm，耐久性要求保证不小于 25 年。

1.2.3.4 钢塔冠

南、北索塔各设置两套钢塔冠构造，钢塔冠立体示意见图 1-26。钢塔冠共分为七部分组件，每个塔冠含预埋组件 1 套，1# 组件 2 套，2#～5# 组件及顶板组件各 1 套。组件最大吊重 6.9t（顶板组件）。1#～3# 组件分别由外板、连接板、加劲板及检修平台组成，组件高度均为 6.74m。顶板组件由顶板、加劲板及连接板组成，顶板顶面沿板周边设 44 块连接板，用于连接 4# 组件，连接板板厚 12mm。顶板沿板周圈设置孔径为 ϕ22mm 的螺栓孔以与 1#～3# 组件连接。4# 组件由外板、加劲板、拼接板组成。5# 组件由挡板、半套筒、环板、加劲板及钢管组成。半套筒采用 14mm 厚钢板加工而成，分为上下两块，在制造厂应整圆制作，再加工成两半。环板板厚 8mm，加劲板板厚 12mm，布置于套筒周圈。

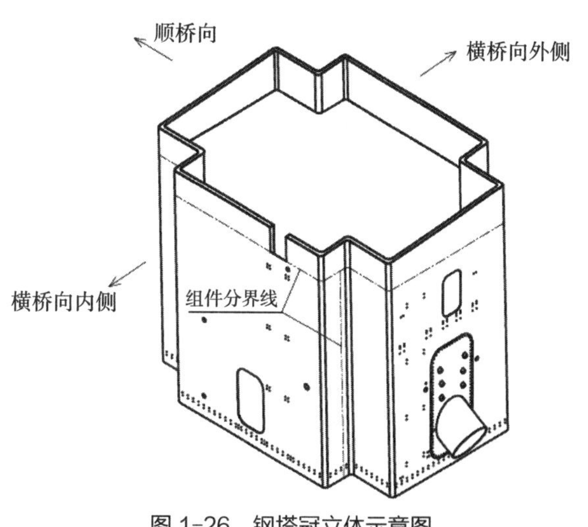

图 1-26　钢塔冠立体示意图

钢塔冠内部侧壁及顶板均粘贴乙烯泡沫隔热材料，并在其表面涂刷防火面漆。1#

组件及 2# 组件均已在外板上留出安装后期检修平台、直梯的预留孔，并预焊了与塔冠内除湿设备及大缆除湿管道相衔接的钢管套件。塔冠顶板沿横桥向设置了 1% 的坡度，在顺桥向可通过铺设橡胶层等方式设置坡度，以将雨水汇集至泄水管处排出。塔冠内检修平台周圈设置护栏以保证安全，在 2# 组件处设置一套直梯供检修人员上至检修平台。

1.2.4 锚碇

1.2.4.1 锚碇基础

（1）北锚基础

北锚碇为重力式锚碇，基础采用沉井结构形式，北锚碇沉井基础见图 1-27。

北锚基础处属于漫滩地貌，北锚碇基础处覆盖层从上到下依次为：软塑至硬塑状亚黏土、黏土，工程地质性能一般；流塑至软塑状淤泥质亚黏土，其含水量高、孔隙比大，具高压缩性、低强度等特征，工程地质性能很差；全新统松散至中密状粉细砂为可液化土层，工程地质条件差；稍密至中密状粉砂、细砂为可液化土层，工程地质条件差；中密至密实状粉细砂，厚度大，层位稳定，工程地质条件稍好；上更新统密实状卵砾石层、砾砂、粗砂夹粉细砂，分布稳定，工程地质条件良好。

沉井顶面标高 +4.3m，沉井底标高 −48.5m，置于密实卵砾石层；沉井顺桥向长度 69.0m，横桥向宽度 58.0m。沉井共分十节，除第一节为钢壳混凝土沉井外，其余九节均为钢筋混凝土沉井。其竖向高度划分为第一节沉井高 6m，第二节至第五节沉井高 4m，第六节至第七节沉井高 5m，第八节至第九节沉井高 7m，第十节沉井高 6.8m。

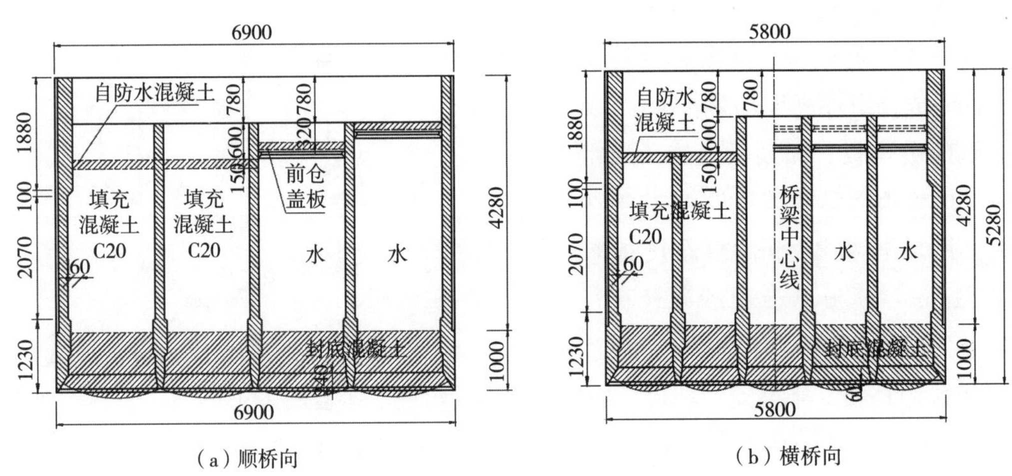

图 1-27　北锚碇沉井基础（单位：cm）

沉井共分 20 个井孔，标准节段井孔顺桥向长度 15.0m，横桥向 9.48m。沉井标准井壁厚 1.6m，第一节、第二节沉井壁厚 2.1m，第八节至第十节沉井井壁上下游及后趾侧加厚至 2.5m。隔墙标准壁厚 1.6m。顶板厚 7.8m～13.8m。封底厚度 10m。在封底上部第二节、第三节沉井隔墙及井壁内侧面设置高度 6.3m，厚度 0.4m 齿坎，以提高封底与井壁间的抗剪能力。

（2）南锚基础

南锚碇为重力式锚碇，基础采用地连墙结构形式，南锚碇地连墙基础见图 1-28。

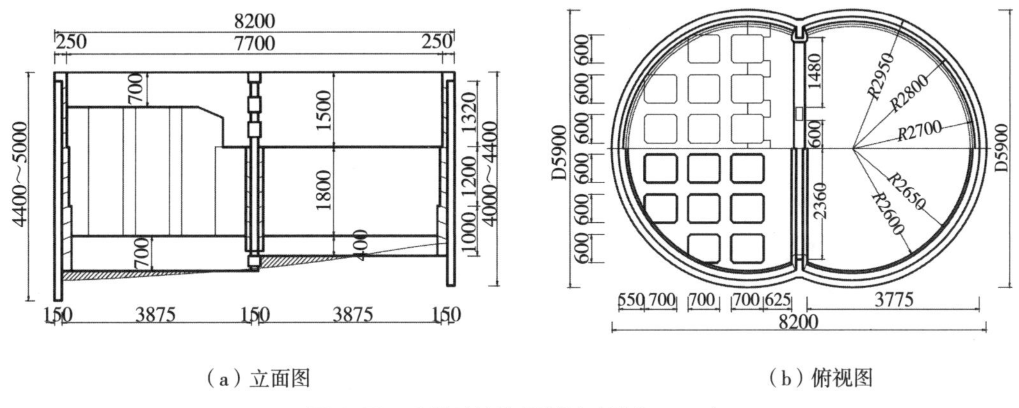

（a）立面图　　（b）俯视图

图 1-28　南锚碇地连墙基础（单位：cm）

南锚碇基础处覆盖层可分为 9 层，从上到下依次为：全新统粉质黏土，可塑至软塑；全新统淤泥质亚黏土，夹粉砂薄层，流塑状；全新统松散至中密状粉细砂为可液化土层；稍密至中密状粉砂、细砂，自北向南逐渐变薄，直至缺失，为可液化土层；中密至密实状粉细砂；粉质黏土，软塑至流塑，局部夹较多粉砂薄层，为软弱土层；粉细砂呈密实状，北侧厚，南侧基本缺失；密实状砾石层；可塑状粉质黏土仅个别孔揭露，分布很不稳定。下伏基岩地层为白垩系葛村组砂岩、砂砾岩，局部夹泥岩，由北向南基岩面起伏 −38.120m～−29.230m，岩石强度高，胶结性能好，无明显断裂形成的破碎带，裂隙不发育，自上而下岩石强度逐渐增加。

南锚碇处地下水可分为松散岩类孔隙水和基岩裂隙水。松散岩类孔隙水主要为承压水，11 月至次年 4 月为枯水期，地下水位高程约 2.5m，含水层由粉砂组成，北侧厚，南侧基本缺失，渗透系数为 4.29m/d，影响半径为 127.34m。基岩孔隙不发育，裂隙仅少量发育，且裂隙连通性较差，故富水性和透水性均较差。

南锚碇基础为支护开挖深埋扩大基础，基坑采用地连墙支护结构体系，平面形状为“∞”形，长 82m，宽 59m，由两个外径 59m 的非完整圆和一道隔墙组成，壁厚 1.5m。地连墙顶高程 5.000m，底高程 −45.000m～−35.000m，嵌入中风化砂岩深约

3m，总深度 40.0m～50.0m。为加强基础底板的整体性，隔墙底部 4m 范围设计一道横撑，横撑高度 2m、宽 2.5m。

地连墙施工槽段分Ⅰ期、Ⅱ期两种槽段。地连墙Ⅰ期槽段共 32 个，其中：外墙Ⅰ期槽段 26 个，包括 24 个标准槽段，2 个特殊槽段；隔墙Ⅰ期槽段 6 个。Ⅰ期槽段采用三铣成槽，外墙Ⅰ期槽段轴线处长 6.324m，其中：边孔轴线处长 2.8m，中间孔轴线处长 0.724m，槽段相邻孔段交角为 176.5°；隔墙Ⅰ期槽段长 2.8m 及 6.944m。地连墙Ⅱ期槽段共 33 个，其中：外墙Ⅱ期槽段 26 个，隔墙Ⅱ期槽段 7 个；Ⅱ期槽段长均为 2.8m。地连墙外墙Ⅱ期与Ⅰ期之间交角为 175.0° ，轴线处搭接长度 0.273m。

为避免地连墙底脚发生渗流以及踢脚破坏，保证基坑的抗隆起稳定性，地连墙嵌入中风化砂岩深约 3m，高程 -45.000m～-35.000m，地下连续墙总深度 40.0m～50.0m。

1.2.4.2 锚体及锚固系统

（1）北锚碇锚体

北锚碇锚体地面以上部分整体上呈三角造型，沿三角长边方向在前墙及侧墙上布设深 20cm、外口宽 60cm、内口宽 20cm 的装饰槽；地面以下部分结构为沉井基础顶板，北锚碇锚体与沉井基础顶板连为一体。北锚碇锚体地面以上部分（地面高程 +4.300m）顺桥向全长 70.3m、高 28.7m，地面以下高 13.8m。横桥向前趾宽 10m，后趾宽 23.6m，后趾与侧壁间设半径 2m 圆弧。横桥向上下游两锚体中心距 34m。北锚碇前支墩为实体结构。支墩顶面尺寸 7.0m × 5.3m，主缆 IP 点（悬索桥索鞍中主缆中心线的交点位置）与支墩顶面距离为 4.5m。支墩截面横桥向宽度 5m，顺桥向依前墙倾斜角度逐渐增大。侧墙壁厚 0.8m，靠近桥梁中心线一侧侧墙开设宽 1.5m、高 2m 门洞，以供巡检养护使用。侧墙内侧设有两道竖直加劲墙，前墙壁厚 0.8m。顶板壁厚 0.4m，设 6 道 1.6m 高横梁，可供施工顶板用。

（2）南锚碇锚体

南锚碇锚体地面以上部分整体上呈三角造型，南锚碇锚体与地连墙基础顶板成为一体。锚体顺桥向全长 66m，锚体地面（地面高程 +5.000m）以上高 28.0m，地面以下 15.0m。横桥向前趾宽 10m，后趾宽 22.7m，后趾与侧壁间设半径 2m 圆弧。横桥向上下游两锚体中心距 34m。前支墩为实体结构，与侧墙不相连。支墩顶面尺寸 7m × 6.27m，主缆 IP 点与支墩顶面尺寸距离为 4.5m。支墩截面横桥向宽度 5m，顺桥向依前墙倾斜角度逐渐增大。支墩底面为厚度 1.0m 高的垫板。侧墙壁厚 0.8m，靠近桥梁中心线一侧侧墙开设宽 1.5m、高 2m 门洞，以供巡检养护使用。侧墙内侧设有两道竖直加劲墙，前墙壁厚 0.8m。顶板采用预制空心板上现浇混凝土的结构形式，预应力空心板厚 0.8m，顶板厚 0.4m。

（3）锚固系统

为提高结构的可靠性和耐久性，对锚固系统的后锚梁锚固端进行了优化改进，正视图（横桥向）、侧视图（顺桥向）与俯视图和三维模型如图 1-29 所示。单侧锚体共 9 块锚固板，厚度 28mm，采用 Q345D 材质。索股通过锚固箱与锚固板连接，分四索股锚固、双索股锚固和单索股锚固三种锚固方式。为方便索股张拉，锚固箱后部均设置有千斤顶张拉反力架。B1～B4 锚固板后部布置 12 排 0.35m（索股方向）×0.4m（高度方向）间距钢筋混凝土榫剪力连接键。前 2 排仅在锚固板两侧布置，钢筋直径 16mm，钢板开孔直径 45mm。后 10 排钢筋直径 20mm，钢板开孔 60mm。B5 锚固板后部设置 10 排 0.35m（索股方向）×0.4m（高度方向）间距钢筋混凝土榫剪力连接键，钢筋直径 20mm，钢板开孔直径 60mm。锚固板后端沿板宽方向左右各设一条宽度 250mm、板厚 28mm 的承压板，设置板厚 20mm 承压板加劲。

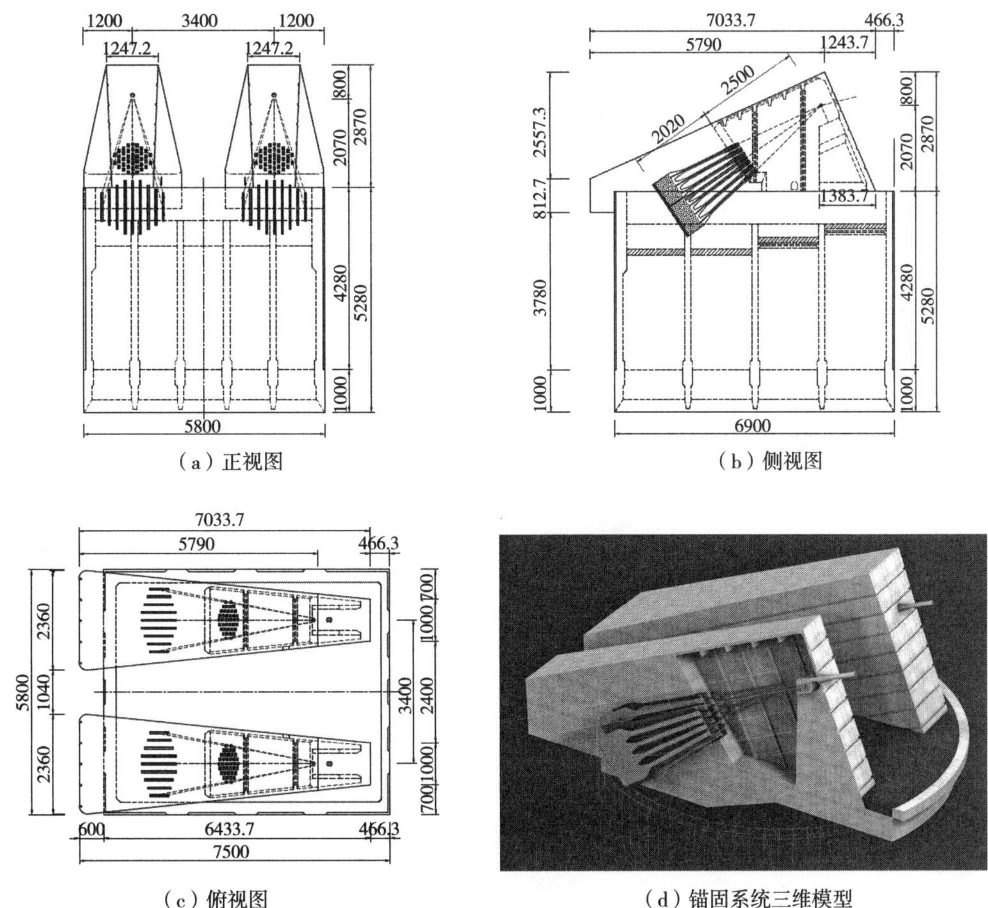

（a）正视图　（b）侧视图　（c）俯视图　（d）锚固系统三维模型

图 1-29　锚固系统总体布置（单位：cm）

钢筋混凝土榫剪力连接键钢筋应居于钢板开孔中心，以保证剪力连接键充分发挥其性能。为确保锚固板与混凝土无黏结接触，使索股力顺畅传递至锚固区域，除混凝土榫剪力键锚固区域外，混凝土内锚固板均设置钢板防护设施。钢板表面贴附 10mm 厚氯丁橡胶板，外包 2mm 厚钢板，边缘用 M6 螺栓夹紧固定。橡胶板在螺栓位置每 400mm 贴附一条，宽度 200mm。为防止水分沿防护钢板渗入锚固区域，在靠近锚固端将防护钢板弯起并形成封闭止水槽，槽内附设遇水膨胀橡胶止水带。

2 桥梁养护与科研概况

2.1 组织机构及职责

南京栖霞山长江大桥（简称“大桥”）的养护管理工作主要由南京长江第四大桥有限责任公司（简称“公司”）负责，组织机构包括“八部一室”（见图 2-1）。南京栖霞山长江大桥的养护管理主要由公司工程技术部负责，制定桥梁的中、长期养护规划，做好年度养护计划及工程费用预算，通过检查、检测对桥梁的技术状况和安全性能做出评价等。同时，工程技术部委托外部专业单位具体负责南京栖霞山长江大桥主桥及其附属设施的巡查、检查、卫生保洁等日常养护工作，以及桥梁供配电、照明、监控等设备的检查与维护。

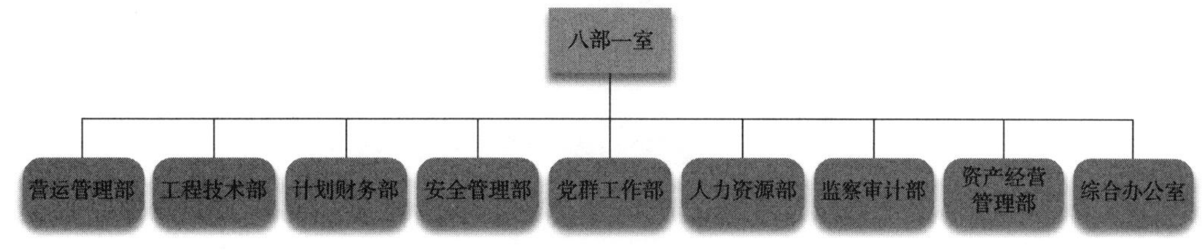

图 2-1　南京栖霞山长江大桥养护管理组织机构图

2.2 南京栖霞山长江大桥养护历程

南京栖霞山长江大桥通车运营以来，公司工程技术部先后联合中交公路规划设计院有限公司、东南大学、江苏法尔胜缆索有限公司、玛格巴桥梁构件有限公司、苏交科集团股份有限公司、河海大学、中铁宝桥集团有限公司等单位对桥梁进行养护检查与维修。南京栖霞山长江大桥开展的重点养护项目包括抗风支座更换、索夹螺杆力跟踪检测与补张、阻尼器更换、伸缩缝维护与更换、钢箱梁焊缝裂缝修复、锚室入锚孔及侧墙渗水封闭、梁底小车养护与磁吸加固、桥面排水盖板智能化改造等，重点养护内容如图 2-2（a）所示。南京栖霞山长江大桥每年所开展的特殊检测项目包括钢箱梁焊缝检测、吊索索力检测、锚跨索股索力检测、桥梁结构变形及软土路基沉降检测、主桥水下地形测量、主桥桥面铺装专项检查和锚碇水平位移及沉降监测等，年度特殊检测内容如图 2-2（b）所示。2015 年至 2021 年南京栖霞山长江大桥主桥开展养护项目情况汇总如表 2-1～表 2-7 所示。

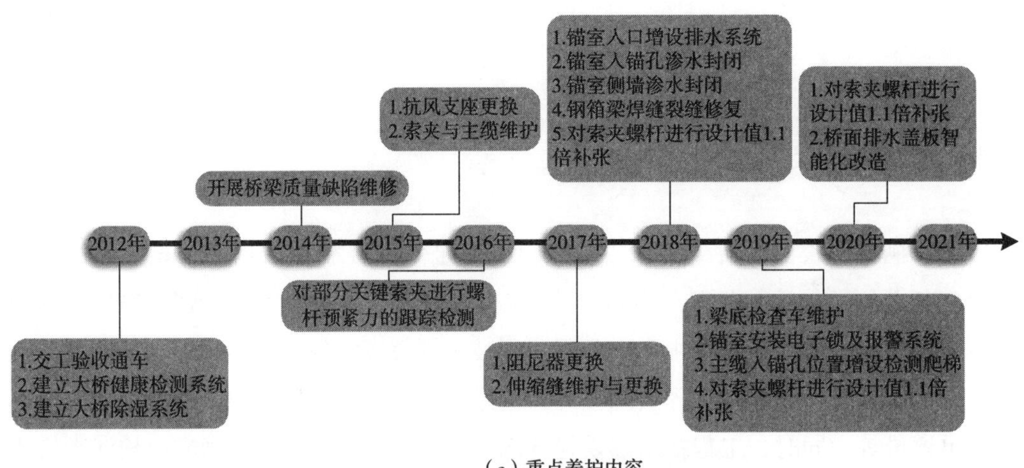

（a）重点养护内容

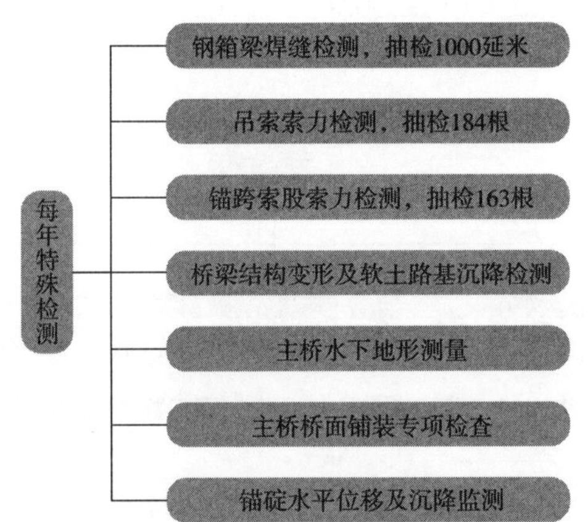

（b）年度特殊检测内容

图 2-2　南京栖霞山长江大桥主桥养护历程汇总图（2012 年至 2021 年）

表 2-1　2015 年南京栖霞山长江大桥主桥开展养护项目

序号	项目名称	工作内容
1	主桥年度定期检查	对主桥开展年度定期检查，并进行桥梁结构状况评定
2	主桥年度经常性检查	每年进行 12 次主桥主要构件巡检

续表

序号	项目名称	工作内容
3	主桥结构变形监测	对主桥结构变形情况进行监测，以掌握运营后的主桥结构变形状况
4	主桥河床监测	对主桥桥轴线河段河床进行冲淤比较分析
5	主桥结构监测巡检养护管理系统年度技术维护	进行年度的主桥结构监测巡检养护管理系统维护，保证系统的正常运行，并对需更换维修的设备提供设备清单
6	主桥除湿系统维护保养	进行年度的主桥除湿系统维护，保证系统的正常运行，并对需更换维修的设备提供设备清单
7	主桥钢箱梁无损检测	每年抽取 10% 梁段的 1200m 焊缝进行超声波探伤
8	主桥螺杆预紧力跟踪检测与补张	对全部吊索索夹进行螺杆力的检测，不满足要求的进行补张
9	主桥吊索索力检测	每年抽取 184 根吊索进行索力检测，并与设计值、荷载试验值进行比较，观测索力的变化，3 年覆盖全部索力测试
10	主桥钢桥面铺装专项检查	对主桥桥面铺装进行经常、定期检查工作，为养护决策提供基础资料

表 2-2 2016 年南京栖霞山长江大桥主桥开展养护项目

序号	项目名称	工作内容
1	主桥年度定期检查	对主桥开展年度定期检查，并进行桥梁结构状况评定
2	主桥年度经常性检查	每年进行 12 次主桥主要构件巡检
3	主桥结构变形监测	对主桥结构变形情况进行监测，以掌握运营后的主桥结构变形状况
4	主桥河床监测	对主桥桥轴线河段河床进行冲淤比较分析
5	主桥结构监测巡检养护管理系统年度技术维护	进行年度的主桥结构监测巡检养护管理系统维护，保证系统的正常运行，并对需更换维修的设备提供设备清单
6	主桥除湿系统维护保养	进行年度的主桥除湿系统维护，保证系统的正常运行，并对需更换维修的设备提供设备清单
7	主桥钢箱梁无损检测	每年抽取 10% 梁段的 1200m 焊缝进行超声波探伤
8	主桥螺杆预紧力跟踪检测	抽取典型索夹 204 根螺杆进行预紧力跟踪检测
9	主桥吊索索力检测	每年抽取 184 根吊索进行索力检测，并与设计值、荷载试验值进行比较，观测索力的变化，3 年覆盖全部索力测试
10	主桥锚跨索股索力检测	抽取 163 根锚跨索股进行索力检测，并在后续的 2 年中进行跟踪，与设计值、荷载试验值进行比较，观测索力的变化

续表

序号	项目名称	工作内容
11	主桥主缆开窗检查及永久观察窗设置	进行主缆钢丝的锈蚀情况检查，并安装 2 个 360° 全景观察窗
12	主桥钢桥面铺装专项检查	对主桥桥面铺装进行经常、定期检查工作，为养护决策提供基础资料
13	主桥横向抗风支座处位移测量	对索塔处 4 个横向抗风支座位移进行测量
14	主桥横向抗风支座更换	对索塔处 3 个横向抗风支座全部更换

表 2-3　2017 年南京栖霞山长江大桥主桥开展养护项目

序号	项目名称	工作内容
1	主桥年度定期检查	对主桥开展年度定期检查，并进行桥梁结构状况评定
2	主桥年度经常性检查	每年进行 12 次主桥主要构件巡检
3	主桥结构变形监测	对主桥结构变形情况进行监测，以掌握运营后的主桥结构变形状况
4	主桥河床监测	对主桥桥轴线河段河床进行冲淤比较分析
5	主桥结构监测巡检养护管理系统年度技术维护	进行年度的主桥结构监测巡检养护管理系统维护，保证系统的正常运行，并对需更换维修的设备提供设备清单
6	主桥除湿系统维护保养	进行年度的主桥除湿系统维护，保证系统的正常运行，并对需更换维修的设备提供设备清单
7	主桥钢箱梁无损检测	每年抽取 10% 梁段的 1200m 焊缝进行超声波探伤
8	主桥螺杆预紧力跟踪检测	抽取典型索夹 204 根螺杆进行预紧力跟踪检测
9	主桥吊索索力检测	每年抽取 184 根吊索进行索力检测，并与设计值、荷载试验值进行比较，观测索力的变化，3 年覆盖全部索力测试
10	主桥锚跨索股索力检测	抽取 163 根锚跨索股进行索力检测，并在后续的 2 年中进行跟踪，与设计值、荷载试验值进行比较，观测索力的变化
11	主桥钢桥面铺装专项检查	对主桥桥面铺装进行经常、定期检查工作，为养护决策提供基础资料
12	主桥中长期养护规划	对桥梁运营后 15 年内的养护作出合理的规划和建议
13	主桥阻尼器更换	对索塔处 4 个阻尼器全部更换
14	主桥限位吊索开挖检查	对主桥南北过渡墩处限位吊索下锚头开挖检查

表 2-4 2018 年南京栖霞山长江大桥主桥开展养护项目

序号	项目名称	工作内容
1	主桥年度定期检查	对主桥开展年度定期检查，并进行桥梁结构状况评定
2	主桥年度经常性检查	每年进行 12 次主桥主要构件巡检
3	主桥结构变形监测	对主桥结构变形情况进行监测，以掌握运营后的主桥结构变形状况
4	主桥河床监测	对主桥桥轴线河段河床进行冲淤比较分析
5	主桥结构监测巡检养护管理系统年度技术维护	进行年度的主桥结构监测巡检养护管理系统维护，保证系统的正常运行，并对需更换维修的设备提供设备清单
6	主桥除湿系统维护保养	进行年度的主桥除湿系统维护，保证系统的正常运行，并对需更换维修的设备提供设备清单
7	主桥钢箱梁无损检测	每年抽取 10% 梁段的 1200m 焊缝进行超声波探伤
8	主桥螺杆预紧力跟踪检测	抽取典型索夹 204 根螺杆进行预紧力跟踪检测
9	主桥吊索索力检测	每年抽取 184 根吊索进行索力检测，并与设计值、荷载试验值进行比较，观测索力的变化，3 年覆盖全部索力测试
10	主桥锚跨索股索力检测	抽取 163 根锚跨索股进行索力检测，并在后续的 2 年中进行跟踪，与设计值、荷载试验值进行比较，观测索力的变化
11	主桥钢桥面铺装专项检查	对主桥桥面铺装进行经常、定期检查工作，为养护决策提供基础资料

表 2-5 2019 年南京栖霞山长江大桥主桥开展养护项目

序号	项目名称	工作内容
1	主桥年度定期检查	对主桥开展年度定期检查，并进行桥梁结构状况评定
2	主桥年度经常性检查	每年进行 12 次主桥主要构件巡检
3	主桥结构变形监测	对主桥结构变形情况进行监测，以掌握运营后的主桥结构变形状况
4	主桥河床监测	对主桥桥轴线河段河床进行冲淤比较分析
5	主桥结构监测巡检养护管理系统年度技术维护	进行年度的主桥结构监测巡检养护管理系统维护，保证系统的正常运行，并对需更换维修的设备提供设备清单
6	主桥除湿系统维护保养	进行年度的主桥除湿系统维护，保证系统的正常运行，并对需更换维修的设备提供设备清单
7	主桥钢箱梁无损检测	每年抽取 10% 梁段的 1200m 焊缝进行超声波探伤
8	主桥螺杆预紧力跟踪检测	抽取典型索夹 204 根螺杆进行预紧力跟踪检测

续表

序号	项目名称	工作内容
9	主桥吊索索力检测	每年抽取 184 根吊索进行索力检测，并与设计值、荷载试验值进行比较，观测索力的变化，3 年覆盖全部索力测试
10	主桥锚跨索股索力检测	抽取 163 根锚跨索股进行索力检测，并在后续的 2 年中进行跟踪，与设计值、荷载试验值进行比较，观测索力的变化
11	主桥钢桥面铺装专项检查	对主桥桥面铺装进行经常、定期检查工作，为养护决策提供基础资料

表 2-6　2020 年南京栖霞山长江大桥主桥开展养护项目

序号	项目名称	工作内容
1	主桥年度定期检查	对主桥开展年度定期检查，并进行桥梁结构状况评定
2	主桥年度经常性检查	每年进行 12 次主桥主要构件巡检
3	主桥结构变形监测	对主桥结构变形情况进行监测，以掌握运营后的主桥结构变形状况
4	主桥河床监测	对主桥桥轴线河段河床进行冲淤比较分析
5	主桥结构监测巡检养护管理系统年度技术维护	进行年度的主桥结构监测巡检养护管理系统维护，保证系统的正常运行，并对需更换维修的设备提供设备清单
6	主桥除湿系统维护保养	进行年度的主桥除湿系统维护，保证系统的正常运行，并对需更换维修的设备提供设备清单
7	主桥钢箱梁无损检测	每年抽取 10% 梁段的 1200m 焊缝进行超声波探伤
8	主桥螺杆预紧力跟踪检测	抽取典型索夹 204 根螺杆进行预紧力跟踪检测
9	主桥吊索索力检测	每年抽取 184 根吊索进行索力检测，并与设计值、荷载试验值进行比较，观测索力的变化，3 年覆盖全部索力测试
10	主桥锚跨索股索力检测	抽取 163 根锚跨索股进行索力检测，并在后续的 2 年中进行跟踪，与设计值、荷载试验值进行比较，观测索力的变化
11	主桥钢桥面铺装专项检查	对主桥桥面铺装进行经常、定期检查工作，为养护决策提供基础资料

表 2-7　2021 年南京栖霞山长江大桥主桥开展养护项目

序号	项目名称	工作内容
1	主桥年度定期检查	对主桥开展年度定期检查，并进行桥梁结构状况评定
2	主桥年度经常性检查	每年进行 12 次主桥主要构件巡检
3	主桥结构变形监测	对主桥结构变形情况进行监测，以掌握运营后的主桥结构变形状况
4	主桥河床监测	对主桥桥轴线河段河床进行冲淤比较分析

续表

序号	项目名称	工作内容
5	主桥结构监测巡检养护管理系统年度技术维护	进行年度的主桥结构监测巡检养护管理系统维护，保证系统的正常运行，并对需更换维修的设备提供设备清单
6	主桥除湿系统维护保养	进行年度的主桥除湿系统维护，保证系统的正常运行，并对需更换维修的设备提供设备清单
7	主桥钢箱梁无损检测	每年抽取 10% 梁段的 1200m 焊缝进行超声波探伤
8	主桥螺杆预紧力跟踪检测	抽取典型索夹 204 根螺杆进行预紧力跟踪检测
9	主桥吊索索力检测	每年抽取 184 根吊索进行索力检测，并与设计值、荷载试验值进行比较，观测索力的变化，3 年覆盖全部索力测试
10	主桥锚跨索股索力检测	抽取 163 根锚跨索股进行索力检测，并在后续的 2 年中进行跟踪，与设计值、荷载试验值进行比较，观测索力的变化
11	主桥钢桥面铺装专项检查	对主桥桥面铺装进行经常、定期检查工作，为养护决策提供基础资料

根据南京栖霞山长江大桥主桥历年养护检查、检测情况分析，桥梁整体状况如下。

（1）主桥结构状况良好，未出现影响结构安全的病害，桥梁总体技术状况等级评定为 1 类。

（2）主缆总体状况良好，主索鞍、散索鞍未发现异常，吊索索体状况良好，下锚头处部分销轴、压板螺栓和耳板洞出现锈蚀。

（3）索塔内表面与锚碇均发现了部分混凝土竖向裂缝，裂缝修补后性能良好。

（4）桥面系、支座、伸缩缝与阻尼器等关键附属构件外观与性能状况良好。

2.3 桥梁管养系统

2.3.1 信息化管养系统

2.3.1.1 总体设计

桥梁信息化管理养护系统（简称“信息化管养系统”）围绕检查、维护与评估等核心管养内容，以移动互联网、计算机、数据库、建筑信息模型（BIM）和地理信息系统（GIS）等技术为手段进行信息系统架构，以数据归集、管理、流转、展示和应用为功能主线，以数据资产（全资产静态数据和动态数据体系）为核心，以唯一 ID 编号的 BIM 构件为最小数据管理单元和数据载体，通过业务流程和数据体系规范养护管理。信息化管养系统总体架构如图 2-3 所示。信息化管养系统涵盖日常养护巡查维修、桥梁检查与评定、道路检测、项目管理等功能，同时建立了科学完备的数据体系，辅助实现养护科学决策，进一步提升了管理养护信息化水平。

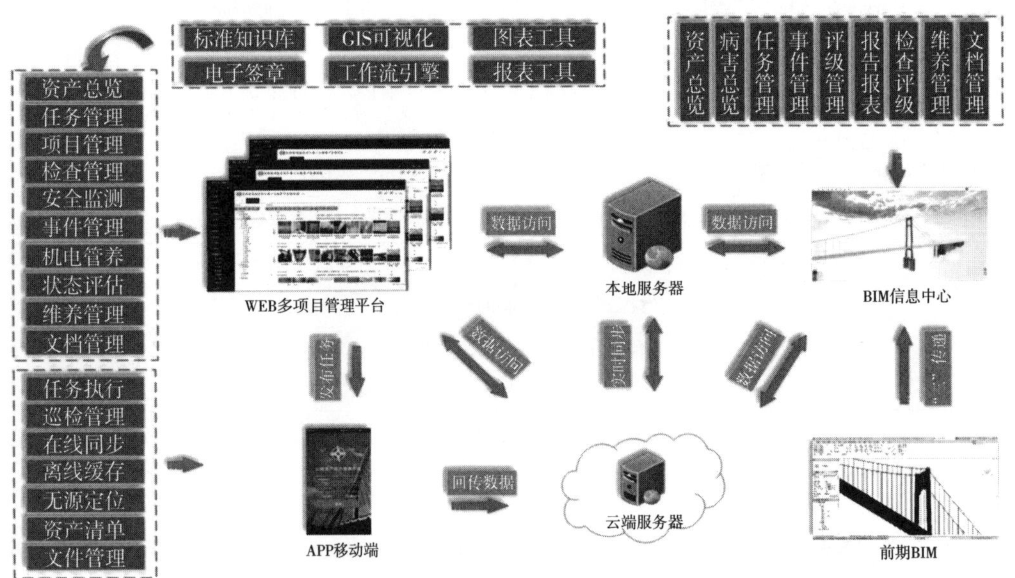

图 2-3　信息化管养系统的总体架构

信息化管养系统采用本地云端双部署，总体设置三个人机交互终端，数据同源，功能侧重不同。移动终端 APP 的核心功能为数据采集、事件上报、信息查询、管理流程等。网页（WEB）端业务平台为全功能平台，BIM 可视化管养平台的核心功能为管养数据的直观展示。信息化管养系统的组成如图 2-4 所示。

移动终端APP

移动终端APP的核心功能为数据采集、事件上报、信息查询等。基础数据与BIM和WEB数据同源，实时在线更新；实行任务驱动管理下的各类管养活动数据采集、管理和记录，能在离线及在线模式下工作；能采用多种便捷模式在不同工作场景下快速定位构件，实现基于构件的数据管理。

全功能平台

全功能平台是全要素和全业务平台，可通过互联网进行访问，内容包括资产管理、项目管理、任务管理、土建养护管理、监测数据、报告报表、文档管理、标准知识库、系统管理、业务程序流程等。对于必需的数据可视化展示，WEB平台利用GIS实现基本的数据可视化。

BIM可视化管养平台

BIM可视化管养平台总体上应体验流畅、场景逼真、操作简便，能够与后台数据无缝对接，根据功能设计实时展示数据信息，实现操作、场景、病害、筛选、报表、收藏、帮助等基础功能。

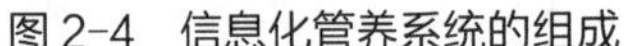

图 2-4　信息化管养系统的组成

2.3.1.2 功能框架

（1）BIM 可视化管养平台

BIM 可视化管养平台的核心功能为数据展示、应急管理、任务发布、事件报警等，通过数据的模型化载体进行基于数据的生产管理。BIM 模型达到 LOD300 级精度，相应单元按照最小的维护单元划分。南京栖霞山长江大桥 BIM 可视化管养平台如图 2-5 所示。

图 2-5 南京栖霞山长江大桥 BIM 可视化管养平台

BIM 可视化管养平台具有人性化的交互逻辑，基本操作包括移动控制、视角切换、漫游模式、地图导航、搜索；主要功能为资产信息、项目任务、病害筛选、评定查看、报表及收藏功能，同时支持虚拟现实（VR）等技术。BIM 可视化管养平台基本操作和主要功能如图 2-6 所示。

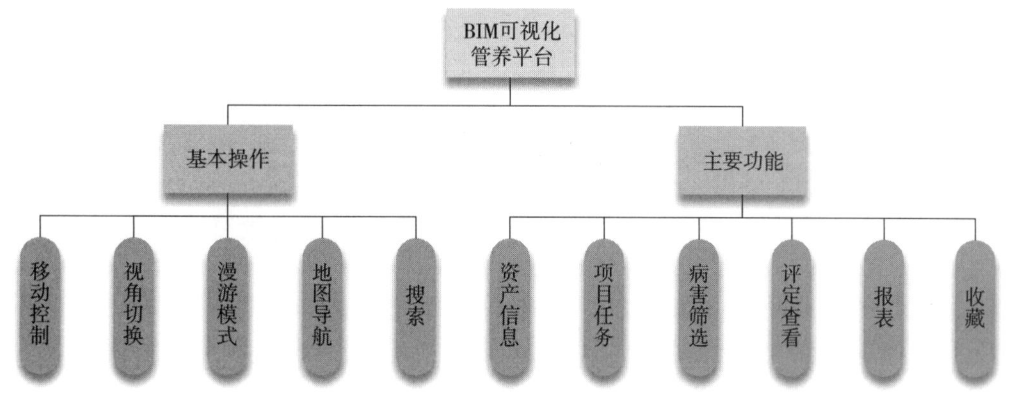

图 2-6 BIM 可视化管养平台基本操作和主要功能

（2）全功能平台

全功能平台可通过互联网进行访问，主要功能包括资产管理、项目管理、任务管理、检查管理（巡查管理、经常检查、定检管理、特殊检查管理）、维修管理、状态评估、报表、档案管理、知识库管理、系统管理、终端接口等。同时全功能平台结合GIS技术实现数据的可视化。全功能平台框架如图2-7所示。

图2-7 全功能平台框架

（3）移动终端APP

移动终端APP是信息化管养系统的重要组成部分，方便一线管养用户在现场对资产进行检查和维修时快速查看、记录相关检查或维修信息，并快捷上传到服务器，免去复杂枯燥的数据处理工作。因此移动终端APP架构整体包含APP在线功能、APP离线功能、H5页面、应用程序编程接口（API）、WebServer/DB等部分，移动终端APP架构如图2-8所示。

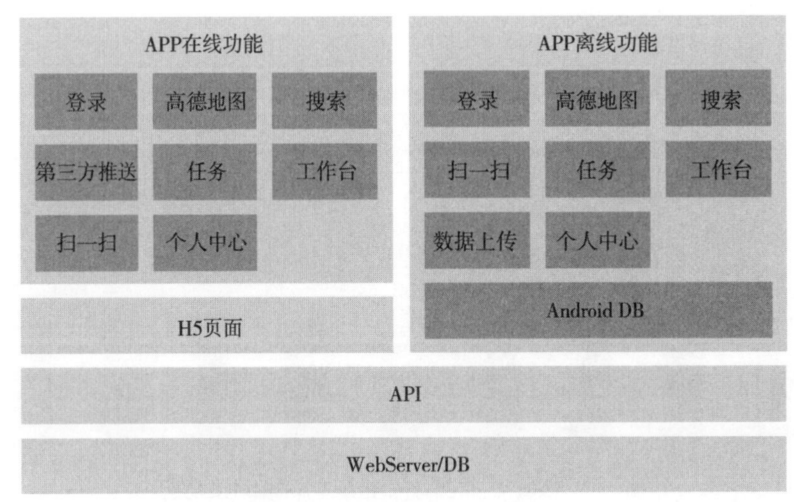

图2-8 移动终端APP架构

移动终端APP的核心功能是任务驱动管理下的各类管养活动的执行，主要包括：检查维养、数据采集、应急管理、信息查询、紧急事件发布等；基础数据与BIM可视化管养平台、全功能平台数据同源，实时在线更新；能够在离线模式下实现数据采集、管理和记录；可在不同工作场景下快速定位构件，实现了基于构件的数据管理。

2.3.2 除湿系统

南京栖霞山长江大桥主桥钢箱梁、鞍室、锚室、主缆，均采用转轮除湿机组，全桥共 29 套除湿系统为其提供干燥环境，防止桥梁钢铁腐蚀，确保桥梁寿命。南京栖霞山长江大桥除湿系统布置立面图如图 2-9 所示。根据钢铁腐蚀特性，钢箱梁、锚碇、塔冠相对密闭空间内设计相对湿度小于 50%，温度无要求。主缆设计送气点相对湿度小于或等于 40%，送气点压力不超 3000Pa，并要求 3000Pa 时采取泄压保护。钢箱梁、鞍室、锚室、主缆四大除湿系统的运行状态、温湿度、压力、流量等重要参数，并入桥梁光纤通信系统后传输到集中监控室，在监控室可以对除湿系统运行状态实时监控。

钢箱梁、鞍室、锚室分别设置 14 套、4 套、8 套设备，每套设备设置一个监测点，每个点监测运行数据包括温度、相对湿度、运行时间。主缆共设置 3 个送气站，1#、2# 送气站分别位于南北塔上横梁，3# 送气站为主桥中跨钢箱梁内。主缆除湿系统可设置室外温湿度、站内温湿度、站内正压、送风（风机出口）温湿度、风量、送风压力、主缆送气索夹温湿度压力、排气索夹温湿度、站内温湿度等参数。其中，温湿度测点共 47 个，压力测点 22 个，压差测点 15 个，风速测点 6 个。

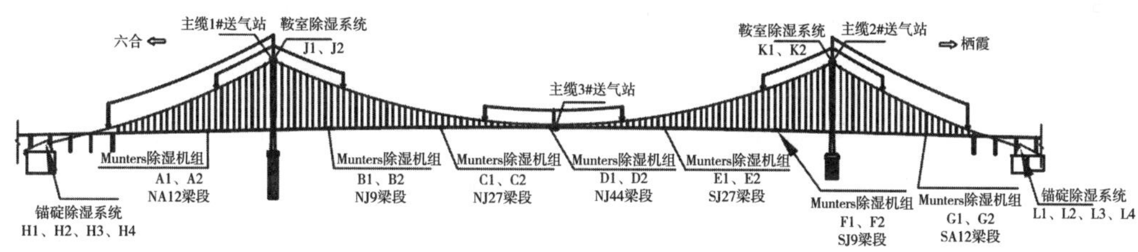

图 2-9 南京栖霞山长江大桥除湿系统布置立面图

2.3.3 路面管理系统

路面管理系统采用先进的 Django 和 Python 技术体系以及 B/S（浏览器 / 服务器）模式的多层应用体系结构进行总体框架的建设。路面管理系统后台采用功能模块化方式，将各子功能的耦合性降到最低，以方便系统设计和功能扩展。路面管理系统将路面基础数据和检测数据进行集中存储、管理和分级共享。同时采用 B/S 模式的多层应用体系结构，提供统一的管理养护平台，使各级单位在同一平台下进行管理和分析决策。路面管理系统登录界面如图 2-10 所示。

图 2-10　路面管理系统登录界面

路面管理系统总体上基于 Internet/Intranet 技术的 B/S 模式，采用 Django 技术的结构设计和解决方案，运用 Apach 作为 WEB 服务器，结合一系列弱耦合性的数学计算、图像识别、统计分析等模块构造整体性能强大的后台服务中心，并且具有良好的移植性能，可移植到大多数操作系统上，如 Windows 系列、Linux 系列、Unix 系列等。除了用于计算的基本功能模块外，还有专门针对数据录入输出、数据转换和数据校验模块，主要用于和其他系统的数据进行衔接时，对输入输出数据进行处理和校验。路面管理系统功能主要包括系统管理、基础数据管理、路面性能检测数据管理、路面性能评价、生成养护报表、大中修养护数据管理、交通量数据管理、路面养护辅助决策以及可视化综合评价等。

2.3.4　健康监测系统

2.3.4.1　概况

南京栖霞山长江大桥健康监测系统利用传感器技术、风险管理技术、计算机科学技术、光电子信息技术、桥梁计算分析技术等最新科技成果，服务于桥梁运营监管养护工作，力求保障桥梁主体结构及其附属设施处于较好的服役状态。此外，通过收集桥梁自然环境和结构响应数据，为国内类似结构设计、建设、养护技术的可持续发展、桥梁安全监测国家及行业规范或标准的制定提供技术支撑和参考依据。健康监测系统的核心任务是获得桥梁服役期间的代表性环境荷载、动态交通荷载以及结构的响应、局部损伤等信息，在对监测信息进行评估的基础上定期获得行车和结构的双重状态信息，为结构安全、高效、经济运营管养决策的制定提供技术支持。健康监测系统主要包含自动化结构监测子系统、结构预警评估子系统、中心数据库子系统、用户界面子系统。

（1）自动化结构监测子系统：传感器模块通过传感器将各类监测信号转换为电（光）以及以太网信号；数据采集与传输模块将监测信号转换为标准以太网数字信号并完成远程传输；数据处理与控制模块将监测信号进行预处理以及二次处理，向其他子系统提供有效的信息源或力学指标，能够根据需要设定程序控制监测数据的采集。

（2）结构预警评估子系统：对桥梁自动化结构监测子系统获取的代表性数据进行统计、分析、预警，以及根据历次巡检和监测的数据按照业主指定要求定期编制报告报表，进行结构整体内力识别、模态分析、钢结构疲劳分析、风场分析等工作。

（3）中心数据库子系统：各子系统数据的支撑系统，完成运营期所有监（检）测静态、动态的资料、信息、数据的归档、查询、存储、管理和调用等工作。

（4）用户界面子系统：将桥梁运营期各种监测静态、动态的资料、信息、数据按用户要求分类分级，按分级向不同用户展示桥梁运营信息与数据，并授权进行控制与输入。

为实现对南京栖霞山长江大桥的全面监测，在健康监测系统设计期间，结合桥址区运营环境特点、结构构造特征及受力特性，布设188个监测点位，主要监测内容包含环境温湿度、车辆荷载、风荷载、结构温度、地震及船撞振动、主梁及主塔位移、主梁及主塔转角、钢箱梁应变、结构振动等。主桥结构健康监测系统测点布置如图2-11所示，主桥结构健康监测系统监测项目一览表见表2-8。

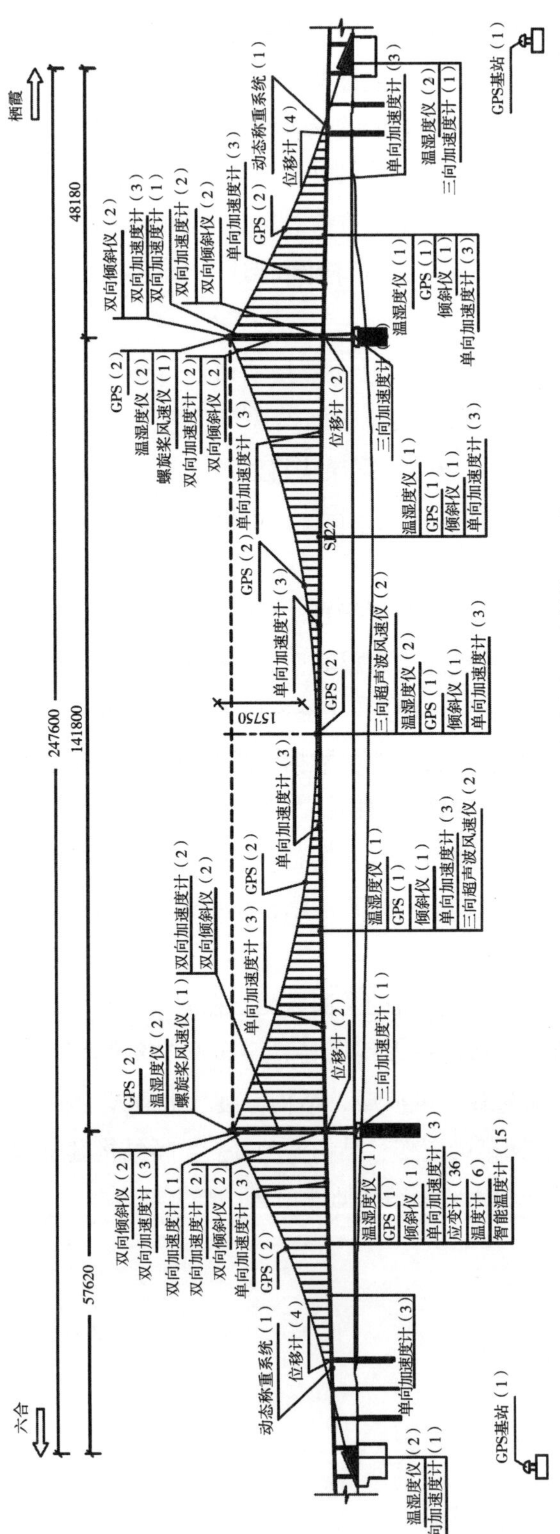

图 2-11　主桥结构健康监测系统测点布置（单位：cm）

表 2-8 主桥结构健康监测系统监测项目一览表

序号	监测项目		监测内容	监测设备	单位	数量
1	环境	环境温湿度	桥面环境温湿度	温湿度仪	台	1
2			加劲梁内温湿度	温湿度仪	台	5
3			鞍罩内温湿度	温湿度仪	台	4
4			锚锭内温湿度	温湿度仪	台	4
5	作用	车辆荷载	车速、轴重、总重	动态称重系统	套	2
6		风荷载	桥面风速、风向	风速仪	台	4
7			塔顶风速、风向	风速仪	台	2
8		结构温度	桥面铺装层温度场	智能温度计	个	15
9		地震及船撞振动	桥墩加速度	三向加速度计	台	4
10	响应	位移	主缆偏位	全球导航卫星系统	台	10
11			加劲梁空间变位	全球导航卫星系统	台	5
12			塔顶偏位	全球导航卫星系统	台	4
13			全球导航卫星系统基站	全球导航卫星系统	台	2
14			支座位移、梁端纵向位移	拉绳式位移计	台	12
15		转角	加劲梁倾斜	倾斜仪	台	5
16			索塔倾斜	倾斜仪	台	12
17		应变	钢箱梁结构应力	应变计	个	36
18				温度补偿计	个	6
19		振动	梁结构动力特性	单向加速度计	台	39
20			塔结构动力特性	双向加速度计	台	16
21	总计					188

2.3.4.2 升级改造

南京栖霞山长江大桥在同类型桥梁中较早地开展了结构健康监测系统建设工作，但由于起步早、运营年限长，难以满足现阶段桥梁管养的需求。健康监测系统存在问题包括：①在运营过程中，传感器设备、采集传输设备及中心设备不可避免地出现电子元器件老化、故障率升高等，影响系统的运行稳定性和数据的完整性，对系统功效的发挥带来不利影响；②构建之初采用了行业内成熟且先进的设计理念，底层架构能够满足功能要求，但是软件平台界面及功能已与行业现阶段水平存在明显差距，且部分监测内容不能满足最新行业规范要求；③未实现对部分悬索桥管养难点的全面覆盖，需增补监测点位；④建成时间较久，建设期所采用软件开发技术已经落后于现阶段行业发展。为了解决以上问题，公司于2022年对南京栖霞山长江大桥结构健康监测系统进行了升级改造。

（1）改造思路

南京栖霞山长江大桥结构健康监测系统主要对桥梁环境、作用、响应及变化进行实时监测，获取风温场及结构内力、线形、边界条件等数据信息，设置阈值予以安全报告，累积桥梁全寿命期环境及结构响应等全要素数据，为桥梁结构实现内力状态分析、耐久性评估、适用性评价及演变趋势分析提供数据保障，辅助桥梁监管与科学决策。

南京栖霞山长江大桥结构健康监测系统的升级改造主要为桥梁运营期的管养工作服务，基于桥梁结构化管理、预防性监测养护的设计理念，健康系统的改造思路如下：①在原有系统硬件及底层架构基础上进行升级改造，最大程度利用原有系统设备，实现对系统数据的平滑迁移；②满足行业最新规范对公路长大桥梁结构健康监测要求，对系统故障设备进行更换并新增监测点位，更换设备与原有设备保持一致，确保系统的完备性与监测的全面性；③开展软件平台信息化升级，基于原系统数据采集传输架构，采用新的技术手段重构系统功能，优化界面展现形式，并开发数据接口软件模块，满足后期系统接入省部级健康监测平台需求；④各功能模块及子系统可实现在同一平台的统一管理，各子系统协调统一，充分发挥功能。

（2）系统架构

南京栖霞山大桥结构健康监测系统采用B/S的架构方式，依托最新WEB前端展示技术，在现有监测系统基础上，实现界面简洁、功能实用、操作简单的友好用户体验。南京栖霞山长江大桥结构健康监测系统的软件架构如图2-12所示，自下往上可分为感知层、基础设施层、数据层、应用支撑层（含系统管理）、应用层和交互层，每个层次的作用如下：①感知层利用桥梁监测的传感设备获取温湿度、风荷载、梁端位移、结构应变、主梁位移及振动等各类响应数据；②基础设施层包括网络、信号调理器、数据网关、服务器/存储系统软件等；③数据层处理结构化关系型数据和文件数据，关系型数据包括监测数据、桥梁管理数据、系统数据等，文件数据主要包括数据文件、桥梁文件等；④应用支撑层提供支撑服务供应用层调用，具体包括认证/用户/权限服务、全球定位系统（GIS）服务、3D引擎、日志管理、消息服务、工作流服务等，同时包括数据采集及传输子系统；⑤应用层包括业务应用实现的各系统和模块，如自动化监测子系统、安全报警评估子系统、数据存储与管理子系统、用户界面子系统等；⑥交互层主要指利用浏览器访问系统各功能模块。

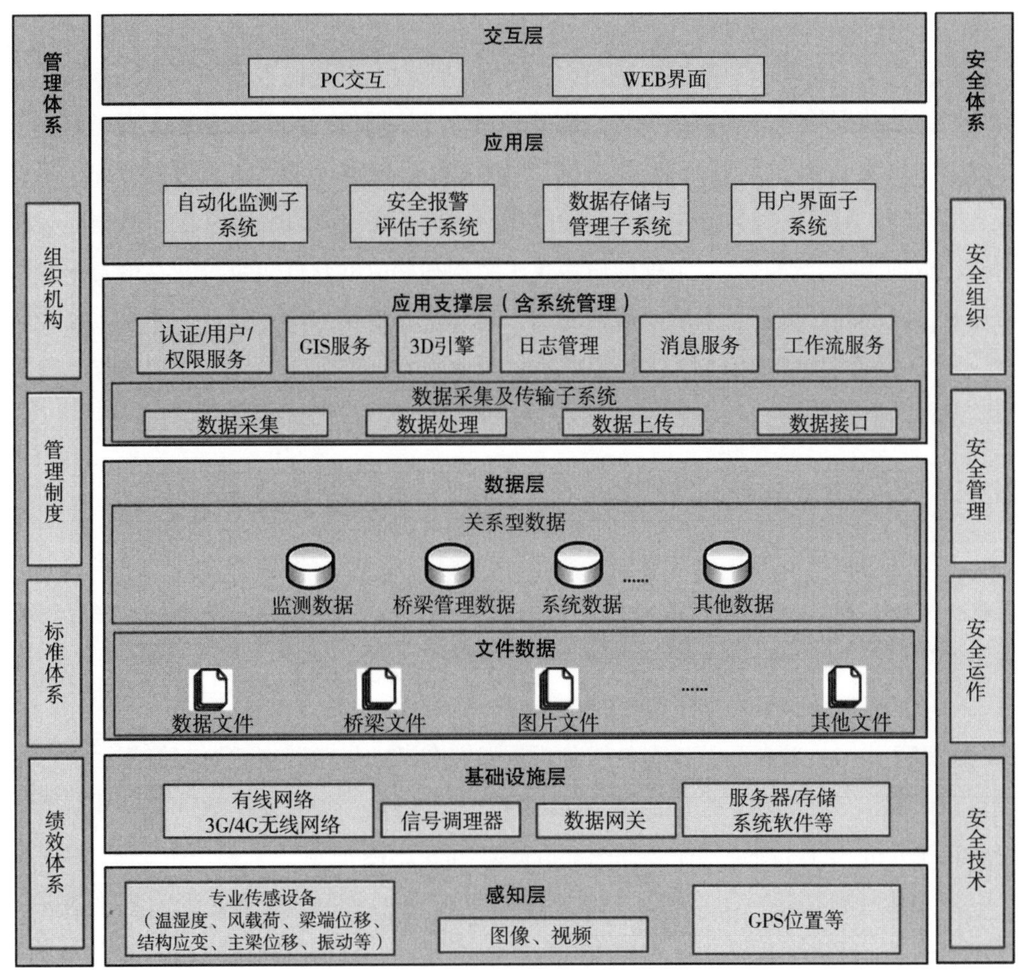

图 2-12　南京栖霞山长江大桥结构健康监测系统的软件架构

（3）硬件改造工作内容

南京栖霞山长江大桥原结构健康监测系统共 188 个监测点，监测内容包含环境、作用、响应 3 类，其中环境类监测项目包含空气温湿度 1 项；作用类监测项目包含车辆荷载、风荷载、结构温度及地震、船撞振动 4 项；响应类监测项目包括主缆偏位、加劲梁空间变位、塔顶偏位、支座位移、梁端纵向位移等 10 项。

根据《公路桥涵养护规范》（JTG 5120—2021）要求桥梁结构健康监测系统实现对桥梁环境、作用及结构响应、变化的监测。南京栖霞山长江大桥原系统监测内容虽较为全面，但未覆盖结构构件温度、吊索索力及振动加速度、梁端转角、锚碇位移的监测，且锚跨索股索力作为重要监测项需增补监测点位。

（4）软件改造工作内容

软件改造工作基于原系统底层架构，需充分结合原系统的数据采集传输方式，并实现对原始数据的平滑迁移。为此，软件开发阶段依据信息化升级总体方案确定的工作内容，研发了中心数据库、监测总览、实时报警、实时监测、历史数据查询、报告报表等功能。软件开发阶段进一步明确了用户界面方案、软件具体功能、数据库具体架构、数据采集处理制式、系统前后台技术架构和相应的软件包以及开发语言平台和商业软件。同时，根据行业最新规范要求，需要统一数据标准和接口，开发数据传输接口服务，使南京栖霞山长江大桥监测数据及业务数据能够接入未来建成的省部级健康监测平台。

2.3.5　桥梁运营模态在线分析系统

为实现南京栖霞山长江大桥运营模态在线分析，以运营模态参数贝叶斯自动识别方法为基础，建立了大跨度桥梁贝叶斯运营模态在线分析框架，并开发了相应的软件，实现追踪分析大跨度桥梁长期服役过程中模态参数的变化。

（1）大跨度桥梁贝叶斯运营模态在线分析框架

大跨度桥梁贝叶斯运营模态在线分析框架综合考虑异常数据检测与修复、模态参数自动识别、结果不确定性评估等方面内容，实现依托于健康监测数据的贝叶斯运营模态在线分析。贝叶斯运营模态在线分析框架如图 2-13 所示。

①异常监测数据处理：采用 3σ 法与常数检验法对导入的结构健康监测数据进行故障（跳点、缺失）检测，针对被检测出的故障数据，分别采用区间均值替代法与广义循环人工神经网络（GRNN）预测对跳点和缺失数据进行修复。

②模态频响区间提取：基于交叉模态置信准则（CMAC）矩阵显示结构模态频率响应区间，并引入卷积自编码器对 CMAC 矩阵进行重构，从而实现模态频响区间的自动提取。

③模态类型判断：利用 Kohonen 网络对归一化奇异值（SV）序列进行聚类分析，从而实现模态类型的自动判别，确定频响区间内待识别模态的数量。

④模态参数分析：将提取的频响区间缩放快速傅里叶变换（SFFT）数据根据模态类型判断结果导入广义快速贝叶斯快速傅里叶变换（GFBFFT）方法中，进行模态参数识别与不确定性量化，并评估识别结果的可靠性。

经过步骤①～④，在线分析框架自动完成一次监测结构的运营模态参数分析。

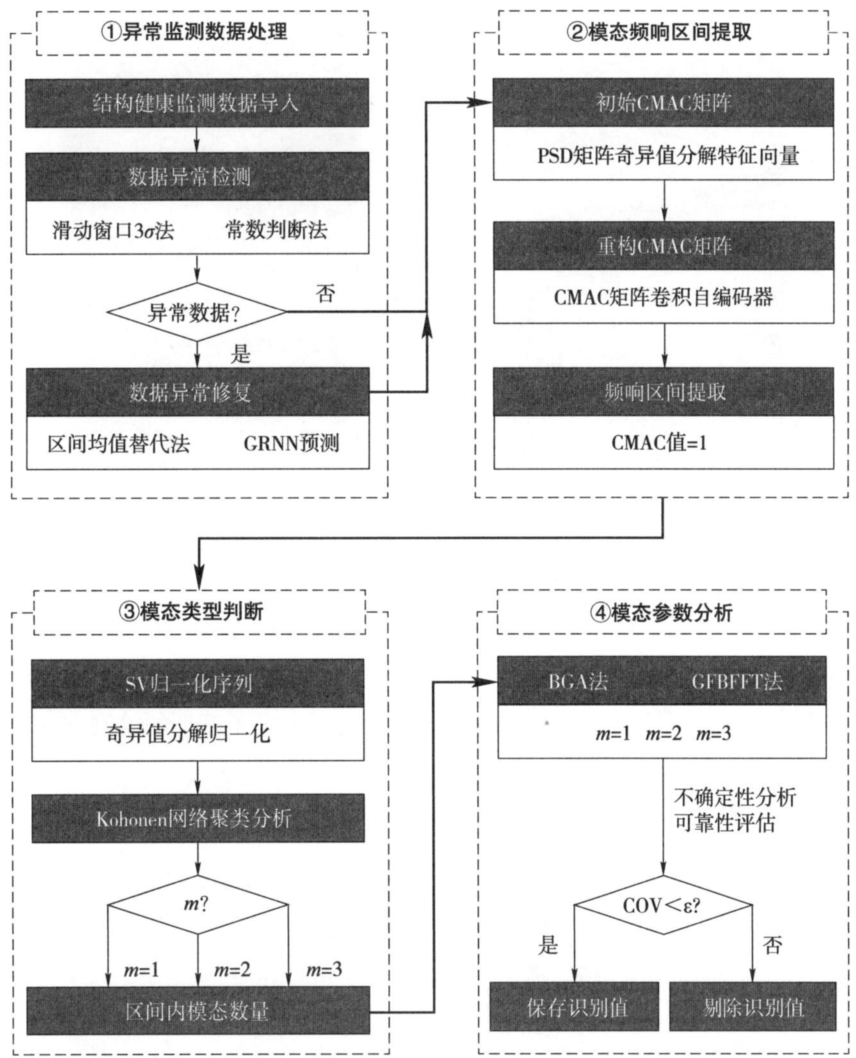

注：*m* 为模态阶数，BGA 为贝叶斯遗传算法；COV 为变异系数，ε 为相对差距。

图 2-13　贝叶斯运营模态在线分析框架

（2）基于 Matlab 的运营模态在线分析软件界面开发

利用 Matlab APP Designer 实现贝叶斯运营模态在线分析框架相关算法的集成，据此开发南京栖霞山长江大桥贝叶斯运营模态在线分析（BOMOAFLSB）软件。BOMOAFLSB 软件启始界面示意图如图 2-14 所示。

图 2-14 BOMOAFLSB 软件启始界面示意图

点击启始界面新建项目选项，软件将弹出新建项目参数设置界面。新建项目参数设置界面示意图如图 2-15 所示。在该界面内，输入项目名称、文件位置、数据通道数、振型纵向结点坐标与目标模态频率区间等初始参数，即可完成项目新建。其中：振型纵向结点坐标通过输入振型的自由节点初始坐标决定了振型的绘制方式；目标模态频率区间则是选定桥梁目标频率范围。

图 2-15 新建项目参数设置界面示意图

BOMOAFLSB 软件的功能界面包含主页、数据修复与参数识别三部分。

① 主页：该页面对数据处理、模态区间提取、模态类型判断、模态参数识别的部分结果进行集成显示。主页界面示意图如图 2-16 所示。该页面被划分为 3 个区域，其中：数据异常检测与修复区域显示两通道的监测数据处理结果，左侧窗口为原始数据，右侧为检测处理后的修复数据；模态响应区间识别区域显示当前 1h 数据的初始 CMAC 矩阵与重构 CMAC 矩阵，并展示识别的模态响应区间与对应的模态类型；运营模态参数分析区域分别展示前三阶振型、频率与阻尼比的识别结果。在界面中点击主页选项，将进一步弹出分项菜单，可进行项目初始参数修改与识别结果导出。

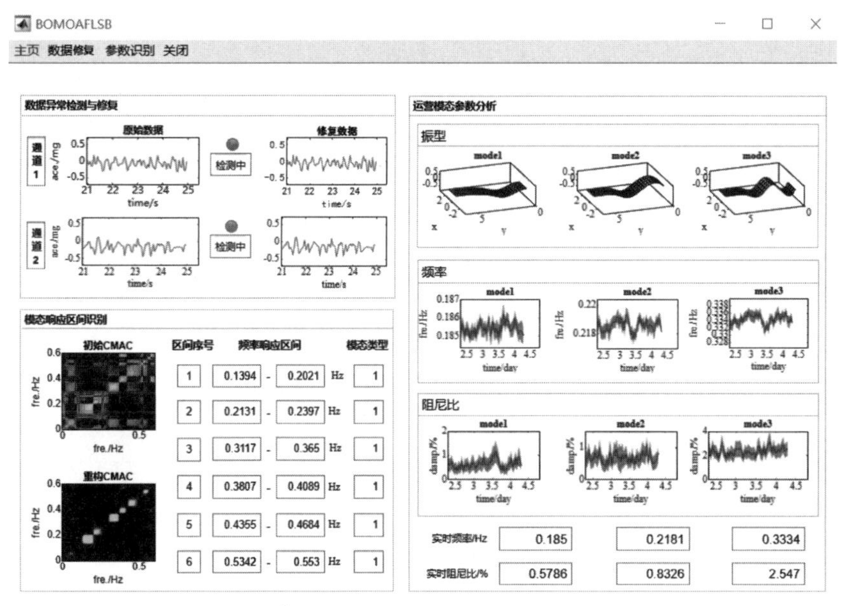

图 2-16　主页界面示意图

②数据修复：BOMOAFLSB 软件数据修复界面示意图如图 2-17 所示。运行过程中，界面右侧窗口显示原始数据，当数据无异常时，指示灯为绿色，并将原始数据传递至右侧窗口；当检测到异常数据时，指示灯转变为红色，并对该数据进行修复处理，将修复后的数据显示在右侧窗口。该界面默认显示 14 个通道的监测数据，通过调整软件参数可改变界面显示的通道数量。

③参数识别：基于 BOMOAFLSB 软件的南京栖霞山长江大桥运营模态参数在线追踪界面示意图如图 2-18 所示。该界面实时展示各模态的参数识别结果，包括模态参数及其对应的变异系数。软件默认显示 6 阶模态的识别结果，随着参数设置的不同，程序将自动进行页面布局调整。

利用 Matlab APP Designer 进行处理，BOMOAFLSB 软件既可被打包为独立软件运行，也可被编译为插件嵌入结构健康监测系统（SHMS）中运行。目前，公司联合东南大学开展嵌入式软件的开发，并融入南京栖霞山长江大桥的结构健康监测系统中，为桥梁振动性能评估与抗风安全保障提供持续有效的数据支撑。

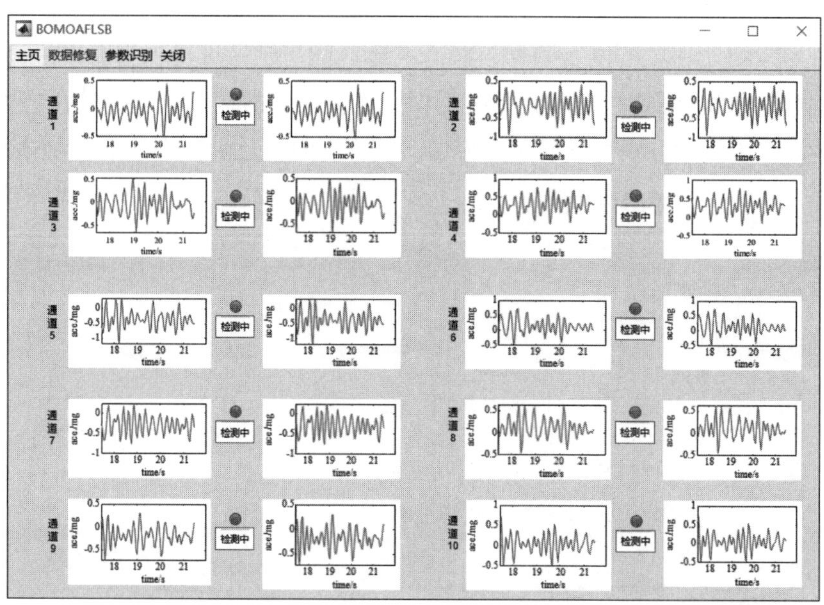

图 2-17　BOMOAFLSB 软件数据修复界面示意图

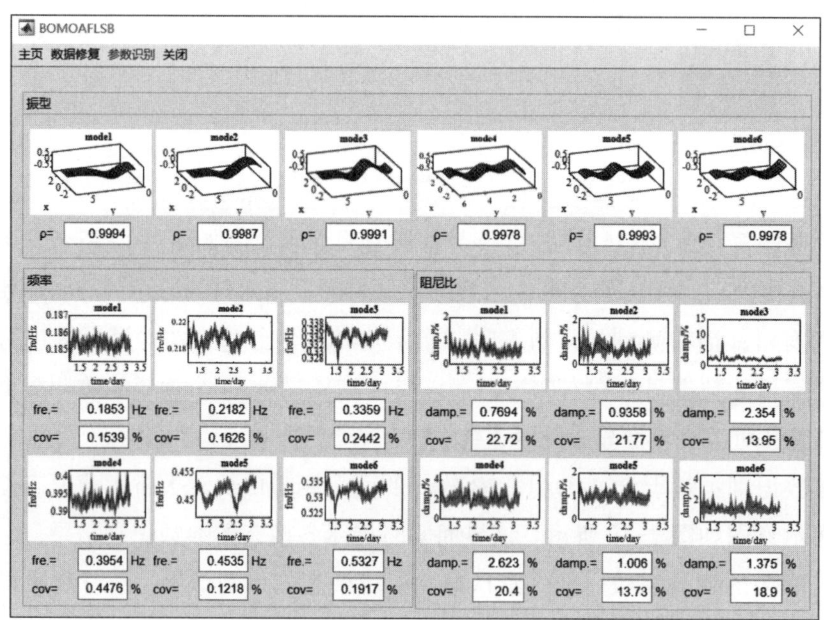

图 2-18　基于 BOMOAFLSB 软件的南京栖霞山长江大桥运营模态参数在线追踪界面示意图

2.4　代表性科研与技术研发

2.4.1　复合浇注式沥青混凝土钢桥面铺装养护关键技术

南京栖霞山长江大桥钢桥面铺装采用了复合浇注式沥青混凝土铺装结构，上层采用35mm高弹改性沥青混合料，底层采用40mm沥青混凝土，铺装总厚度75mm，防水黏结层采用溶剂型橡胶沥青黏结材料。复合浇注式沥青混凝土铺装结构示意图如图2-19所示。为实现钢桥面铺装科学养护，解决工程实际问题，公司联合苏交科集团股份有限公司等单位共同开展了“南京栖霞山长江大桥复合浇注式沥青混凝土钢桥面铺装养护关键技术”研究。

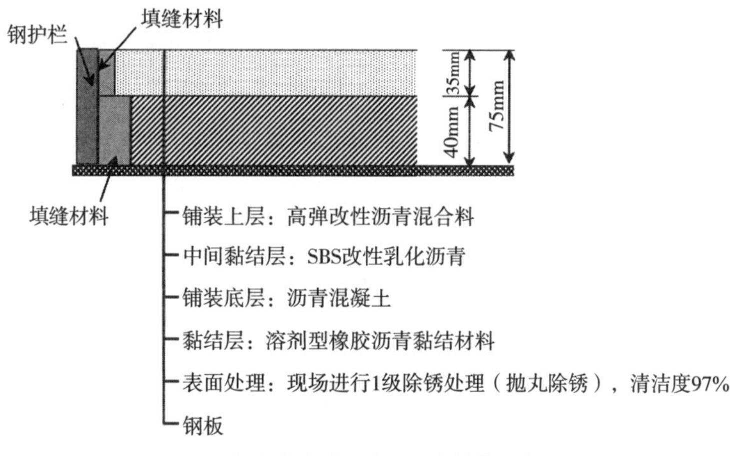

图2-19　复合浇注式沥青混凝土铺装结构示意图

复合浇注式沥青混凝土钢桥面铺装养护关键技术研究项目针对南京栖霞山长江大桥复合浇注式沥青混凝土铺装结构的特点，对国内同类型钢桥面铺装的使用情况进行了调研分析，并根据桥梁使用环境调研结论和钢桥面铺装使用状况的历年检测结果，分析了桥梁钢桥面铺装的服役现状。基于室内复合件试验结果和有限元分析结论，对钢桥面铺装各层车辙贡献率进行了评估。结合实测车辙数据与实测交通量，对现有车辙深度预测模型进行了验证与优化分析，并采用有限元分析模型对优化后预测模型进行了比对。结果表明，优化后预测模型与有限元分析模型拟合度较高，能够较准确地预测车辙深度，能够对设计寿命周期内钢桥面铺装车辙深度进行预测。最终，根据车辙贡献率研究成果与车辙深度预测结果开展钢桥面铺装养护决策研究，围绕钢桥面铺装检测、分析、决策、实施、评估5个环节建立了钢桥面铺装养护决策体系，提出钢桥面铺装使用性能评价指标与计算公式，确定了钢桥面铺装养护决策树与相应的养护对策。在上述工作基础上，项目团队形成了复合浇注式沥青混凝土钢桥面铺装养护系列关键技术，主要创新点包括以下内容。

（1）提出动稳定度、实测数据和力学分析结合的复合浇注式车辙预测模型。

（2）提出密级配高弹改性沥青混凝土与压入沥青碎石的浇注式硬质直馏沥青混凝土对复合浇注式钢桥面铺装车辙深度的贡献率。

（3）建立基于功能性（抗滑）与半功能半结构性（车辙、破损）的复合浇注式沥青混凝土钢桥面铺装养护决策体系。

研究成果有效解决了南京栖霞山长江大桥复合浇注式沥青混凝土钢桥面铺装的实际养护难题，延长铺装层使用寿命。研究成果还确定了钢桥面铺装的合适养护时间与合理养护措施，显著降低养护频率，减少大桥养护封闭时间、养护开支，具有良好的经济效益。研究成果有效保障了南京栖霞山长江大桥的畅通运行，提升了南京市的综合交通运输效率和形象，社会效益显著。复合浇注式沥青混凝土钢桥面铺装养护关键技术研究项目所取得的成果经中国公路学会成果评价会鉴定，研究成果总体达到国际领先水平，获得 2021 年度中国公路学会科学技术奖三等奖。

2.4.2 主桥面排水盖板自动控制系统

在南京栖霞山长江大桥竣工验收时，为防止危化品运输车辆泄漏污染长江水体，在主桥面 552 个泄水孔处加装了盖板。在出现危化品泄漏的紧急情况时，需人工手动关闭盖板。根据公司总值班室危化品车辆通行量统计，在 2019 年 11 月，平均每天 304 辆，全月共计 9000 余辆，其中易燃易爆 1627 辆，有毒 127 辆，易腐蚀 261 辆。以上统计结果显示：南京栖霞山长江大桥危化品车流量非常大，存在发生危化品车辆泄漏事故的风险。

主桥面排水盖板自动控制系统升级改造项目，通过采用智能化控制系统和执行装置，避免危化品泄漏直接排入长江污染下游水源。主桥面排水盖板自动控制系统升级改造项目技术理念和应用在国内尚属首例，是跨江大桥运营管理的科技创新型项目。为实现在发生危化品车辆泄漏事故时，排水盖板能够实现远程控制、及时关闭这一目标，2019 年 11 月，公司提出改造升级的技术需求，先后进行了“电动阀门”和“低压气动”两种控制方案的研讨与论证，最终确定“低压气动”控制方案。排水盖板自动控制系统充分借鉴机电设备和自动化控制领域的先进经验，并实现与跨江桥梁运营养护有机融合，在以下方面进行了创新。

（1）控制系统。引入“低压气动”控制系统，避免了危化品泄漏遇到电火花引起的爆炸事故风险。

（2）执行装置。创新定制失压复位式气缸，并进行拉力加压测试，保证管道因意外破裂漏气后，不锈钢盖板能自动开启。经过多次测试，选用的定制式气缸在系统出现失压或欠压时，气缸将自动开启，保证泄水管道的排水主功能不受影响。

（3）执行机构安装夹具及保护套件。创新设计执行机构的安装夹具和防护材料，保证气缸的密闭性，降低由尘沙雨污引起缸体加速磨损的可能，保障系统在高速公路严峻运行环境下的安全性与稳定性。

（4）自动化智能控制系统。开发软件并通过无线网络进行远程控制，现场设有手动控制模式，方便应急处理。

（5）智能化升级改造电气设备。对设备线路进行改造和程序控制，实现远程启动、运行监测、紧急停止等处理。

（6）智能温度监测模块。增加温度和湿度智能监测模块，实现现场多位置监测。

南京栖霞山长江大桥主桥排水盖板实现自动化控制，主桥 552 个排水盖板均可通过现场手动控制以及远程无线控制实现开关闭，提高了系统的稳定性和应对突发意外的安全性，方便应急处置，保护长江水体。排水盖板升级前后对比示意图和系统控制软件主窗口运行效果示意图见图 2-20 和图 2-21。主桥面排水盖板自动控制系统升级改造项目相关成果获得实用新型专利一项，并作为南京市交通集团助力“长江大保护”战略的重要举措，被新闻媒体多次报道。同时，作为首创的自动化排污保障系统，也为其他重要水体处关键桥梁的生态保障提供借鉴。

（a）升级前

（b）升级后

图 2-20　排水盖板升级前后对比示意图

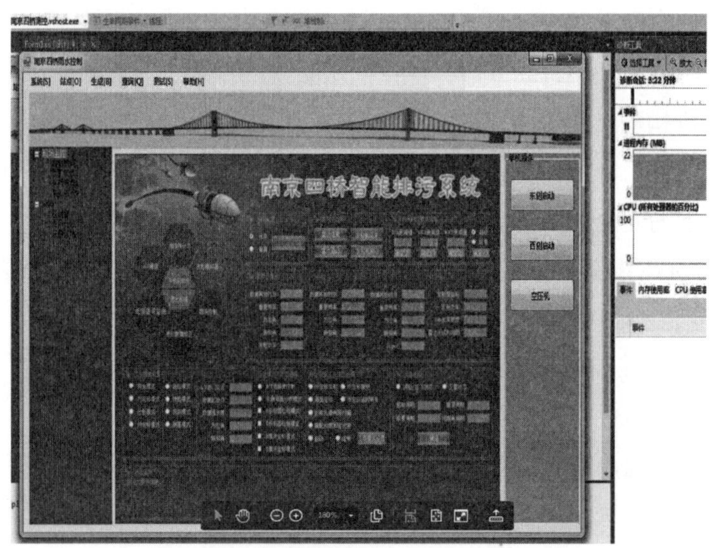

图 2-21　系统控制软件主窗口运行效果示意图

2.4.3　长吊索振动监测与抑振技术研究

吊索是大跨悬索桥主要的承重构件，保障吊索的服役性能对桥梁的安全运营至关重要。南京栖霞山长江大桥的最长吊索有 160m，超过 100m 的吊索有 72 组（144 根）。长吊索振动会缩短吊索的服役寿命，是影响其服役性能的重要因素。因此，公司联合东南大学开展“大跨径连续体系悬索桥长吊索振动监测及抑振技术”研究，以掌握桥梁长吊索的振动机理及性能，为吊索科学养护提供依据，保障服役安全。

图 2-22 为南京栖霞山长江大桥长吊索振动监测系统示意图，监测系统主要由电容式加速度传感器、磁电式加速度传感器、三维超声风速仪和数据采集系统等组成。其中：电容式加速度传感器安装在距离吊索下锚固端 2.0m 的位置，用于监测吊索的面内外振动情况；磁电式加速度传感器安装于吊索下锚头桥面处，用于监测吊索端部的振动情况；三维超声风速仪安装于吊索外侧桥面处，用于监测吊索所在位置的实时风速。与此同时，借助数据采集系统的远程传输功能，分析吊索的实时索力及阻尼比，进而评估吊索的服役性能。

吊索监测系统发现，南京栖霞山长江大桥南塔往跨中方向第四组吊索发生了异常振动，图 2-23 给出了吊索异常振动加速度时程与功率谱密度函数。由图 2-23 可知，吊索振动为多模态高频振动，吊索振动加速度达到了 9.96g。图 2-24 给出了该组吊索在 2022 年 9 月 10 日至 10 月 9 日的吊索索力变化情况，吊索索力实测值在 838kN～845kN 范围内波动，与成桥吊索索力吻合较好（成桥荷载报告中吊索索力为

842kN），且持续保持稳定，可以判定当前吊索服役性能良好。

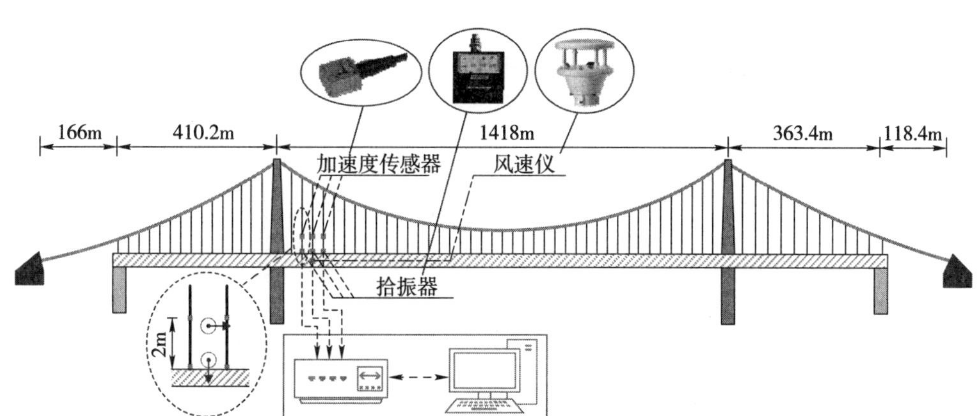

图 2-22 南京栖霞山长江大桥长吊索振动监测系统示意图

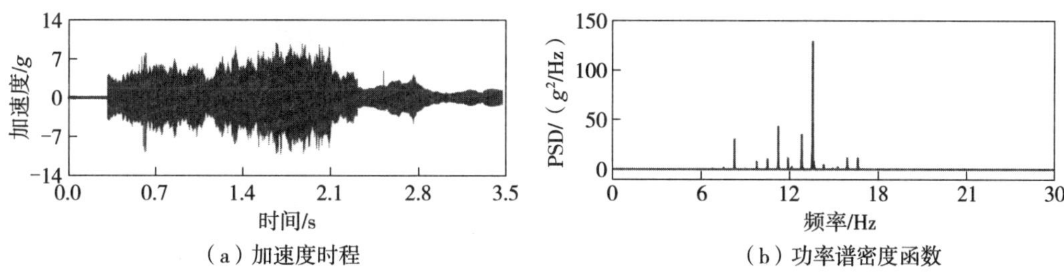

（a）加速度时程 （b）功率谱密度函数

图 2-23 吊索异常振动加速度时程与功率谱密度函数

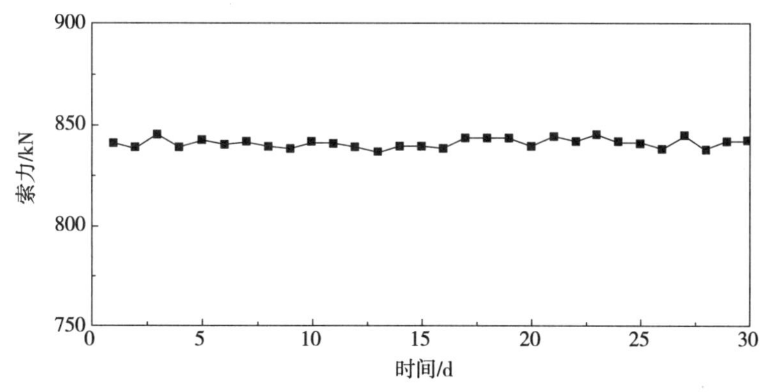

图 2-24 吊索索力变化情况

综上所述，已建立的长吊索振动监测系统可以实现吊索索力、振动模态等参数的实时监测，从而有效评估吊索服役性能。随着该系统数据的持续积累，可以进一步分析吊索振动与环境风场的时变耦合关系，揭示长吊索风致振动机理，从而为后续长吊索振动控制装置的设计、安装及验证提供关键的数据支撑。

3 桥梁结构健康监测与评估

为准确把握桥梁运营状态，南京栖霞山长江大桥配备了完善的结构健康监测系统（SHMS），主要对环境参数（风、温湿度、地震等）、交通荷载和结构响应（位移、加速度和应力等）开展实时监测。针对南京栖霞山长江大桥 SHMS 积累的海量数据，公司联合中交公路规划设计院、东南大学、苏交科集团等单位开发了智能化数据分析软件，同时定期对监测数据进行深度挖掘，有效掌握了桥梁在长期服役环境、结构静/动力特性及其演化规律与台风、地震等偶然作用下的结构服役性能，提升了桥梁运营维护的科学性，有效保障了桥梁服役安全。

3.1 桥梁关键荷载监测与分析

3.1.1 桥址区长期风特性分析

风玫瑰图用于反映桥址区风速风向分布，是桥梁抗风性能评估与防护的重要依据。公司依据南京栖霞山长江大桥 SHMS 中桥面风速仪所采集的风速与风向数据，进行了历年的风玫瑰图计算（2014 年至 2022 年），主梁跨中风速风向玫瑰图如 3-1 所示。根据《公路桥梁抗风设计规范》（JTG/T 3360-01—2018）和《桥梁结构抗风设计规范》（DB32/T 3496—2019）规定，计算的基本时距设为 10min。风向玫瑰图共划分为 16 个方向，表示从外部吹向中心点的方向，各方向上按统计数值画出的线段，表示此方向风频率的大小，线段越长表示该风向出现的次数越多。风速玫瑰图是根据风向玫瑰图所对应各方向 10min 平均风速得出的，直线表示桥轴线，其中桥轴线与正北方向夹角为 178°33′17.03″。

由图 3-1 可知，2014 年至 2022 年，主跨跨中的主要风向均为东北风，即垂直于桥跨方向从桥梁下游侧吹向上游侧。总体而言，桥址区每年风速风向有着类似的分布规律，风向主要以垂直于桥轴线方向为主，风速无较大变化。

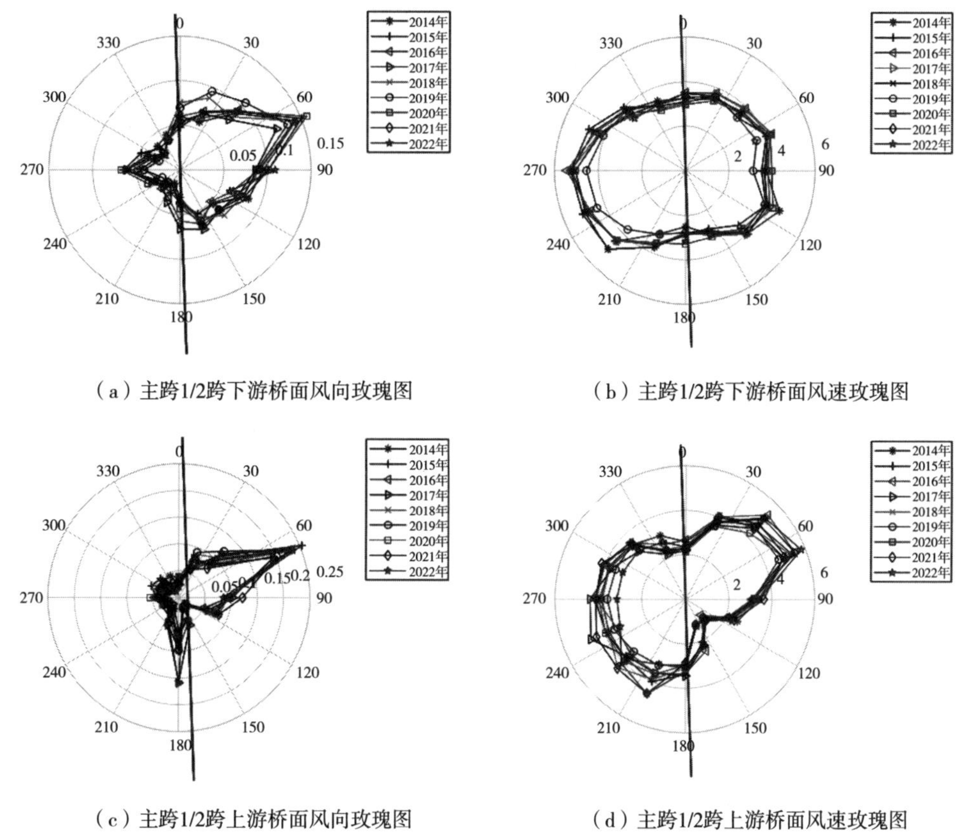

（a）主跨1/2跨下游桥面风向玫瑰图

（b）主跨1/2跨下游桥面风速玫瑰图

（c）主跨1/2跨上游桥面风向玫瑰图

（d）主跨1/2跨上游桥面风速玫瑰图

图 3-1 主梁跨中风速风向玫瑰图

3.1.2 桥梁温 / 湿度特征分析

3.1.2.1 温度数据

2014 年至 2022 年，南京栖霞山长江大桥主跨 1/2 桥面上游温度变化见表 3-1。由表 3-1 可以看出，环境最高温度出现在 2016 年，为 49.8℃，最低温度同样出现在 2016 年，为 -6.0℃。从 2014 年至 2022 年，环境最高温度整体有所下降。2018 年前，最高气温均在 40℃以上。2020 年至 2022 年，最高气温为 39.3℃。每年最高气温和最低气温均属于正常温度范围，未见极端异常天气。

表 3-1 主跨 1/2 桥面上游温度变化

年份	2014	2015	2016	2017	2018	2019	2020	2021	2022
年最高温度 /℃	—	44.1	49.8	40.8	44.4	—	39.3	38.1	37.6
年最低温度 /℃	1.3	−5.7	−6.0	−6.0	−2.5	—	−3.1	0.2	−5.6

3.1.2.2 湿度数据

2014 年至 2022 年，主桥关键位置湿度变化见表 3-2～表 3-4。可以看出，箱梁最大湿度出现在 2021 年，为 79.1%；南塔鞍罩内最大湿度出现在 2020 年和 2022 年，均为 100%；北锚碇最大湿度出现在 2020 年，为 73.9%。2014 年至 2022 年，箱梁和北锚碇内湿度均在 80% 以下，表明箱梁、北锚碇内部除湿工作较为有效。南塔鞍罩内湿度较大，且随着时间不断增大。

表 3-2　箱梁湿度变化

年份	2014	2015	2016	2017	2018	2019	2020	2021	2022
最大湿度 /%	63.5	62.6	64.2	61.2	72.0	69.4	78.7	79.1	71.0
最小湿度 /%	18.5	16.3	14.6	13.6	13.4	14.4	13.3	15.6	12.9

表 3-3　南塔鞍罩内湿度变化

年份	2014	2015	2016	2017	2018	2019	2020	2021	2022
最大湿度 /%	77.1	95.7	84.8	84.5	95.0	98.6	100.0	98.9	100.0
最小湿度 /%	13.4	12.5	17.1	13.9	14.7	11.0	14.9	16.7	16.5

表 3-4　北锚碇湿度变化

年份	2014	2015	2016	2017	2018	2019	2020	2021	2022
最大湿度 /%	51.8	63.8	54	58.6	62.8	58.8	73.9	61.4	60.6
最小湿度 /%	40.4	30.5	36	42.8	39.0	41.0	39.0	34.0	36.9

3.1.3 桥面车辆荷载统计分析

3.1.3.1 基本车型

采用 k-means 聚类方法对同轴数的车辆进行分类。首先，将实测数据中诸如密集行驶状态下的两辆车或多辆车被作为一辆车记录、多轴车辆被作为两辆车或多辆车记录等引起的异常数据剔除。其次，将具有相似轴距分布的车辆归为一类，提取出典型轴组类型。最后，分析南京栖霞山长江大桥通行车辆的主要类型。各轴数车辆代表轴距见表 3-5。

表 3-5 各轴数车辆代表轴距

轴数	轴距 /m				
	第 1 轴距	第 2 轴距	第 3 轴距	第 4 轴距	第 5 轴距
2	3.3	—	—	—	—
3	2.7	4.1	—	—	—
4	2.4	4.9	1.4	—	—
5	3.1	5.4	1.7	1.3	—
6	2.6	1.9	6.9	1.3	1.3

3.1.3.2 车辆轴重

以每种车型轴重的 85% 分位值作为该车型的代表轴重，基于车型分类结果，各类车型轴重聚类结果见表 3-6。

表 3-6 各类车型轴重聚类结果

类型	轴重 /t						权重
	第 1 轴	第 2 轴	第 3 轴	第 4 轴	第 5 轴	第 6 轴	
二轴 Ⅰ	7.07	14.29	—	—	—	—	0.183
二轴 Ⅱ	1.45	1.32	—	—	—	—	0.817
三轴 Ⅰ	6.95	8.79	12.71	—	—	—	0.217
三轴 Ⅱ	9.16	14.7	8.19	—	—	—	0.148
三轴 Ⅲ	5.39	5.37	13.73	—	—	—	0.635
四轴 Ⅰ	7.22	9.44	8.20	8.84	—	—	0.168
四轴 Ⅱ	6.48	6.89	11.9	13.9	—	—	0.789
四轴 Ⅲ	4.98	11.6	8.98	9.32	—	—	0.043
五轴 Ⅰ	6.40	12.25	8.12	7.56	8.54	—	0.630
五轴 Ⅱ	4.37	4.66	8.67	9.82	11.08	—	0.296
五轴 Ⅲ	5.64	6.82	7.67	7.71	8.07	—	0.074
六轴 Ⅰ	6.67	10.02	9.71	9.98	9.71	10.20	0.373
六轴 Ⅱ	6.87	10.11	9.9	11.01	10.14	10.75	0.179
六轴 Ⅲ	5.04	4.87	14.49	11.08	10.34	11.06	0.448

3.1.3.3 交通量情况

自开通至 2018 年，南京栖霞山长江大桥年总交通流量逐年增加，2019 年及 2021 年相对有所回落。截至 2022 年 8 月，南京栖霞山长江大桥累计车流量已经突破 1 亿辆。

其中，2020 年日均交通量为历年最高，为 41892 辆，但货车占比较上一年有所降低。

3.2 桥梁结构关键性能参数监测与评估

3.2.1 桥塔及锚碇位移测量及分析

3.2.1.1 桥塔监测数据分析

南京栖霞山长江大桥 2019 年至 2022 年桥塔位移监测数据见表 3-7。

表 3-7 桥塔位移监测数据（单位：m）

位置－方向	2019 年		2020 年		2021 年		2022 年	
	最大值	最小值	最大值	最小值	最大值	最小值	最大值	最小值
北塔塔顶－上游侧纵向	0.3448	−0.006	0.3209	0.0144	0.3888	−0.11	0.3307	0.1444
北塔塔顶－上游侧横向	0.3193	0.1145	0.3177	0.1215	0.36	0.0977	0.2706	0.2075
北塔塔顶－上游侧竖向	0.1958	−0.2502	0.1958	−0.2772	0.2328	−0.2782	0.1088	−0.0652
北塔塔顶－下游侧纵向	0.2972	−0.0315	0.4026	−0.0402	0.4408	−0.1875	0.3639	0.1405
北塔塔顶－下游侧横向	0.3324	0.0518	0.321	0.1026	0.3126	0.0473	0.2822	0.0843
北塔塔顶－下游侧竖向	0.3226	−0.1784	0.2296	−0.2924	0.2646	−0.2484	0.1326	−0.1054
南塔塔顶－上游侧纵向	0.4105	0.1395	0.4268	0.12	0.4326	0.0748	0.232	0.1192
南塔塔顶－上游侧横向	0.32	0.1429	0.31	0.1598	0.3207	0.1397	0.2918	0.192
南塔塔顶－上游侧竖向	0.201	−0.158	0.168	−0.125	0.209	−0.263	0.217	−0.111
南塔塔顶－下游侧纵向	0.4138	0.1489	0.4317	0.1259	0.5381	0.0473	0.2892	0.0926
南塔塔顶－下游侧横向	0.3185	0.1588	0.3324	0.1723	0.337	0.148	0.2618	0.1722
南塔塔顶－下游侧竖向	0.1715	−0.1455	0.1765	−0.1235	0.2075	−0.2725	0.1605	−0.0695

由表 3-7 可知，通过 GPS 系统对桥塔位移监测数据分析表明：桥塔纵向变化范围为 -0.1875m～0.5381m，横向变化范围为 0.0473m～0.36m，竖向变化范围为 -0.2924m～0.3226m，桥塔变形均在设计允许范围之内。

根据《公路桥梁技术状况评定标准》（JTG/T H21—2011）对悬索桥索塔评定指标及分级评定标准的规定，需对索塔倾斜变形进行测量。实测索塔倾斜在正常范围之内，在风、车辆、温度等荷载作用下，索塔最大横向倾斜为 0.222°，最大纵向倾斜为 0.214°，在设计允许值范围之内。索塔技术状况良好，倾斜位移符合规范要求，不影响结构安全。

3.2.1.2 南北锚碇监测点布设

根据南锚碇的外部形态，在南锚碇四个角点处分别布设一个监测点，分别是

NMD01、NMD02、NMD03、NMD04，监测点采用强制对中观测墩的形式镶嵌于锚体上并集水平位移监测点与垂直位移监测点于一体。北锚碇监测点布设与南锚基本相同，在锚碇4个角点分别布设1个监测点，分别为BMD01、BMD02、BMD03、BMD04。BMD01和BMD02的垂直、水平位移监测点位于同一对中墩上。由于BMD03、BMD04监测点所对应观测墩距地面较高，不便于垂直位移的监测，观测墩仅作为水平位移监测点，于是在锚体上接近地面处相应位置分别布设BMD03、BMD04的垂直位移监测点。

3.2.1.3 南北锚碇基准点布设

南锚碇布设3个控制点（平面和高程控制点，点名为NK、3K、4K）及对应的3个后视定向点（平面点，点名为NK-1、3K-1、4K-1）。北锚碇共布设2个控制点（平面和高程控制点，点名为BMK1、BMK2）及对应的2个后视定向点（平面点，点名为BMK0、BMK3）。南、北锚碇监测基准网示意图见图3-2。

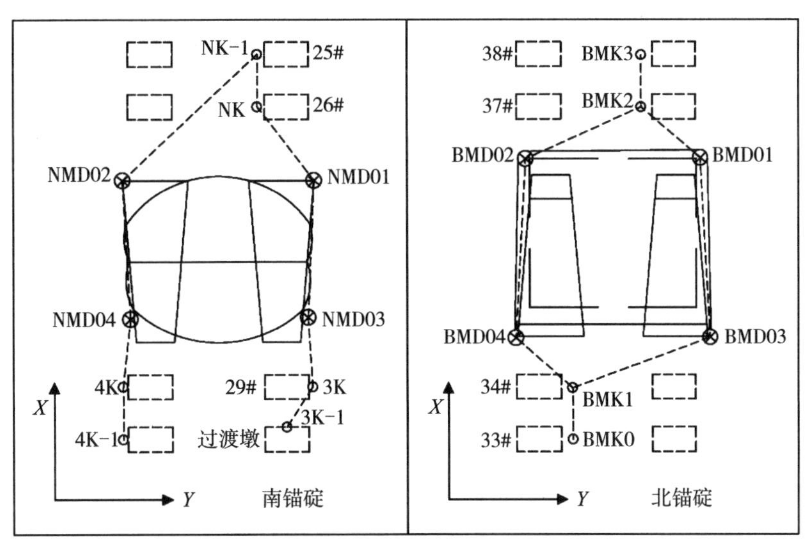

图3-2 南、北锚碇监测基准网示意图

3.2.1.4 仪器和观测方法

锚碇水平位移监测现场采用全站仪极坐标法进行观测，仪器为高精度徕卡TM50全站仪（如图3-3所示），标称精度为0.6mm的固定误差+测量距离百万分之一的比例误差。使用前全站仪已检验合格，温度计采用了通风干湿温度计，气压表选用了高原型空盒气压表。观测前输入干温、湿温和气压进行修正。

为确保监测的精度和可靠性，根据现场实际情况，锚碇垂直位移监测采用标称精度为±0.3mm/km的徕卡DNA03水准仪（如图3-4所示），配备相应的2m铟钢水准尺。沉降观测开始前，仪器已检验合格。

图 3-3　徕卡 TM50 全站仪

图 3-4　徕卡 DNA03 水准仪

3.2.1.5　南锚碇监测数据分析

南锚碇沉降累计变化见图 3-5。图 3-5 中可以看出往年 21 期累计沉降量为 -5.9mm～2.9mm，平均值为 -1.9mm，累计沉降变化量图线形平顺，无突变点，累计高程变化最大的点位于 NMD04，变化量为 -5.9mm，4 个监测点高程变化情况基本一致，可认为南锚碇未发生垂直位移变形，其整体结构趋于稳定。

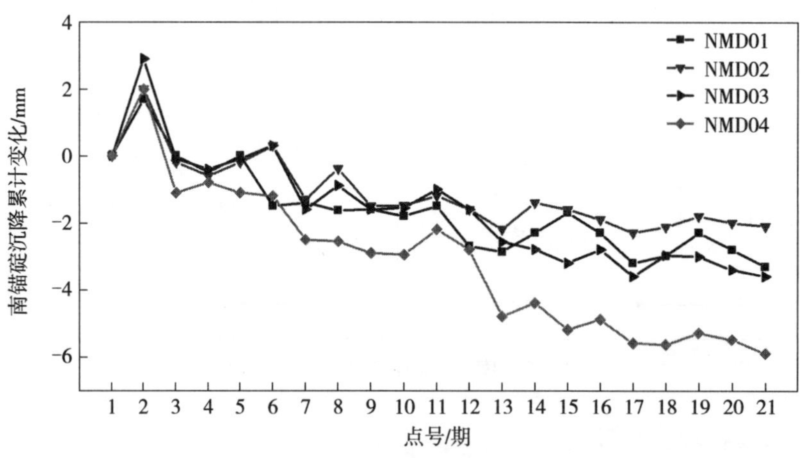

图 3-5　南锚碇沉降累计变化图

3.2.1.6　北锚碇监测数据分析

北锚碇沉降累计变化见图 3-6。从图 3-6 中可以看出往年 21 期累计沉降量为 -8.5mm～2.1mm，平均值为 -2.5mm，累计沉降变化量图线形平顺，无突变点，最大的点位于 BMD02，变化量为 -8.5mm，4 个监测点分为两组，靠近散索鞍位置的 BMD01 和 BMD02 相对远端的两个点累计高程变化要略大，同组上下游高程变化情况基本一致，可认为北锚碇未发生垂直位移变形，其整体结构趋于稳定。

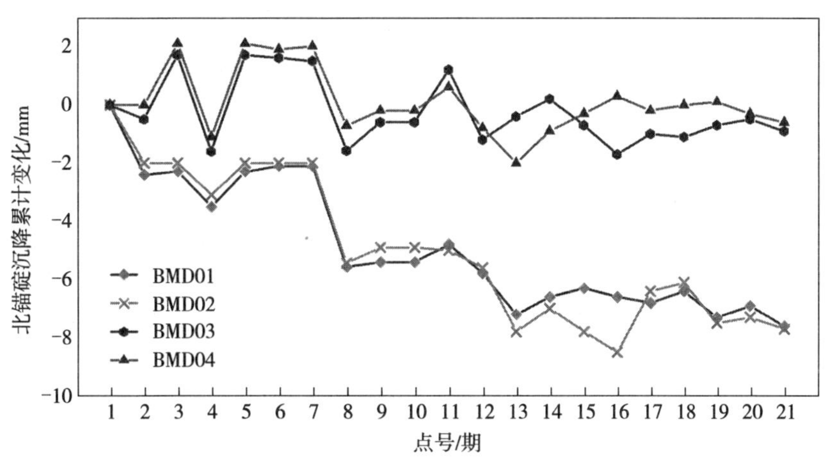

图 3-6 北锚碇沉降累计变化图

3.2.2 钢箱梁挠度测量与分析

在桥梁长期服役过程中，桥梁钢箱梁受到静、动荷载的长期作用，挠曲变形将直接影响到悬索桥各构件的受力变化，甚至影响到各构件的使用安全及使用年限。因此，应对主桥钢箱梁结构挠度进行监测，为主桥的运营和及时维护打好基础。

3.2.2.1 测点与基准点布设

主桥钢箱梁段监测点仍采用钢箱梁施工期所用的施工控制测点 A 和 A′，这样可将今后观测结果与钢箱梁合拢时及沥青摊铺后的成桥线形进行比较，以观察钢箱梁的线形变化。施工控制测点 A 和 A′ 设置在每块钢箱梁上下游吊索内侧约 10cm 处，142 块钢箱梁上共布设 284 个测点。

主桥的基准点采用南北引桥靠近主桥的工作基点，南岸基准点利用原有点位，位于靠近北象山隧道出入口上下游端头的扩大基础上，共 2 个；北岸基准点利用原有点位，位于引桥与路基交汇处上游端头的扩大基础上，共 1 个；工作基点位于南、北引桥桥头伸缩缝外，共 8 个。北引桥桥面挠度基准网示意图见图 3-7。

获得各南、北引桥工作基点高程后，以靠近主桥的 4 个工作基点为主桥水准测量起算的基准点，主桥下游挠度测量从一端的工作基点 NXJ2 开始，顺着线路前进方向，依次观测监测点，到达另一端的工作基点 BXJ1，联测上游挠度端点的工作基点 BSJ1，顺着线路前进方向，依次观测监测点，到另一端的工作基点 NSJ2，再到当初的工作基点 NXJ2，构成闭合水准路线。主桥桥面挠度水准测量路线示意图见图 3-8。

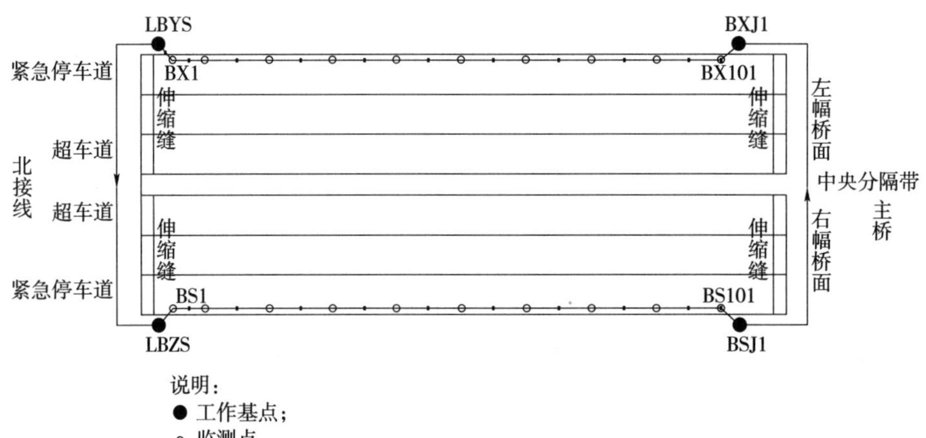

图 3-7　北引桥桥面挠度基准网示意图

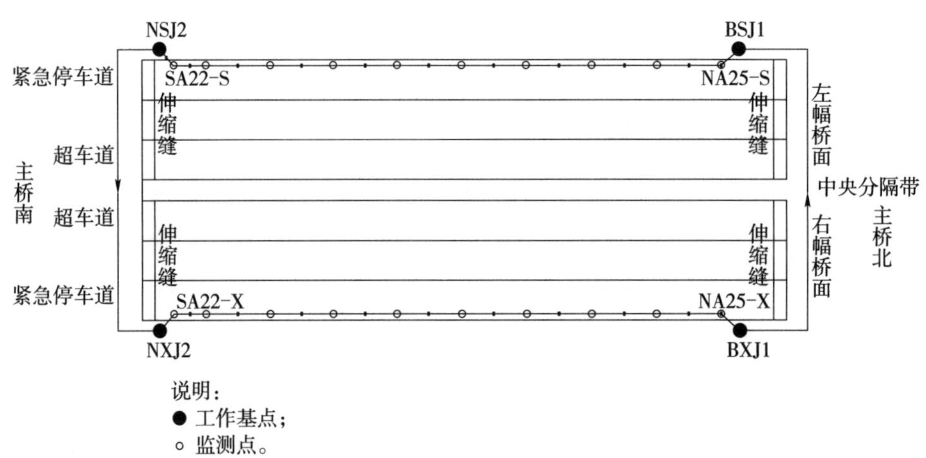

图 3-8　主桥桥面挠度水准测量路线示意图

3.2.2.2　监测数据分析

（1）南边跨监测数据分析

主桥南边跨累计变化量曲线见图 3-9。从图 3-9 可以看出，相对于初值，主桥南边跨上、下游桥面监测点累积沉降量呈现一种微小的波动状态，路面线形变化有微小的起伏。上游监测点累积沉降量在 -18.8mm～+13.4mm 之间，平均值为 -2.3mm；下游监测点累积沉降量在 -11.1mm～+13.4mm 之间，平均值为 -2.1mm。累计沉降变化量图线形平顺，无突变点，高程变化较大的点都分布在靠近跨中的位置，上游测点累计值比下游测点的累计值略大。分析近 10 年的所有监测数据，主桥南边跨监测点累计变化量都在 20mm 内，远小于《公路桥梁技术状况评定标准》（JTG/T H21—2011）中的跨中最大挠度小于或等于计算跨径千分之一的限差要求。考虑过往车辆振动、风速、温度变化等测量误差的影响，结合其他类似桥梁温度变化的影响规律，认为主桥

南边跨桥面未发生挠度变形。

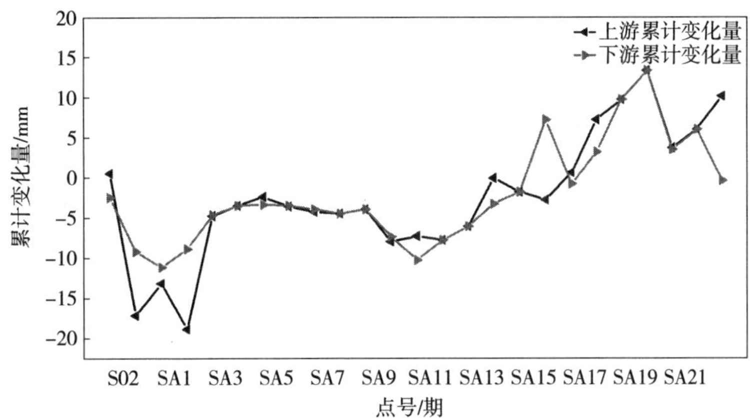

图 3-9　主桥南边跨累计变化量曲线图

（2）主跨南段监测数据分析

主桥主跨南段累计变化量曲线见图 3-10。从图 3-10 中可以看出，相对于初值，主桥主跨南段上下游桥面监测点呈现微小的下挠状态，路面线形变化有微小的起伏。上游监测点累积沉降量在 -231.0mm ～ -14.8mm 之间，平均值为 -168.4mm；下游监测点累积沉降量在 -229.8mm ～ -3.5mm 之间，平均值为 -155.3mm，累计沉降变化量图线形平顺，无突变点，越靠近跨中的位置高程变化越大，上游和下游累计高程变化情况基本一致。分析近 10 年的所有监测数据，主桥主跨南段监测点累计沉降量的最大值为 -231.0mm，远小于《公路桥梁技术状况评定标准》（JTG/T H21—2011）中的跨中最大挠度小于或等于计算跨径千分之一的限差要求。考虑过往车辆振动、风速、温度变化等测量误差的影响，结合其他类似桥梁温度变化的影响规律，认为主桥主跨南段桥面未发生挠度变形。

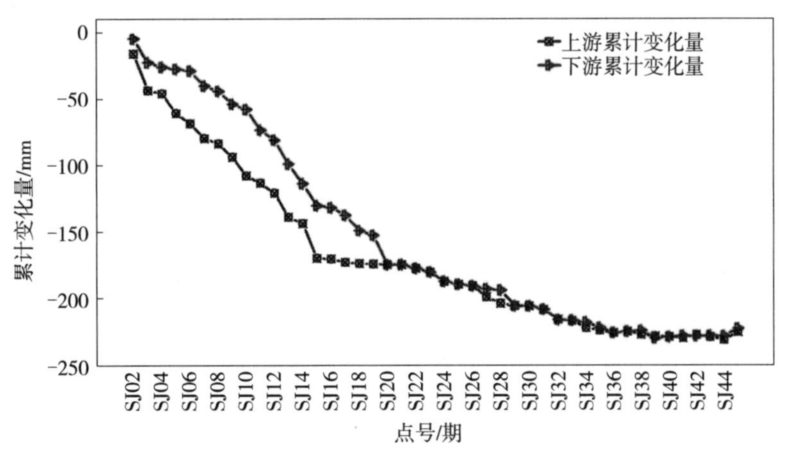

图 3-10　主桥主跨南段累计变化量曲线图

（3）主跨北段监测数据分析

主桥主跨北段累计变化量曲线见图 3-11。从图 3-11 中可以看出，相对于初值，主桥主跨北段上、下游桥面监测点呈现微小的下挠状态，路面线形变化有微小的起伏。上游监测点累积沉降量在 -247.5mm～15.2mm 之间，平均值为 -153.2mm；下游监测点累积沉降量在 -246.9mm～0.1mm 之间，平均值为 -159.8mm，累计沉降变化量图线形平顺，无突变点，越靠近跨中的位置高程变化越大，上游和下游累计高程变化情况基本一致。分析近 10 年的所有监测数据，主桥主跨北段监测点累计沉降量的最大值为 -247.5mm，远小于《公路桥梁技术状况评定标准》（JTG/T H21—2011）中的跨中最大挠度小于计算跨径千分之一的限差要求。考虑过往车辆振动、风速、温度变化等测量误差的影响，结合其他类似桥梁温度变化的影响规律，认为主桥主跨北段桥面未发生挠度变形。

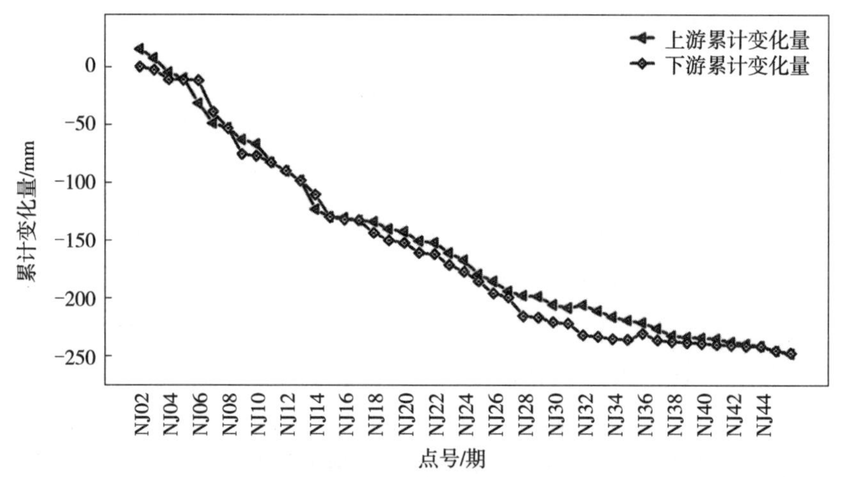

图 3-11　主桥主跨北段累计变化量曲线图

（4）北边跨监测数据分析

主桥北边跨累计变化量曲线见图 3-12。从图 3-12 中可以看出，相对于初值，主桥北边跨上、下游桥面监测点呈现一种微小的波动状态，路面线形变化有微小的起伏。上游监测点累积沉降量在 -19.1mm～17.0mm 之间，平均值为 -7.9mm；下游监测点累积沉降量在 -19.4mm～12.1mm 之间，平均值为 -8.3mm，累计沉降变化量图线形平顺，无突变点，高程变化较大的点都分布在靠近跨中的位置，上游和下游高程变化情况基本一致。分析近 10 年的所有监测数据，主桥北边跨监测点累计变化量都在 20mm 内，远小于《公路桥梁技术状况评定标准》（JTG/T H21—2011）中的跨中最大挠度小于或等于计算跨径千分之一的限差要求。考虑过往车辆振动、风速、温度变化等测量误差的影响，结合其他类似桥梁温度变化的影响规律，认为主桥北边跨桥面未发生挠度变形。

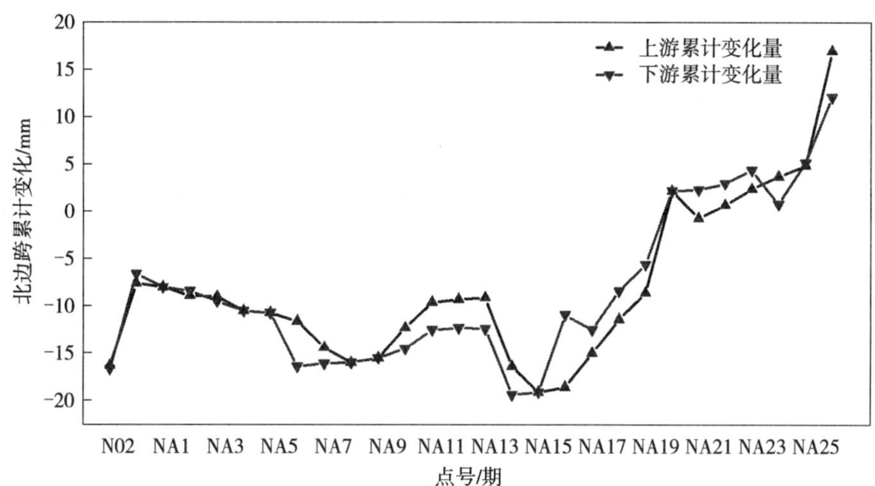

图 3-12 主桥北边跨累计变化量曲线图

3.2.3 钢箱梁应力水平监测与评估

钢箱梁的疲劳开裂现象主要是以裂纹的形式出现，在主梁最薄弱的地方先开裂，整个服役过程中疲劳损伤的不断累积，导致裂纹持续扩展而引发构件失效。特别需要注意的是，当钢箱梁还在服役状态，如果腐蚀和疲劳同时产生，就会形成疲劳腐蚀，会明显降低其疲劳寿命，在低于设计养护的情况下发生脆性破坏。因此，有必要对钢箱梁应力水平进行监测，保证疲劳寿命评估的准确性和可靠性。

3.2.3.1 钢箱梁应变监测单元

南京栖霞山长江大桥在主桥 G04 截面布置应变监测单元，分为顶板横向、顶板顺向、U 肋 3 个监测单元来监测钢箱梁的应变情况。

（1）顶板横向应变监测单元布设位置

顶板横向应变传感器位置如图 3-13 所示。

（2）顶板顺向应变监测单元布设位置

顶板顺向应变传感器位置如图 3-14 所示。

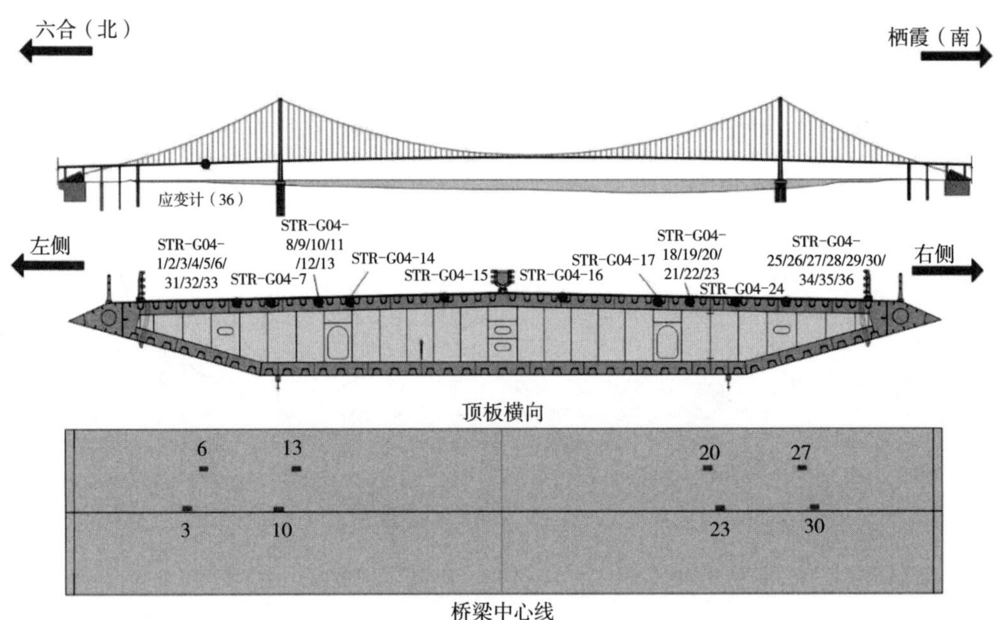

图 3-13　顶板横向应变传感器位置

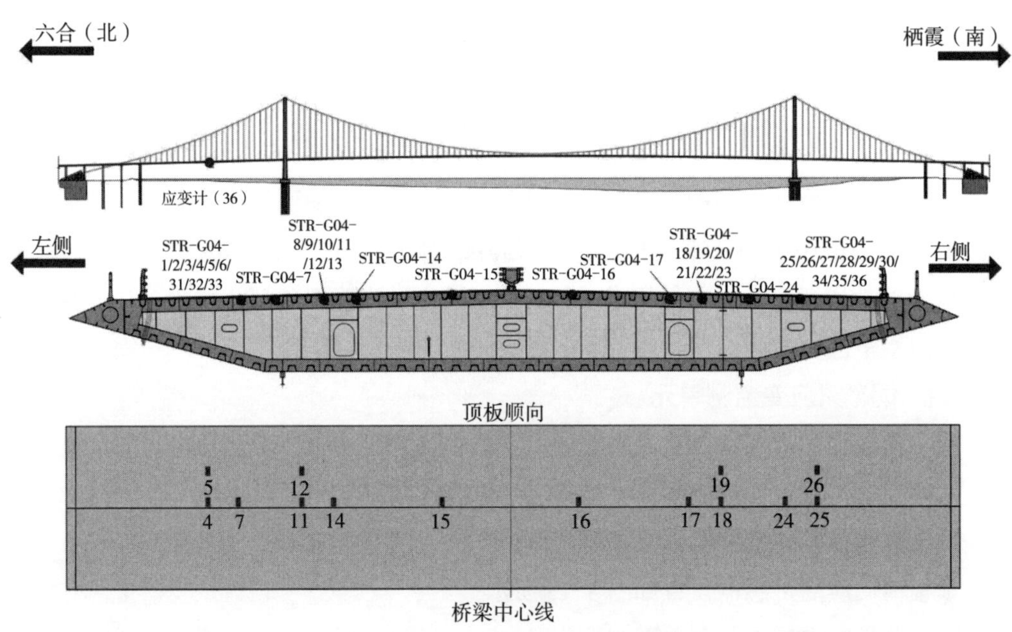

图 3-14　顶板顺向应变传感器位置

（3）U 肋应变监测单元布设位置

U 肋应变传感器位置如图 3-15 所示。

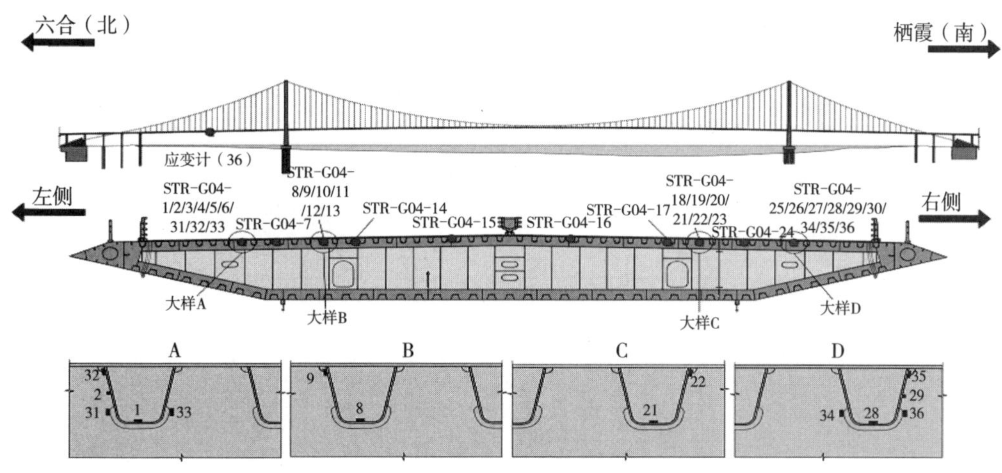

图 3-15 U 肋应变传感器位置

钢箱梁测点 STR-G04-20 应变监测数据时程如图 3-16 所示。

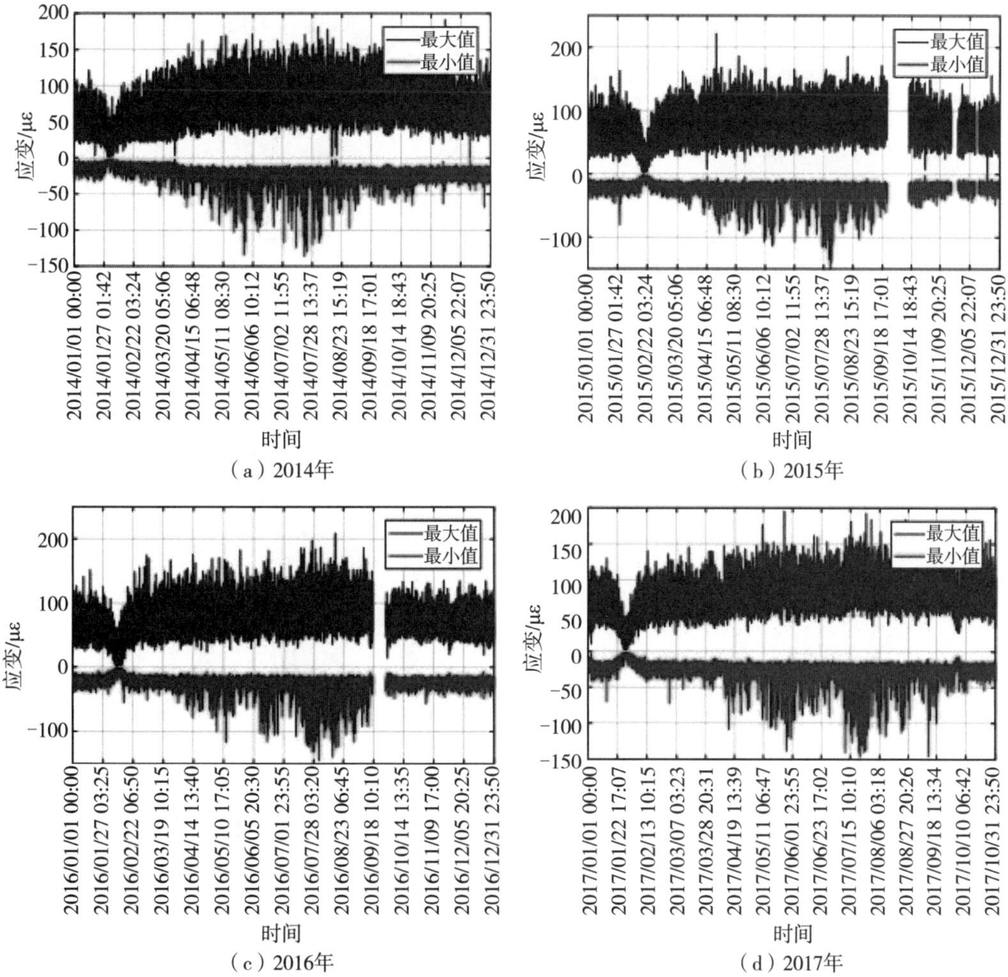

（a）2014年

（b）2015年

（c）2016年

（d）2017年

图 3-16 钢箱梁测点 STR-G04-20 应变监测数据时程

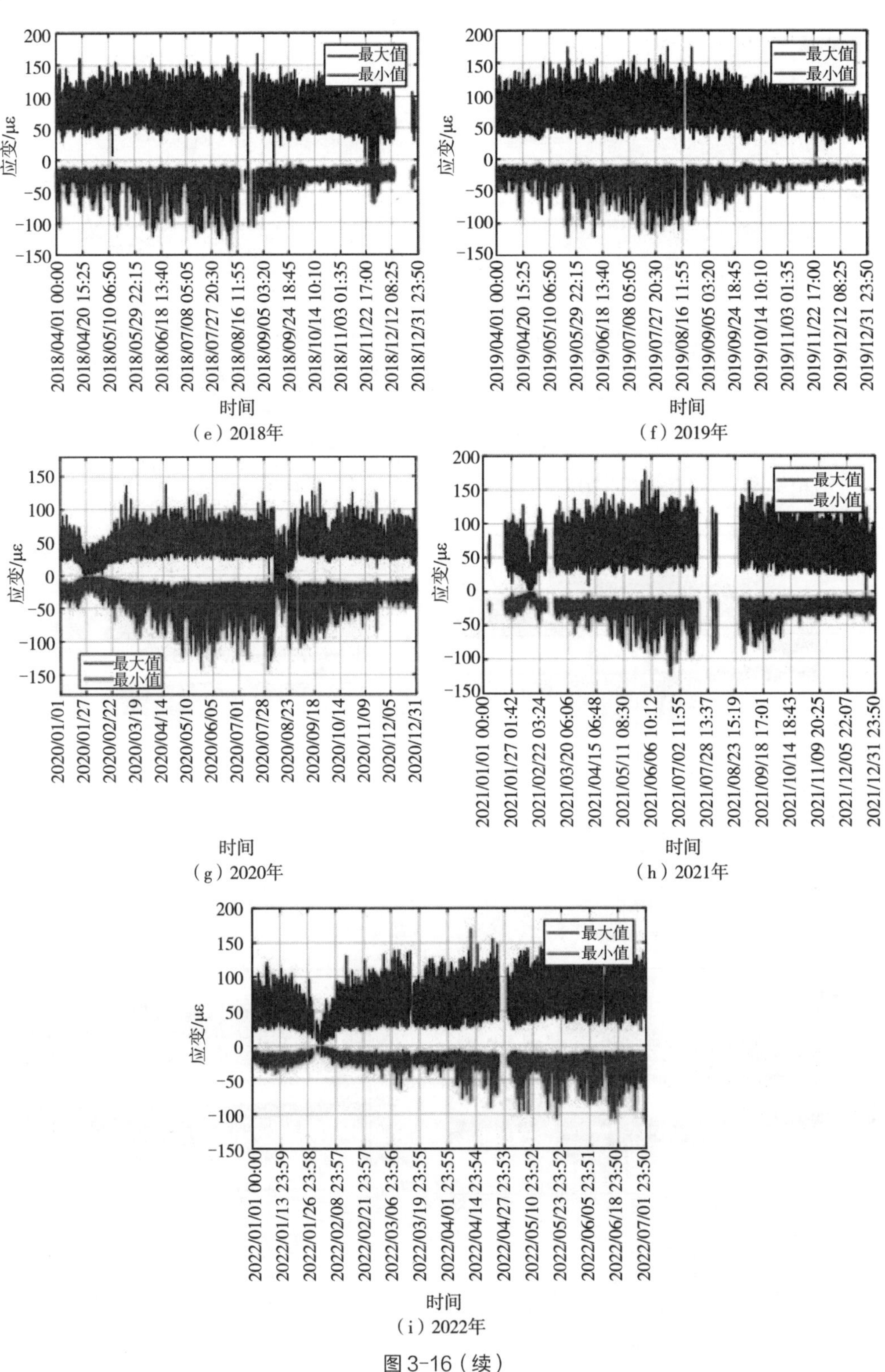

（e）2018年

（f）2019年

（g）2020年

（h）2021年

（i）2022年

图 3-16（续）

3.2.3.2 钢箱梁疲劳可靠度分析

南京栖霞山长江大桥钢箱梁采用 Q345D，其材料力学性能见表 3-8。

表 3-8 Q345D 钢材材料性能

<table>
<tr><td rowspan="4">牌号</td><td rowspan="4">质量等级</td><td colspan="4">屈服点 σ_s/（N/mm^2）</td><td rowspan="4">抗拉强度 σ_b/（N/mm^2）</td><td rowspan="2">伸长率 δ_s/%</td><td colspan="4">冲击功（纵向）/J</td><td colspan="2" rowspan="2">180° 弯曲试验 d= 弯心直径；a= 试样厚度（直径）</td></tr>
<tr><td colspan="4">钢板厚度（直径）/mm</td><td>+20℃</td><td>0℃</td><td>-20℃</td><td>-40℃</td></tr>
<tr><td>≤16</td><td>＞16～35</td><td>＞35～50</td><td>＞50～100</td><td colspan="5" rowspan="2">不小于</td><td colspan="2">钢材厚度（直径）/mm</td></tr>
<tr><td colspan="4">不小于</td><td>≤16</td><td>＞16～100</td></tr>
<tr><td rowspan="5">Q345D</td><td>A</td><td rowspan="5">345</td><td rowspan="5">325</td><td rowspan="5">295</td><td rowspan="5">275</td><td rowspan="5">470～630</td><td>21</td><td>—</td><td>—</td><td>—</td><td>—</td><td rowspan="5">d=2a</td><td rowspan="5">d=3a</td></tr>
<tr><td>B</td><td>21</td><td>34</td><td>—</td><td>—</td><td>—</td></tr>
<tr><td>C</td><td>22</td><td>—</td><td>34</td><td>—</td><td>—</td></tr>
<tr><td>D</td><td>22</td><td>—</td><td>—</td><td>34</td><td>—</td></tr>
<tr><td>E</td><td>22</td><td>—</td><td>—</td><td>—</td><td>27</td></tr>
</table>

自 2014 年 1 月至 2022 年 6 月，采用雨流计数法计算南京栖霞山长江大桥关键应变测点的疲劳可靠度，预期寿命均大于 100 年，结果如表 3-9 所示。

表 3-9 南京栖霞山长江大桥关键应变测点疲劳可靠度

传感器编号	疲劳细节	2014 年预期寿命	2015 年预期寿命	2016 年预期寿命	2017 年预期寿命	2018 年预期寿命	2019 年预期寿命	2020 年预期寿命	2021 年预期寿命	2022 年预期寿命
NJ_STR-G04-003～007、010～020、023～027	71	＞100 年	＞100 年	＞100 年	＞100 年	＞100 年	＞100 年	＞100 年	＞100 年	＞100 年
NJ_STR-G04-002、008～009、028～029	80	＞100 年	＞100 年	＞100 年	＞100 年	＞100 年	＞100 年	＞100 年	＞100 年	＞100 年
NJ_STR-G04-032～036	112	＞100 年	＞100 年	＞100 年	＞100 年	＞100 年	＞100 年	＞100 年	＞100 年	＞100 年

3.2.4 钢桥面铺装温度监测与分析

主桥 G04 截面布置了温度场监测单元和桥面铺装温度场监测单元。温度场监测传感器布置如图 3-17 所示。

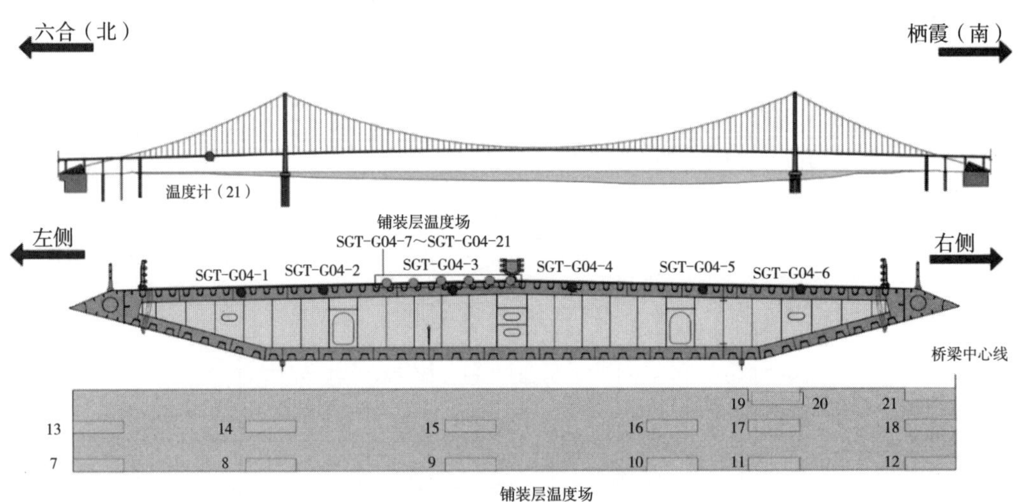

图 3-17 温度场监测传感器布置

桥面铺装层测点 STR-G04-7 温度监测数据时程如图 3-18 所示。从各年的温度时程图中可以看出，铺装层温度呈现出夏季高冬季低的合理趋势，温度变化均在合理的范围内。在夏季时可以对钢桥面铺装采取合理的降温措施，有利于提高铺装层的服役性能和服役寿命。

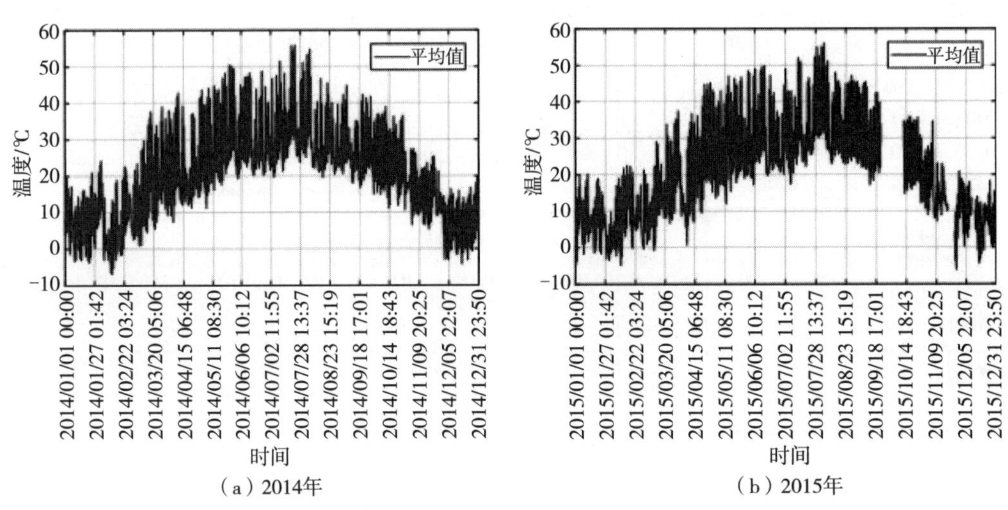

图 3-18 桥面铺装层测点 STR-G04-7 温度监测数据时程

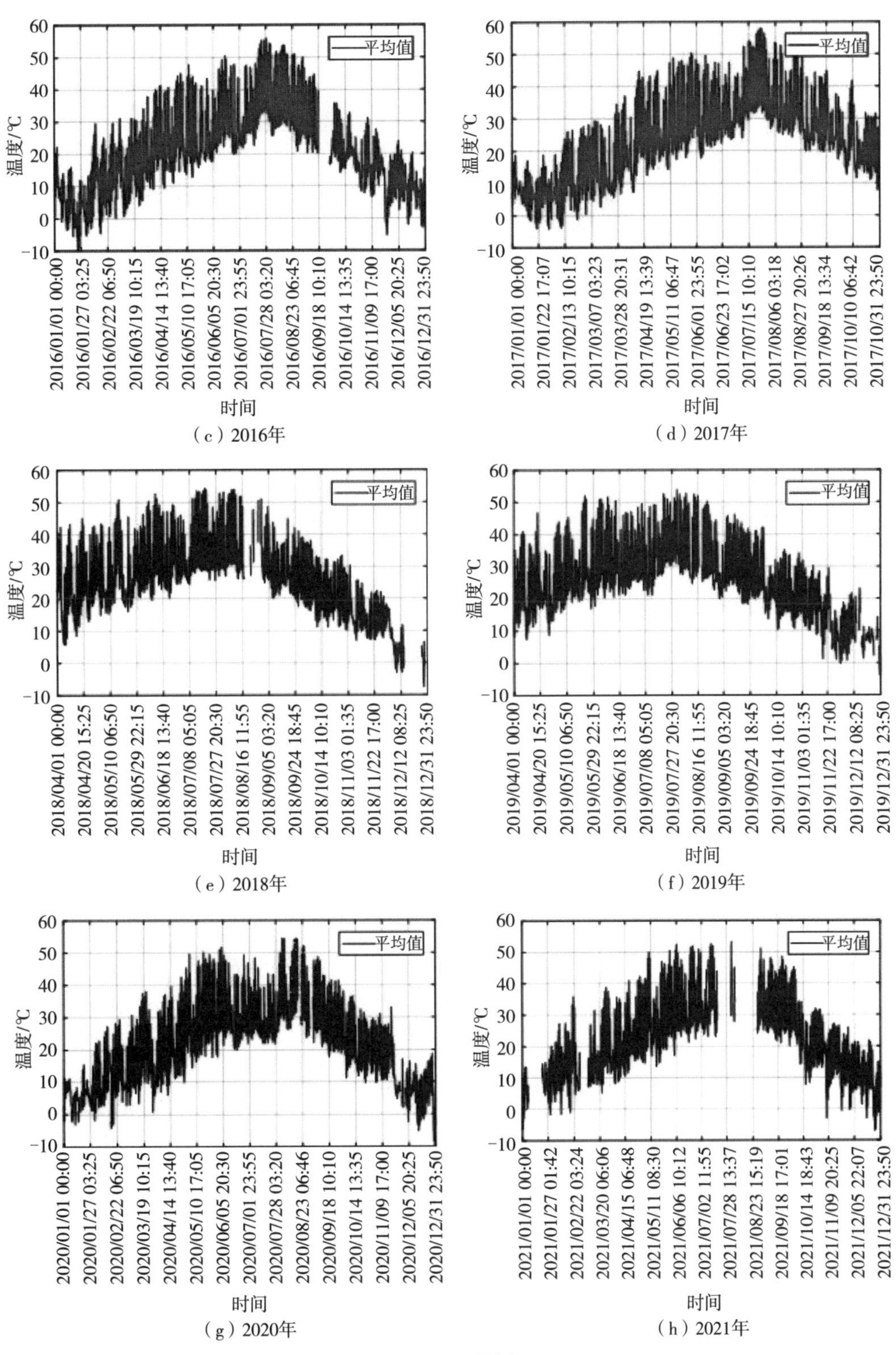

（c）2016年

（d）2017年

（e）2018年

（f）2019年

（g）2020年

（h）2021年

图 3-18（续）

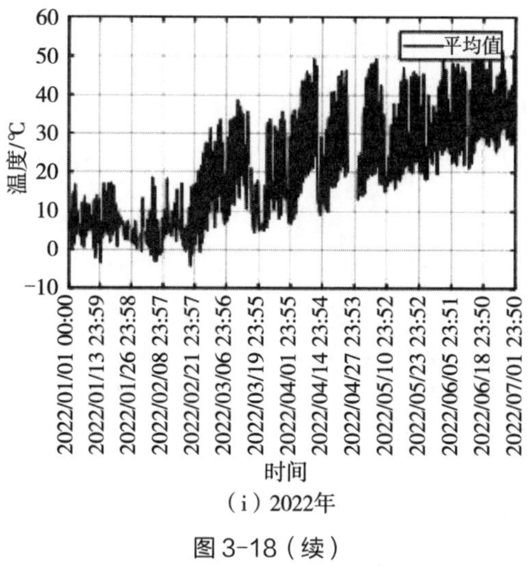

（i）2022年

图 3-18（续）

3.2.5 桥梁动力特性追踪监测与评估

3.2.5.1 桥梁动力特性测试

频率、阻尼比和振型等模态参数是反映桥梁运营状态的重要参数，可为桥梁服役性能退化规律分析、桥梁结构抗风性能评估、桥梁振动控制等提供重要依据。南京栖霞山长江大桥结构健康监测系统包含了大量的加速度传感器，为桥梁动力性能测试及分析提供了关键数据支撑。根据桥梁加速度传感器的布设位置，建立图 3-19 所示的南京栖霞山长江大桥模态分析模型，通过各监测点的相对位置及约束关系，在模态识别模型中添加加速度传感器约束方程，可以有效提高模态分析的精度和成功率。

图 3-19　南京栖霞山长江大桥模态分析模型

南京栖霞山长江大桥动力特性追踪监测结果见表 3-10。结果表明：南京栖霞山长江大桥从 2014 年至 2022 年实测频率变化较小，结构实际刚度和实际约束条件满足有关设计要求，结构整体性能状况良好。南京栖霞山长江大桥主要振型图见图 3-20。

表 3-10 南京栖霞山长江大桥动力特性追踪监测

阶数	1	2	3	4	5	6	7
2014 年监测频率 /Hz	0.1	0.1121	0.1441	0.1802	0.1892	0.2217	0.2498
2015 年监测频率 /Hz	0.1014	0.1113	0.143	0.1791	0.1884	0.2211	0.2484
2016 年监测频率 /Hz	0.1004	0.1117	0.1437	0.1803	0.1885	0.2213	0.2488
2017 年监测频率 /Hz	0.1007	0.1122	0.1434	0.1808	0.1892	0.2213	0.2487
2018 年监测频率 /Hz	0.1017	0.1116	0.1441	0.1809	0.1893	0.222	0.2502
2019 年监测频率 /Hz	0.102	0.1125	0.1442	0.1816	0.1914	0.2221	0.2509
2020 年监测频率 /Hz	0.1019	0.112	0.1443	0.181	0.1901	0.2218	0.2496
2021 年监测频率 /Hz	0.1023	0.1123	0.144	0.1813	0.1901	0.2221	0.2504
2022 年监测频率 /Hz	0.1028	0.1121	0.1443	0.1815	0.1895	0.2221	0.2516
理论频率 /Hz	0.1104	0.1142	0.145	0.179	0.1936	0.2241	0.2557
振型	第一阶反对称竖向弯曲	第一阶对称竖向弯曲	第二阶对称竖向弯曲	边跨反对称竖向弯曲	第二阶反对称竖向弯曲	第三阶对称竖向弯曲	第四阶对称竖向弯曲

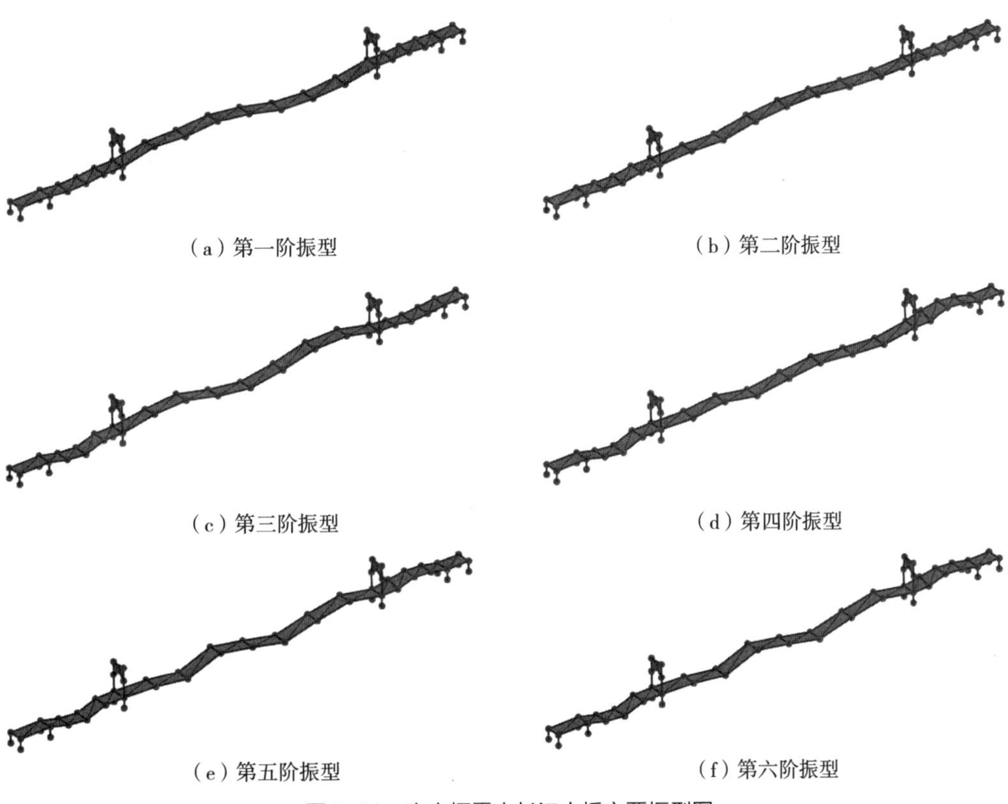

（a）第一阶振型 （b）第二阶振型

（c）第三阶振型 （d）第四阶振型

（e）第五阶振型 （f）第六阶振型

图 3-20 南京栖霞山长江大桥主要振型图

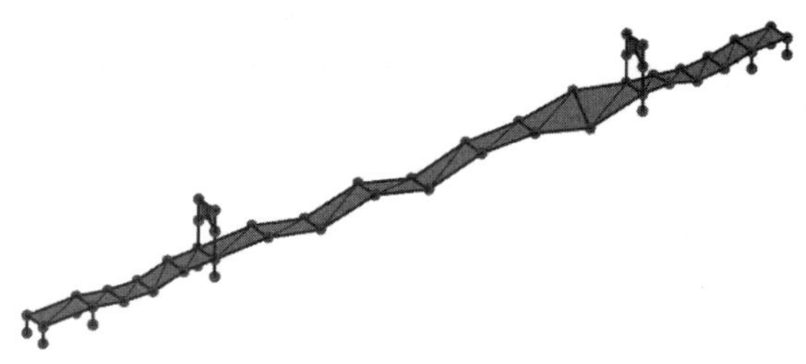

（g）第七阶振型

图 3-20（续）

3.2.5.2　南京栖霞山长江大桥运营模态参数在线分析

采用 BOMOAFLSB 软件分别对南京栖霞山长江大桥 2013 年和 2014 年 8 月 1 日至 8 月 21 日的加劲梁振动加速度数据进行分析，从而实现桥梁模态参数的在线追踪与分析。在分析时，设置的目标识别模态频率区间为 0Hz～0.27Hz。在该频率区间范围内，由 CMAC 矩阵识别出 5 个模态频率响应带。其中，第 3 个频带包含两阶模态，其余均仅包含 1 阶模态，即共识别出 6 阶模态。BOMOAFLSB 软件对南京栖霞山长江大桥模态参数在线分析如图 3-21 所示，当前主页界面显示的前三阶模态对应于图 3-20（a）至图 3-20（c）的前三阶振型，其中，第一阶模态为正对称竖弯振型，频率为 0.1121Hz，阻尼比为 0.6288%；第二阶模态为反对称竖弯振型，频率为 0.1433Hz，阻尼比为 0.2792%；第三阶模态为正对称竖弯振型，频率为 0.1796Hz，阻尼比为 0.6916%。

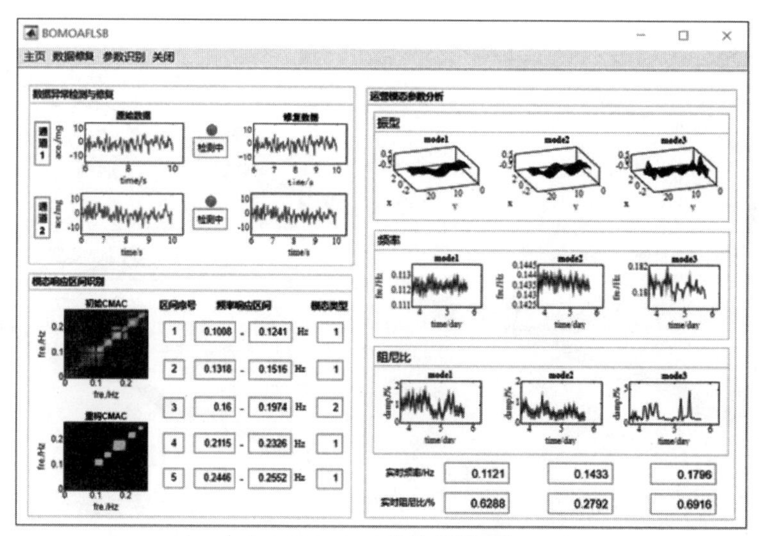

（a）BOMOAFLSB软件主页界面

图 3-21　南京栖霞山长江大桥模态参数在线分析

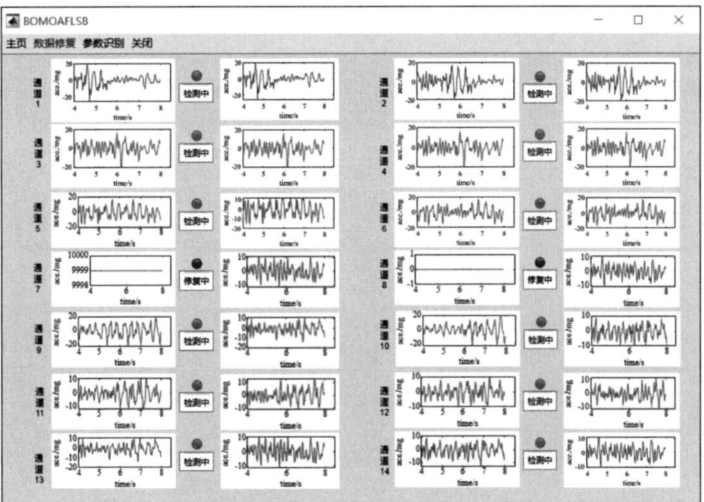

（b）BOMOAFLSB软件数据修复界面

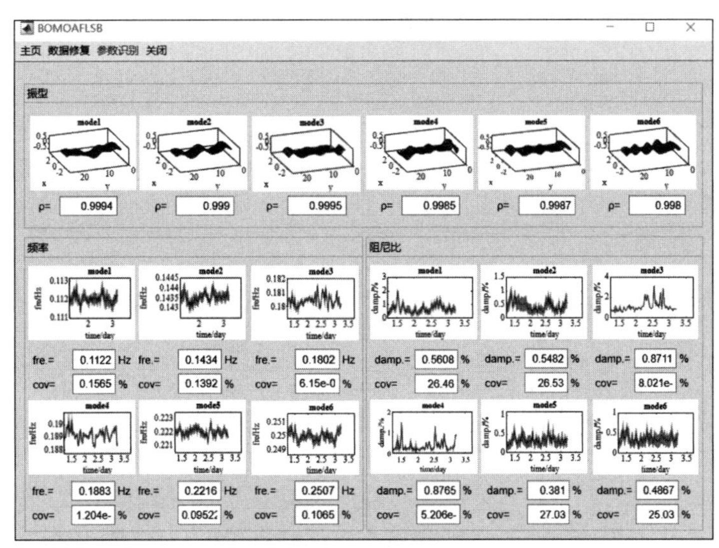

（c）BOMOAFLSB软件参数识别界面

图 3-21（续）

BOMOAFLSB 软件成功检测到了南京栖霞山长江大桥 SHMS 部分传感器通道记录的加速度监测数据存在偶发性的跳点与缺失异常。异常数据的幅值远大于正常数据，导致监测数据的频谱难以有效显示结构模态信息，如图 3-22（a）和图 3-22（b）所示。BOMOAFLSB 软件对异常数据进行了修复，其处理结果如图 3-22（c）和图 3-22（d）所示。经 BOMOAFLSB 软件处理，监测数据中的跳点与缺失数据被修复为正常幅值数据，成功还原了数据中包含的结构模态信息，为后续模态参数分析提供了数据保障。

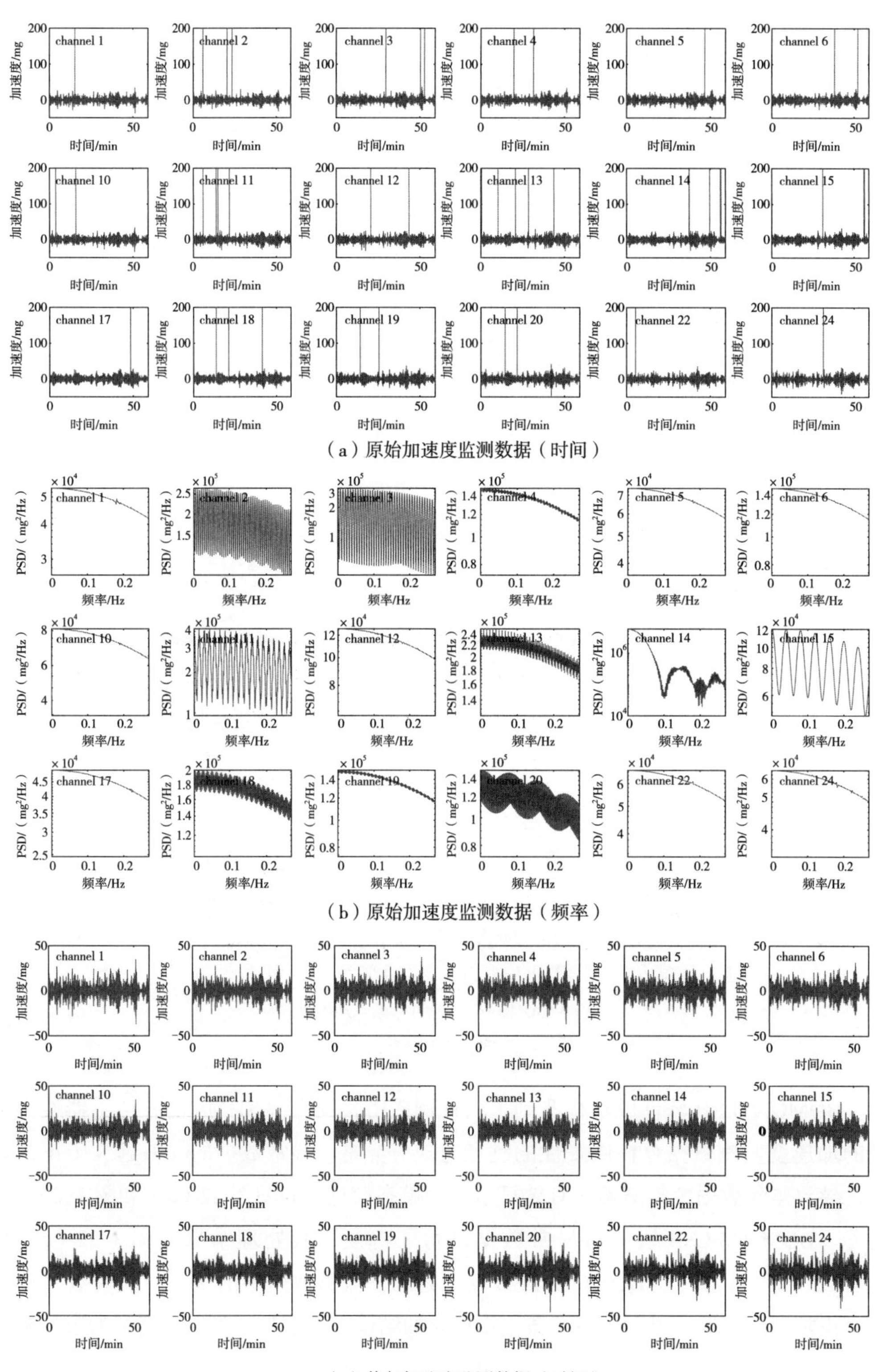

（a）原始加速度监测数据（时间）

（b）原始加速度监测数据（频率）

（c）修复加速度监测数据（时间）

图 3-22 南京栖霞山长江大桥加速度异常监测数据修复处理

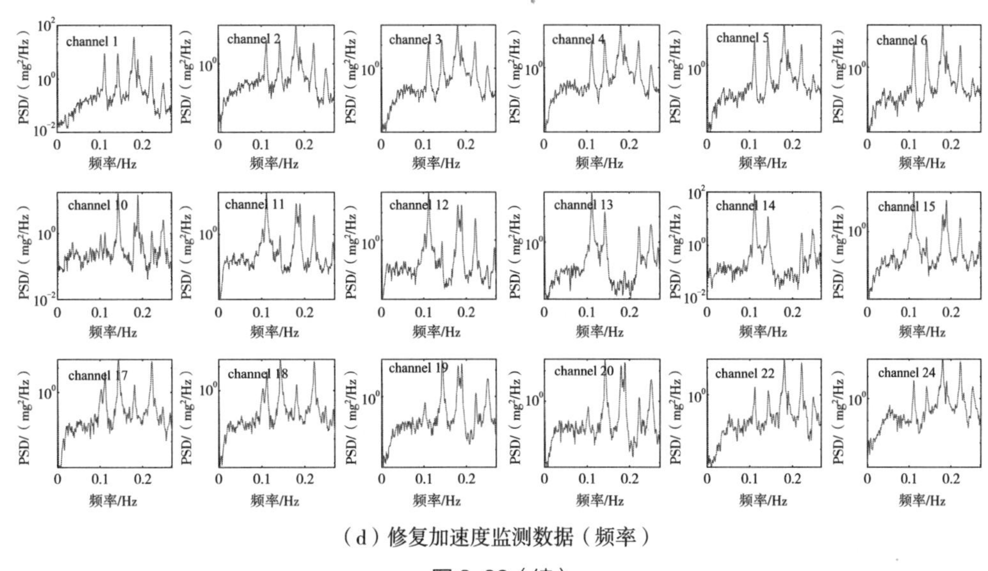

（d）修复加速度监测数据（频率）

图 3-22（续）

BOMOAFLSB 软件采用 3σ 法处理后输出的南京栖霞山长江大桥主梁频率追踪结果与南京栖霞山长江大桥主梁阻尼比追踪结果如图 3-23 与图 3-24 所示。识别结果中拥有高度不确定性的异常值被成功检测并剔除。对比两个时间段内的识别结果可以发现，南京栖霞山长江大桥部分模态参数也产生了一定的变化。如第一阶模态频率均值由 0.1122Hz 降低为 0.1115Hz，变化幅度为 0.62%；第三阶模态阻尼比均值由 0.8702% 增加至 0.8482%，变化幅度为 2.5%，总体变化幅度较小。

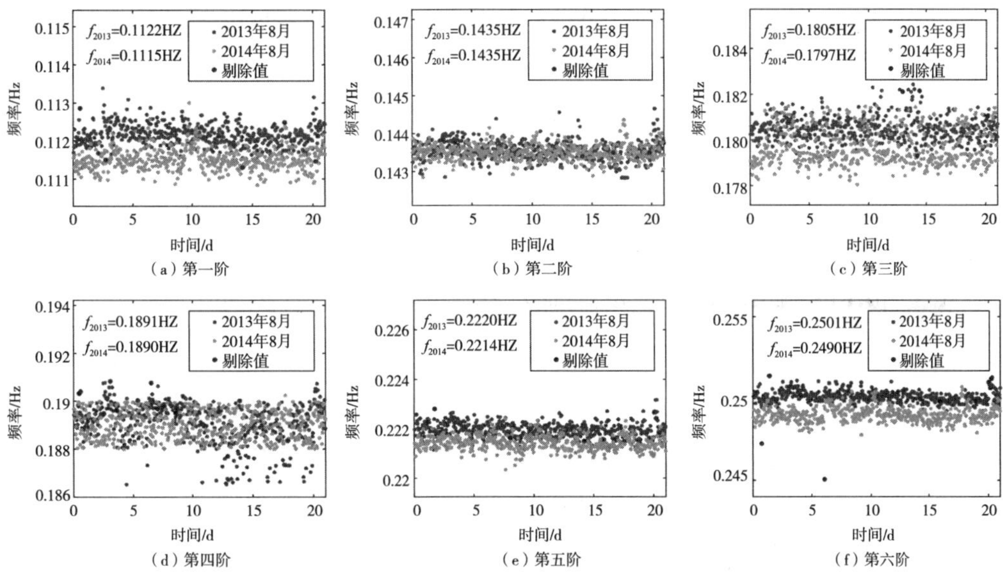

图 3-23　南京栖霞山长江大桥主梁频率追踪结果

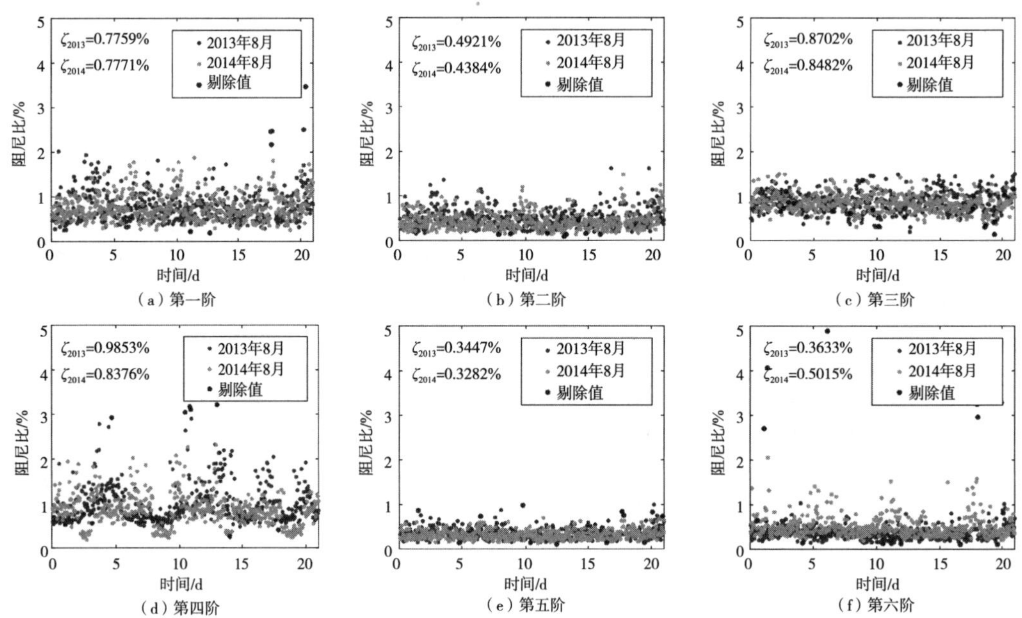

（a）第一阶 （b）第二阶 （c）第三阶

（d）第四阶 （e）第五阶 （f）第六阶

图 3-24　南京栖霞山长江大桥主梁阻尼比追踪结果

3.2.6　特殊事件监测分析

3.2.6.1　地震

2021 年 12 月 22 日 21 时 46 分在江苏省常州市天宁区（北纬 31.75°，东经 120.00°）发生 4.2 级地震，震源深度 10km。震中距天宁区 5km、距武进区 8km、距新北区 9km、距钟楼区 11km、距惠山区 29km，距常州市 7km，距南京市 122km。地震造成当地震感强烈，无锡、苏州、扬州等地震感明显，南京、上海等地亦有震感。

南京栖霞山长江大桥在南、北索塔塔底均布置了加速度传感器。地震动预警值依据《公路桥梁结构监测技术规范》（JT/T 1037—2022）规定，当水平地震动加速度峰值大于设计 E1 地震作用加速度峰值时，进行二级超限报警；大于设计 E2 地震作用加速度峰值时，进行三级超限报警。

地震动加速度预警值的设置根据《南京长江第四大桥施工图设计总说明》及《中国地震动参数区划图》等资料，取 E1 地震作用加速度峰值为 98.0mg，取 E2 地震作用加速度峰值为 127.4mg。因塔底设置的加速传感器为三向加速度传感器，故取水平地震动黄色预警值为 $98.0/2^{0.5}$=69.3mg，水平地震动红色预警值为 $127.4/2^{0.5}$=90.1mg。竖向地震动取地震作用加速度峰值的 2/3 为预警值，竖向地震动黄色预警值为 98.0 × 2/3=65.3mg，竖向地震动红色预警值为 127.4 × 2/3=84.9mg。

通过对 2021 年 12 月 22 日至 12 月 23 日数据进行分析，可以看到地震并未对结构产生显著影响，地震动幅度较低，主桥各处加速度均处于安全范围内。塔底振动实测加速度如图 3-25 所示，塔底振动监测单元统计如表 3-11 所示。

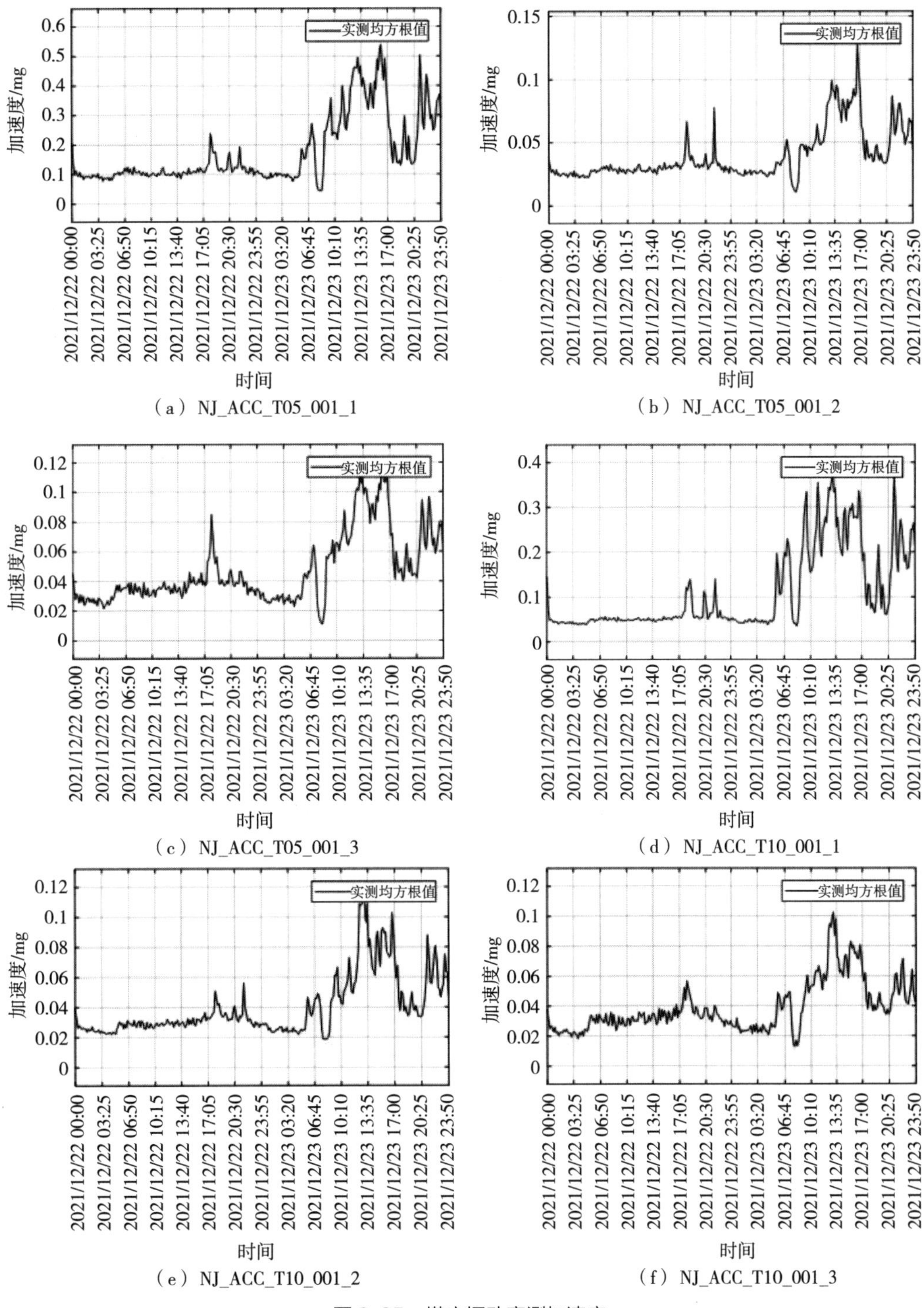

（a）NJ_ACC_T05_001_1　（b）NJ_ACC_T05_001_2

（c）NJ_ACC_T05_001_3　（d）NJ_ACC_T10_001_1

（e）NJ_ACC_T10_001_2　（f）NJ_ACC_T10_001_3

图 3-25　塔底振动实测加速度

表 3-11　塔底振动监测单元统计

加速度传感器编号	加速度最大值 /mg	时间	位置
NJ_ACC_T05_001_1	0.537	2021-12-23 16：10	北塔底南北
NJ_ACC_T05_001_2	0.128	2021-12-23 16：40	北塔底东西
NJ_ACC_T05_001_3	0.120	2021-12-23 16：10	北塔底竖向
NJ_ACC_T10_001_1	0.378	2021-12-23 13：10	南塔底南北
NJ_ACC_T10_001_2	0.112	2021-12-23 13：10	南塔底东西
NJ_ACC_T10_001_3	0.103	2021-12-23 13：10	南塔底竖向

3.2.6.2　单侧车道拥堵

基于防范化解桥梁安全重大风险、加强桥梁结构安全监测的意识，积极响应南京市应急管理局相关要求，开展南京栖霞山长江大桥 2022 年 4 月 1 日至 4 月 18 日单幅车辆拥堵特殊事件数据分析。基于南京栖霞山大桥主桥桥梁健康监测数据，对桥梁运行状态进行分析把控，为桥梁安全运行提供专业化技术支撑。在此期间，公司工程技术部利用结构健康监测系统中 GPS 对主梁位移进行跟踪观测，主梁各位置位移变化如图 3-26 所示。在事件发生过程中，由于车辆荷载作用，北边跨跨中呈现上挠趋势；主跨北侧 1/4 位置处由于前期车辆主要分布于南边跨及主跨南侧，呈现出上挠趋势，后续由于车辆堵塞至主跨跨中，导致其出现明显下挠，后续随车辆堵塞情况的缓解，再次呈现上挠趋势；主跨跨中、主跨南侧 1/4 位置及南边跨受到堵车影响，持续处于下挠状态。北侧主塔受到不均衡荷载影响较为明显，向主跨方向出现纵向变位。结构下挠在 2022 年 4 月 3 日 5：00 之后得到迅速缓解，其后结构竖向空间变位逐渐恢复正常。

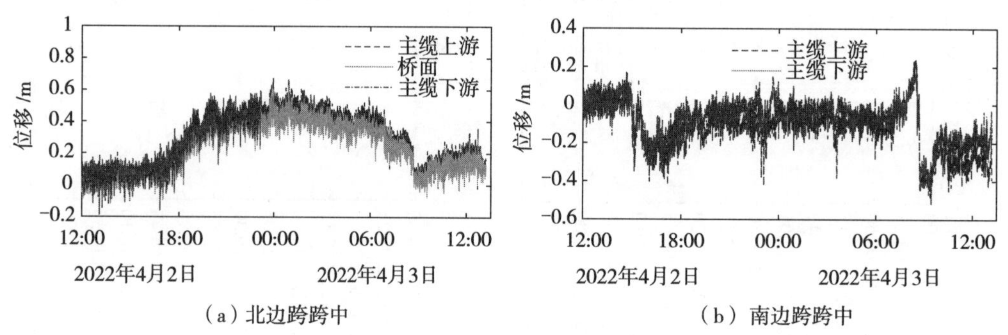

（a）北边跨跨中　　（b）南边跨跨中

图 3-26　主梁各位置位移变化

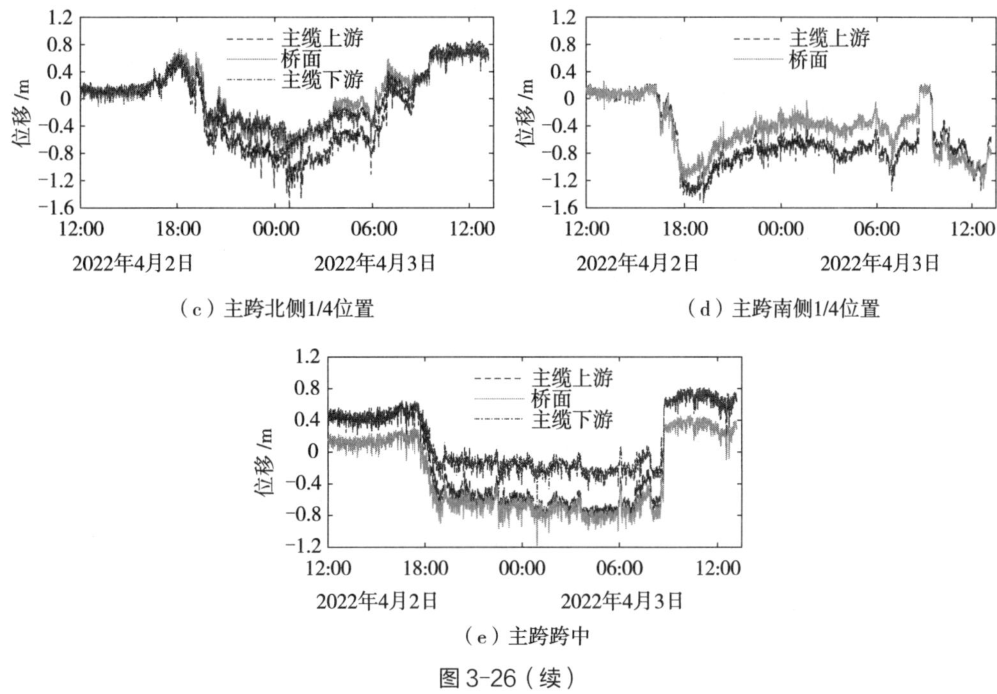

图 3-26（续）

由图 3-27 可知，在 4 月 2 日 14：00 之后，南京栖霞山长江大桥受到车辆偏载作用，主梁出现明显的倾角，其中主跨南侧 1/4 位置及跨中倾角较大。在事件结束后，结构恢复正常。

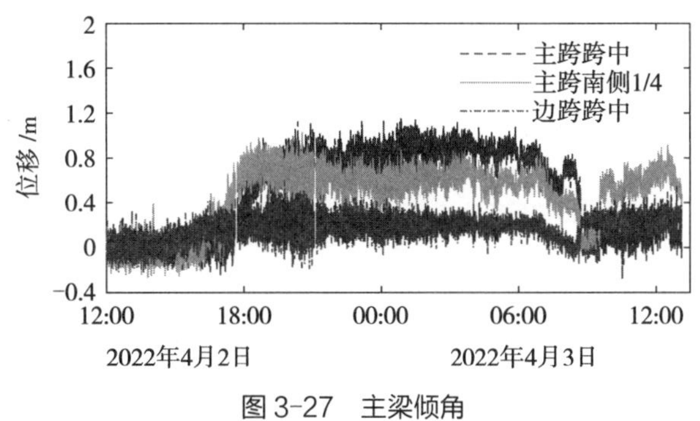

图 3-27　主梁倾角

3.3　总结

本章基于南京栖霞山长江大桥结构健康监测系统，对桥梁长期服役环境、结构静 / 动力特性及其演化规律与台风、地震等偶然作用下的结构服役性能进行了跟踪监测与评估，为桥梁运营状态的识别、制定管理与养护决策提供了科学的依据，相关结论如下。

（1）南、北锚碇的累计变化量都在 10mm 内，考虑监测环境、温度变化等测量误差的影响，结合其他类似桥梁的影响规律，认为南、北锚碇未发生位移变形，其整体结构趋于稳定。

（2）基于钢箱梁挠度监测数据分析发现主桥各个监测点均呈现一种微小的波动状态，路面线形变化有微小的起伏，但是其波动幅值均在允许范围内。考虑过往车辆振动、风速、温度变化等测量误差的影响，结合其他类似桥梁温度变化的影响规律，认为主桥桥面未发生挠度变形。

（3）钢箱梁应力监测数据均在合理范围，关键应变测点的疲劳可靠度预期寿命均大于 100 年。

（4）通过对特殊事件如地震及单侧车道偏载作用下桥梁的加速度及位移监测数据进行规律性研究，认为桥梁的加速度与位移均在合理范围内，未对桥梁整体健康状态造成影响，桥梁具有优秀的抵御台风与地震的能力。

（5）南京栖霞山长江大桥运营过程中应注重监测数据的分析与挖掘，用于指导桥梁的实际养护工作。针对南京栖霞山长江大桥的振动加速度监测数据，利用 BOMOAFLSB 软件能够有效地进行南京栖霞山长江大桥运营模态的精准在线分析，及时发现结构刚度退化引起的结构动力特性变化，并积极评估结构的抗风、抗震等原有设计性能，及时进行预防性养护，确保桥梁钢箱梁在全生命周期的内具有良好的使用性能。

4 桥梁关键主体构件养护

大跨度悬索桥主要由加劲梁、吊索、主缆、索塔、鞍座、索夹、锚碇构成，成桥后作用的荷载由结构共同承担，受力按刚度分配。南京栖霞山长江大桥为地锚式悬索桥，其传力路径为钢箱梁—吊索—主缆—索塔—锚碇，吊索、主缆构成的缆索系统主要承受拉力，索塔主要承受压力。大跨度悬索桥在运营过程中，缆索系统容易出现腐蚀、疲劳、钢丝失效等现象，索塔及锚碇结构可能会产生不同程度的裂缝，钢箱梁也容易出现表面锈蚀、螺栓脱落、焊缝缺陷等病害，这些病害可能会影响桥梁结构性能，为桥梁稳定运营埋下了安全隐患。因此，桥梁管理部门针对桥梁关键主体构件开展长期细致的检查与养护，为桥梁安全、稳定运营保驾护航。

4.1 缆索系统

4.1.1 养护历程

缆索系统是大跨度缆承桥梁的管养重点，除了日常的检查、检测、监测以及专项的检测以外，需重点对悬索桥主缆索夹螺杆进行周期性检测和紧固、对悬索桥缆索表面密封系统进行专项维护、改造吊索观察窗、开展限位吊索检查与维护等。运营期主缆的防腐除了依靠除湿系统以外，缆索表面的密封尤为重要。由于环缝和直缝密封胶老化不可避免，密封性能会逐年下降。因此，除了日常检修外，还需对缆索表面密封系统进行了系统性全面维修，恢复其密封性能。近年来，养护部门针对桥梁开展了系列检查与养护工作，主要养护历程如下。

2015 年检查发现，主缆上部分索夹存在滑移、环缝开裂现象，针对该现象抽取部分位置索夹螺杆开展螺杆力检测，发现绝大多数索夹螺杆均已经不满足设计抗滑安全系数。随即对全桥 3060 根螺杆开展跟踪检测和补张工作。在该项目实施过程中，利用主缆检查维护平台对主缆气密性以及索夹环缝、直缝进行检查和修复。

自 2015 年开始，全桥吊索按 3 年一个周期进行检测，并将检测结果与设计值、荷载试验值以及上周期检测结果进行对比。历年检测发现，吊索索力偏差率基本在

10% 以内，且安全系数均大于 3.0，符合要求。

自 2016 年开始抽取 164 根锚跨索股和背索进行持续跟踪检测，并将检测结果与设计值、荷载试验值以及上年度检测结果进行对比。历年跟踪检测发现，锚跨索股索力偏差率基本在 10% 以内，且安全系数均大于 2.5，符合要求。

2016 年 11 月，为便于后期观察主缆表面腐蚀变化以及检查主缆有无锈蚀断丝等情况，更好对桥梁主缆进行维护保养，保证桥梁正常健康运行，开展主缆开窗检查及永久观察窗设置项目，开窗位置采用 360° 全角度视窗，并对主缆温湿度进行了跟踪监测，以实时掌握主缆的温湿度情况。

2016 年至 2022 年，每年抽取上下游对称位置的靠近索塔侧的索夹、主缆 1/4 处索夹、主缆 1/2 处索夹、主缆 3/4 处索夹共计 18 个索夹，204 根螺杆，进行螺杆力残留力跟踪观测，以统计螺杆残留力的下降规律，为后期螺杆力补张提供了科学依据。

2018 年至 2021 年，在螺杆力检测的基础上，逐年开展螺杆力紧固工作，截至 2021 年底，已对全桥 3060 根螺杆进行一个周期的螺杆力补张，后期视检查结果以及规范要求开展第二轮螺杆力补张工作。

2021 年 3 月，对连接筒脱开的吊索（45#、89#）进行应急维护，包括连接筒打开、吊索 PE 护套检查维护、吊索连接筒处安装密封观察窗。2021 年 7 月，对 116 根吊索下端热收缩套进行维护。2021 年 12 月，对 61 根吊索上下热收缩套和 O 形密封圈进行维护、对 PE 护套检查维护。2022 年 7 月，对 489 根吊索进行小修维护，包括吊索上下热收缩套及 O 形密封圈维护、PE 护套检查维护、部分吊索减振架维护、吊索除湿。

4.1.2 缆索系统索力检测

4.1.2.1 吊索索力检测

根据《公路桥涵养护规范》（JTG 5120—2021）等相关规范要求，为确保全面了解悬索桥主桥吊索受力状况，自 2015 年起，按 3 年一个周期开展吊索索力检测，即每年度检测吊索 184 根，3 年完成全部吊索索力检测工作。吊索的工作状态是衡量悬索桥是否处于正常工作状态的重要指标之一，精确测定索力对了解桥梁工作状态十分重要。成桥后索力测量主要采用频率法。索力跟振动频率之间存在一定关系，因此采用频率法测量索力。对于某一根指定的吊索（即已知索的长度、每延米索的质量以及支承条件），只要测出振动频率，即可计算索力。

频率法又可以分为共振法与随机振动法。采用共振法测量振动频率时，要用人工激振的方法，使得吊索做单一基频振动，然后用频率计测出吊索的基频。共振法的缺点在于测量结果的准确性与操作者的经验有关。用随机振动法测量振动频率时，不用对吊索进行人工激振，而是利用风、桥面振动等环境随机振源对吊索进行激振。在环境随机振源的激振下，吊索的振动也是一种随机振动，可利用频谱分析仪对吊索的随机信号进行频谱分析，一般可以得到吊索的前几阶振动频率。随机振动法的优点在于测试结果准确可靠。

索力测试的基本步骤如下：①将索力计绑扎在预测量的索股上；②根据现场情况，选择橡胶锤锤击激振或环境激振两种方法对索股进行激振；③振动数据收集；④对振动数据做频谱分析；⑤校核频谱分析结果；⑥对频谱分析结果进行现场记录；⑦拆除索力计，完成测量。

将每年度检测对索力与设计值、荷载试验值以及上周期年度检测值进行对比，得到 2021 年上游侧和下游侧吊索索力偏差率对比图，如图 4-1 和图 4-2 所示。对比发现，索力偏差率基本在 10% 以内，符合《公路桥梁承载能力检测评定规程》（JTG/T J21—2011）要求，且吊索索力安全系数均大于 3.0，符合相关规范要求。

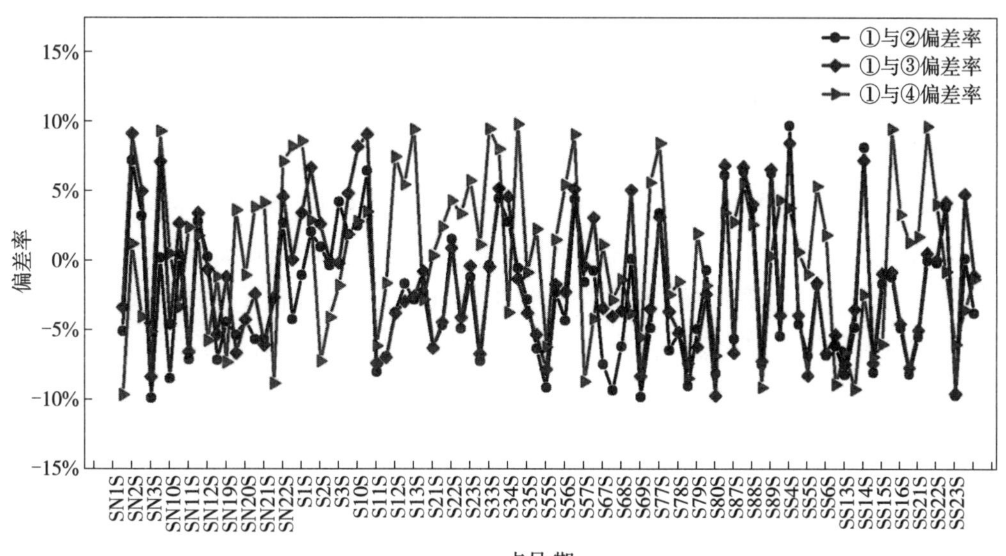

注：①为 2021 年索力；②为设计值；③为荷载试验值；④为 2018 年检测值。

图 4-1　2021 年上游侧吊索索力偏差率对比图

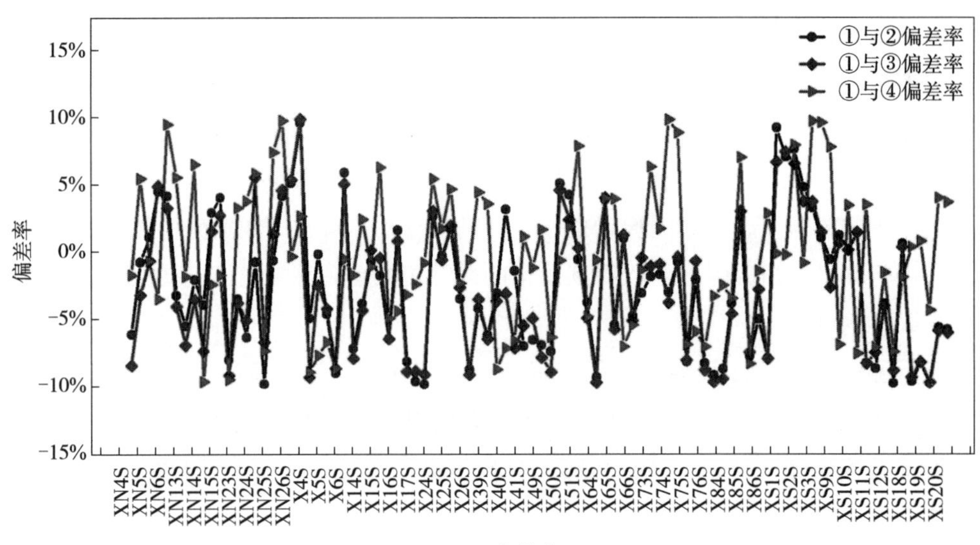

注：①为 2021 年索力；②为设计值；③为荷载试验值；④为 2018 年检测值。

图 4-2 2021 年下游侧吊索索力偏差率对比图

4.1.2.2 锚跨索股索力检测

每根主缆南 / 北锚碇间通长索股有 135 股，北边跨设 6 根背索，锚固于北主索鞍；南边跨设 8 根背索，锚固于南主索鞍。每根索股由 127 根直径为 5.35mm 的高强镀锌钢丝组成。索夹内直径为 790mm（北边跨）、773mm（中跨）和 796mm（南边跨），索夹外直径为 800mm（北边跨）、783mm（中跨）和 806mm（南边跨）。

根据《公路桥涵养护规范》（JTG 5120—2021）的要求，以及参考江阴大桥、西堠门大桥等类似桥梁的实际运营管理经验，为全面了解悬索桥锚跨索股受力状况，针对南京栖霞山长江大桥的 568 根锚跨索股和 28 根背索进行抽检，每年选取的 164 根锚跨索股进行持续跟踪检测。锚跨索股索力检测方法与吊索索力检测方法相同，详见 4.1.2.1。

将每年度检测锚跨索股索力与设计值、荷载试验值以及上周期年度检测结果进行对比，得到南锚、北锚的上游锚室和下游锚室锚跨索股索力偏差率对比图，如图 4-3～图 4-6 所示。对比发现，索力偏差率基本在 10% 以内，符合《公路桥梁承载能力检测评定规程》（JTG/T J21—2011）要求，且锚跨索股索力安全系数均大于 2.5，符合相关规范要求。

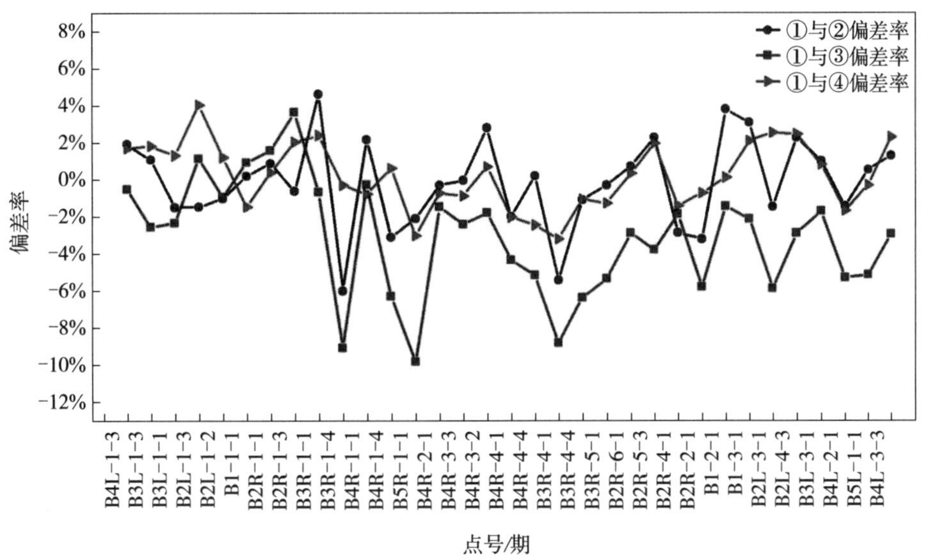

注：①为 2021 年索力；②为设计值；③为荷载试验值；④为 2019 年检测值。

图 4-3 南锚上游锚室锚跨索股索力偏差率对比图

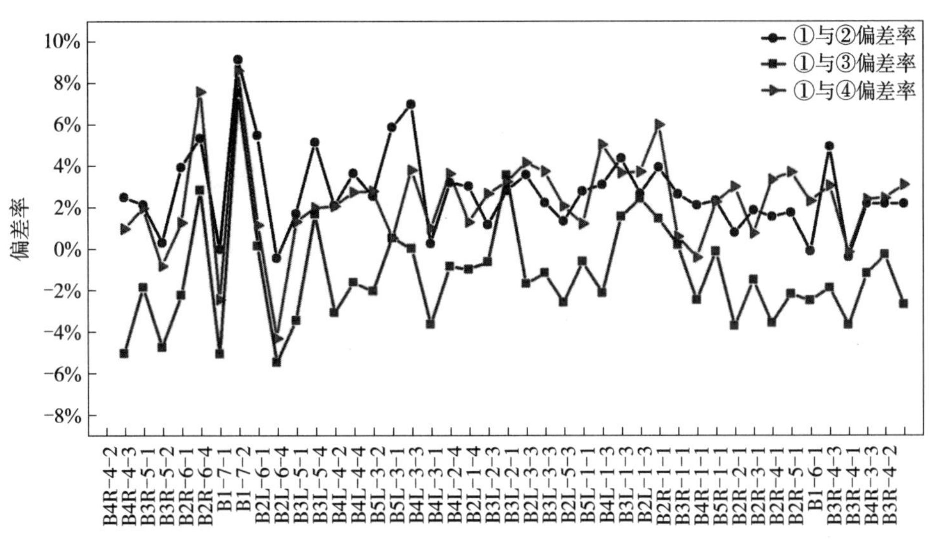

注：①为 2021 年索力；②为设计值；③为荷载试验值；④为 2020 年检测值。

图 4-4 南锚下游锚室锚跨索股索力偏差率对比图

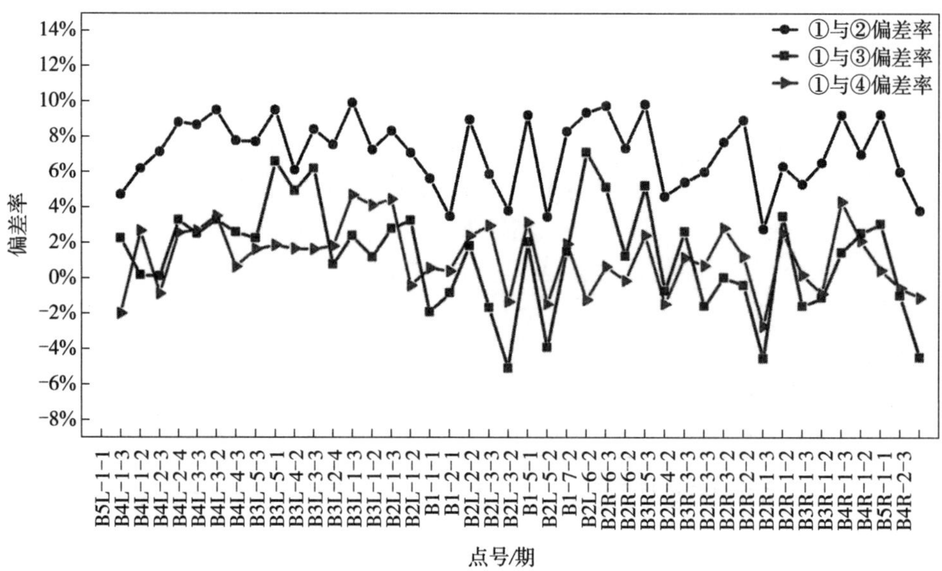

注：①为 2021 年索力；②为设计值；③为荷载试验值；④为 2020 年检测值。

图 4-5　北锚上游锚室锚跨索股索力偏差率对比图

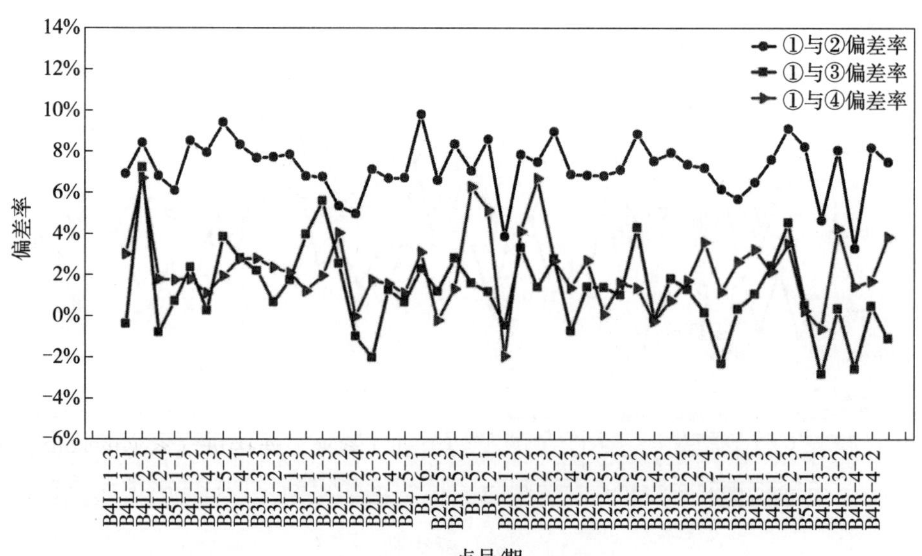

注：①为 2021 年索力；②为设计值；③为荷载试验值；④为 2020 年检测值。

图 4-6　北锚下游锚室锚跨索股索力偏差率对比图

4.1.3 缆索除湿系统

4.1.3.1 主缆除湿系统概况

全桥除湿系统包括 14 套钢箱梁系统，锚室 8 套系统，鞍室 4 套系统，3 个大型主缆除湿送气站（2.4m×2.4m×7m）内的设备，3650m 增强热塑性塑料管（RTP），约 300m 不锈钢管道及软管，配套控制电缆和传感器等。

主缆除湿设备全年运转，并保证绝大部分时间内送气相对湿度小于 40%。设备送气不回流，以满足要求的最小送风量为准，同时具备降低送风量和功耗的功能。送气点压力介于 2000Pa～3000Pa，要求大于 3000Pa 时采取泄压保护。送气点洁净度达到 H14 级，额定单位除湿能力大于 7g/m^3。

主缆除湿系统采用了送气站和集气箱技术。主缆除湿系统设计了 3 个送气站，分别位于主塔上横梁和跨中 M01 梁段，站内布置转轮除湿机、高压风机、过滤器、空调移机控制仪表。按照不同的送气量要求，塔顶送气站采用了 ML690E 型转轮除湿机，钢箱梁送气站采用了 ML420E 型转轮除湿机。送气站出口空气在集气箱进行分配，送至进气索夹处的空气参数相同，即送气量 90m^3/h、温度小于 40℃、湿度小于 40%、H14 级净化、送气点压力介于 2000Pa～3000Pa 等。主缆除湿系统功率配置如表 4-1 所示。

表 4-1 主缆除湿系统功率配置

名称	位置	除湿机型号	数量 / 个	功率 /kW
送气站 1#	六合侧主塔上横梁	ML690E	1	33
送气站 2#	栖霞侧主塔上横梁	ML690E	1	33
送气站 3#	钢箱梁 M01 梁段	ML420E	1	27

主缆是一个开放式系统，即只有送风，没有回风，因此，系统流程设计只要考虑能耗和稳定。处理后的空气自送气站经过主管道进入集气箱，混乱的空气在箱内进行稳定，动压调整为静压。随后空气再送至各个进气索夹，连接进气索夹的管道主要考虑耐久性、柔韧性、密封性，选择了 RTP 高端新材料，因主缆外观的限制，管径取 DN65 管道，无中间接口，耐用 50 年。

4.1.3.2 主缆除湿系统检测

主缆除湿系统可提供主缆温度、湿度、压力数据，其中温度可作为主缆温度场获取的辅助数据，湿度是除湿系统核心数据，压力则代表干空气能否贯穿主缆内部。同时，通过压力数据，也可以判断主缆防护体系的密封性。

4.1.3.3 主缆除湿养护技术

主缆除湿系统养护主要分为经常性检查和专项检查两部分，主要参考《空调通风系统运行管理标准》（GB 50365），以月为单位进行检养修。除湿系统停机后开机前，必须进行全面检查方可开机运行。

（1）经常性检查

主缆除湿经常性检查频率见表 4-2。

表 4-2 主缆除湿经常性检查频率

项目名称	检查周期	次数 / 次	备注
监测软件日常维护	每天	270	监测数据软件远程巡查维护
运行软件备份维护	每月 1 次	9	软件备份、参数备份
系统设备季度巡查	每季度 1 次	3	监控中心及外场设备巡查、计算机硬件及操作系统保养和故障诊断等
系统数据校核	每年 10 月	1	GPS 联测及校核，车速仪、温湿度仪的数据校核
系统运行情况月报	每月 1 次	1	统计各监测项的运行情况

（2）专项检查

南京栖霞山长江大桥所处环境湿度较高并常含有各种污染物，主缆承受桥梁恒载及反复活载的作用，易产生应力腐蚀、疲劳腐蚀、化学腐蚀及电化学腐蚀等腐蚀病害。通过除湿系统可以降低腐蚀介质的腐蚀性，但腐蚀速率并不能降低到无腐蚀水平。因此，2016 年开展了主缆腐蚀薄弱点（跨中最低点）的专项检查，并增加可视化巡检观察窗。主缆专项检查位置如图 4-7 所示。

图 4-7 主缆专项检查位置

选取主缆的主跨跨中中心点附近进行主缆开窗检查，跨中主缆开窗检查如图 4-8

所示。该位置点相对较低，如果大缆防护层有渗水情况发生，此处的锈蚀更容易被发现。同时，相对较低的位置也容易进行操作，为以后观察窗的添置及观察提供便利条件。主缆专项检查节段长度为900mm。

图4-8 跨中主缆开窗检查

检查发现，主跨跨中中心点位置钢丝外观良好，与建设初期差异不大，仅有少量白色锌腐蚀产物，说明环境腐蚀速率较低。主缆内偶有相对湿度不稳定的现象，处于较低水平。随环境条件及材料的变化，腐蚀的成分和结构也相应改变。通常腐蚀层分为内外两层，外层疏松，易剥落；内层附着性较好，结构致密，能起到一定的保护作用。在干湿交替的情况下，带有锈层的钢腐蚀被加速。干湿交替即为交替出现干燥、冷凝水、露水或蒸汽，因此，仍需进一步加强对桥梁主缆相对湿度的监测与稳定控制。

4.1.3.4 主缆除湿应急处置

2021年7月16日，监控中心突然发现边跨一处送气管道疑似被风吹断，为避免短管掉落威胁交通安全，立即启动应急处置措施。监控发现管道问题如图4-9所示，边跨送气管道断裂后固定如图4-10所示。

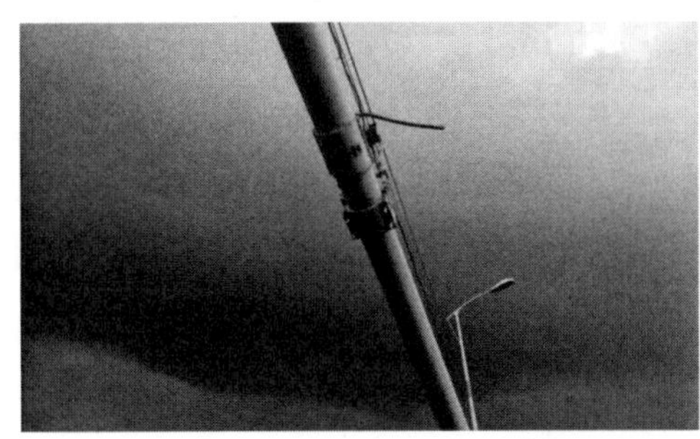

图4-9 监控发现管道问题

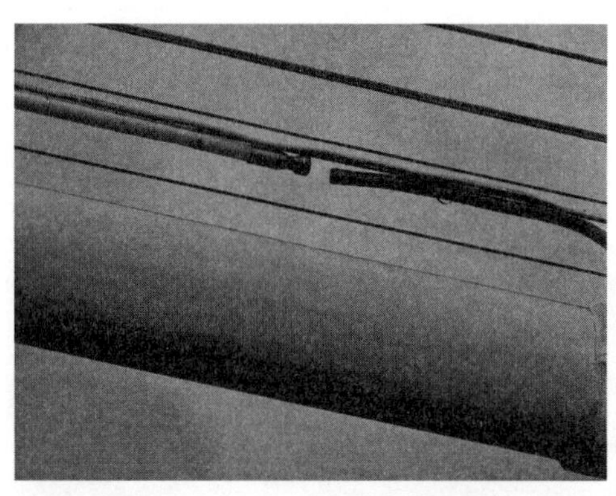

图 4-10　边跨送气管道断裂后固定

经紧急处理，对短管处进行临时加固，封堵管口，避免水汽进入主缆，并联系管道厂家进行新管制造。为减少高处维修作业难度，采取了 1 : 1 复原管道的维修方案，管道两端的螺纹和法兰均与原结构相同，获得了良好的修复效果。这次管道断裂事故，是由于管道接口的焊接应力集中，在风振荷载的长期作用下，最终导致此次事故。基于上述成因分析，养护团队对管壁进行了加厚强化，消除应力集中点，保障了桥梁除湿系统的稳定与安全运行。管道修复情况如图 4-11 所示。

图 4-11　管道修复情况

4.1.3.5　主缆除湿系统维护

随着主缆除湿系统运行时间的增加，各项电子元器件性能衰退，故障率逐步提升。2021 年，养护团队对钢箱梁、锚碇、塔冠、主缆除湿系统老化破损部件进行维修更换，主要包括再生风 EU3 过滤器 26 只、处理风 EU3 过滤器 26 只、混合箱 F7 过滤器 14 只、转轮驱动电机 2 套、温湿度传感器 12 只、压力传感器 4 只等。经过此次维修，除湿系统功能得以恢复，但部件老化是客观规律，仍需要针对紧要程度，分批次进行系统部件维修更换。

4.1.4 索夹螺杆力检测与补张

随着桥梁使用时间的增长，必然会存在螺杆张拉力下降的现象。若索夹螺杆张拉力过小，导致索夹滑移，将会导致内力重分配，使主梁线形发生改变，且变化过程具有持续发散增长效应，结果不可逆，恢复极其困难。索夹滑移主要是索夹螺杆张拉力损失造成的，主要原因包括：主缆镀锌层的蠕动，使主缆截面变化；螺栓材料时效松弛；主缆受力变细；索夹受力变形；荷载变化使主缆内钢丝排列变化；主缆索股缠包带的变形影响；索夹和主缆的温差。因此，索夹螺杆张拉力的测试与补张是悬索桥养护管理极为重要的项目。

（1）国内外实践经验

日美的索夹普遍采用骑跨式，螺杆水平布置。我国大部分悬索桥采用销铰式连接，索夹上下半合，螺杆竖向布置。

①日本大岛大桥

日本大岛大桥 1988 年建成，是主跨 560m 的悬索桥。建成 8 年后索夹螺杆力降低至 70% 左右，补张后 10 年降低至 70% 左右。

②日本明石海峡大桥

明石海峡大桥采用销铰式连接，索夹上下半合，螺杆竖向布置。上下半合型索夹抗滑移能力几乎不随吊杆力的变化而变化，即吊杆力仅提供滑移荷载，几乎不提供抗滑移能力。相关文献表明明石海峡大桥螺杆力下降速度高于预测，通车 2 年后对索塔区域螺杆进行了补张。

③国内某单跨悬索桥

国内某主跨为 1385m 的单跨钢箱梁悬索桥，于 1999 年 9 月通车，在我国的大跨悬索桥建设史中属于通车时间较早的一批，针对索夹螺杆开展的检测与防护的工作最多。索夹螺杆预紧力设计值为 700kN。2002 年，对 1532 根螺杆进行紧固补张，张拉控制力 930kN。2014 年，采用超声法对中跨有吊索索夹的 1184 根螺杆的预紧力进行了检测，并采用控制力 500kN 和 750kN，分别对部分螺杆进行了补张。这次检测的螺杆中约有 93.7% 的螺杆低于 700kN 的设计值。螺杆残留预紧力平均值为 590kN，为设计值的 84%，若以 2002 年 930kN 的补张预紧力为基准，在经过 2009 年检测补张后，下降了 37%。2017 年至 2021 年期间，按照 5 年一个周期逐年开展全桥螺杆力检测工作，并对检测工作中低于设计值 70% 的螺杆进行补张。

④国内某双主跨悬索桥

国内某采用主跨跨径为 1080m 的双主跨悬索桥，于 2012 年 11 月建成通车，于

2016年至2018年，逐步开展全桥索夹螺杆补张。2016年至2019年，开展专项科研工作，制定悬索桥索夹螺杆预防性养护策略，指导并规范悬索桥索夹螺杆的养护工作。2016年至2022年，每年抽检440根螺杆跟踪观测，并视检测结果逐步开展补张工作。

（2）南京栖霞山长江大桥索夹布置情况简介

南京栖霞山长江大桥索夹采用上下对合的结构形式，上、下两半索夹用螺杆相连并夹紧于主缆上。北边跨索夹共分8种类型，其中有吊索索夹6种。中跨索夹共分7种类型，其中有吊索索夹6种。南边跨索夹共分8种类型，其中有吊索索夹6种。各类索夹上均设有安装主缆检修道立柱的相应构造。

全桥共采用两种螺杆规格，MJ52×3和MJ45×3，见表4-3。其中，MJ52应用在限位装置索夹及其靠近索塔相邻索夹，靠近索塔的4个有吊索索夹，共计24个索夹、480根螺杆；其余索夹均采用MJ45螺杆，共计2580根螺杆。全桥总计螺杆数量3060根，螺杆参数如表4-3所示。

表4-3　螺杆参数

螺杆型号	数量 / 根	设计安装拉力 /kN	限制值 /kN	实际安装拉力 /kN
MJ52×3	480	1113	779	1223
MJ45×3	2580	817	572	898

将全桥索夹分为8个区段，上下游各4个，分别为北边跨、中跨北侧、中跨南侧、南边跨。

在主要荷载作用下，当螺杆拉力损失至设计安装拉力的70%时，吊索索夹的抗滑安全系数为3.3。由于最后一次螺杆紧固在铺装前完成，为减小螺杆应力损失，仅从主缆缆径减小角度考虑，将设计安装拉力提高了10%作为实际安装拉力。

（3）南京栖霞山长江大桥索夹螺杆力检测

①螺杆力检测方法

由于螺母的约束作用，在螺杆上端所受拉力不断增大的过程中，上下两个螺母之间的螺杆部分长度和应力状态均保持不变，而上端螺母以上的螺杆端部所受拉力逐渐增大，此时螺杆的受力状态相当于两段杆，螺杆两阶段受力示意图如图4-12所示，此过程中螺杆端部的伸长量 ΔL_1 为：

$$\Delta L_1 = \frac{F_1 \times L_1}{E \times A} \tag{4-1}$$

式中：

F_1——螺杆端部所施加力；

L_1——螺杆端部长度；

E——螺杆材料弹性模量；

A——螺杆截面面积。

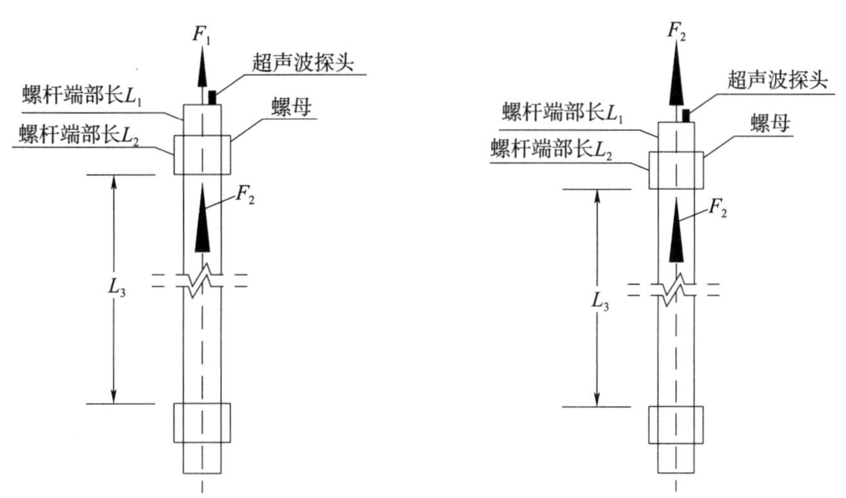

图 4-12　螺杆两阶段受力示意图

由于上下两螺母之间的螺杆长度 L_3 保持不变，当螺杆端部的拉力与两个螺母之间的螺杆部分的拉力相等时，螺杆端部长度 L_1 和上下两螺母之间的螺杆长度 L_3 开始共同受力（由于螺杆端部长度 L_2 与螺杆长度相比较短，故忽略螺母长度的影响），此过程中螺杆中间部分的伸长量 ΔL_2 为：

$$\Delta L_2 = \frac{F_2 \times (L_1 + L_3)}{E \times A} \tag{4-2}$$

式中：

F_2——螺杆端部所施加力；

L_3——上下两螺母之间的螺杆长度。

对螺母端部施加的拉力通过油压千斤顶施加。测试过程中，测试人员通过读取油压表上的刻度记录当前所施加力的 f_i，通过置于螺杆顶端的超声波探测装置记录当前螺母总长 l_i。由式（4-1）可知，当螺杆端部所施加的力小于螺杆预紧力时，有：

$$l_i - l_0 = \frac{f_i \times L_1}{E \times A} \tag{4-3}$$

由式（4-2）可知，螺杆端部所施加的力等于或大于螺杆预紧力时，有：

$$l_i - l_0 = \frac{f_i \times (L_1 + L_3)}{E \times A} \tag{4-4}$$

式中：

l_0——螺杆端部未施加力时超声波装置所测得的螺杆长度。

由式（4-3）可知螺杆端部所施加的力小于螺杆预紧力时，有：

$$f_i = (l_i - l_0) \times \frac{E \times A}{L_1} \tag{4-5}$$

由式（4-3）可知螺杆端部所施加的力等于或大于螺杆预紧力时，有：

$$f_i = (l_i - l_0) \times \frac{E \times A}{L_1 + L_3} \tag{4-6}$$

由式（4-5）和式（4-6）可知两段直线的斜率分别为$\frac{EA}{L_1}$、$\frac{EA}{L_1 + L_3}$，而两段直线斜率的突变点所对应的f_i即为螺杆原有预紧力大小。由测试点连线的斜率可以计算参与张拉伸长的螺杆长度，分级分段拟合直线的交点即为分级张拉斜率的突变点，反映了参与张拉伸长的螺杆突变，对应的张拉力即为当前螺杆现存力。

②检测结果分析

2015 年随机抽取部分位置试验段（北边跨下游及北边跨上游区段），通过超声波检测仪检测索夹螺杆现存张拉力，发现绝大多数索夹均已经不满足设计抗滑安全系数，随后开展全桥补张工作。自 2016 年起每年选取靠近索塔两侧的索夹、靠近限位吊索处的索夹、主缆 1/4 处索夹、主缆 1/2 处索夹、主缆 3/4 处索夹共计 18 个索夹，204 根螺杆，作为关键索夹进行超声波测试。采集螺杆预紧力数据，以统计预紧力的下降规律，并在 4 年内对全桥螺杆进行补张。抽检索夹位置分布如图 4-13 所示。上述工作为《公路缆索结构体系桥梁养护技术规范》（JTG/T 5122—2021）的制定提供了重要的参考和支撑，具体贡献为：“6.1.5 索夹螺杆应保持紧固力不低于其安装设计值的 70%。建成通车第一个 5 年内，每年均匀选取不少于 40% 的螺杆，每 2 年半复拧一遍。建成通车 5 年后，可根据对靠近索塔处索夹螺杆紧固力定期检查的结果进行评估，确定各跨每年选取的比例和位置。无评估时，可采取每年均匀选取 25% 的螺杆，每 4 年复拧一遍的模式。”

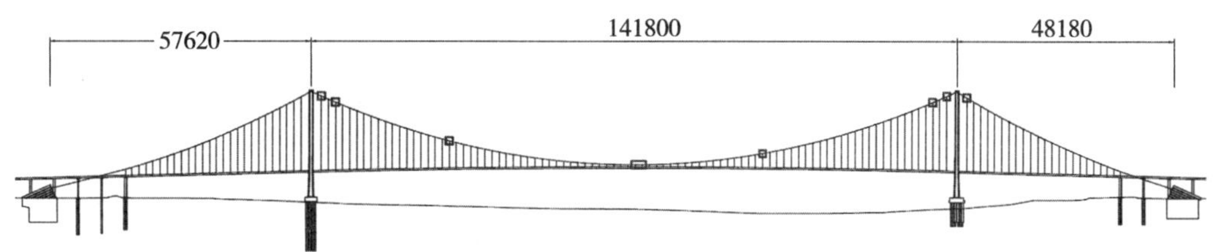

图 4-13 抽检索夹位置分布图（单位：cm）

（4）检测结果分析与评价

基于南京栖霞山长江大桥 2021 年度索夹螺杆残留力测试数据以及历年数据，对索夹螺杆残留力随时间衰减规律进行分析，结果如下。

2018 年已补张 M45 螺杆残留力平均值为 693kN，2015 年至 2018 年补张前年化衰减速率为 15.6%，2018 年补张后至 2021 年年化衰减速率为 8.3%，螺杆残留力下降速度趋缓。M45 螺杆残留力对比（2018 年已补张）如图 4-14 所示。

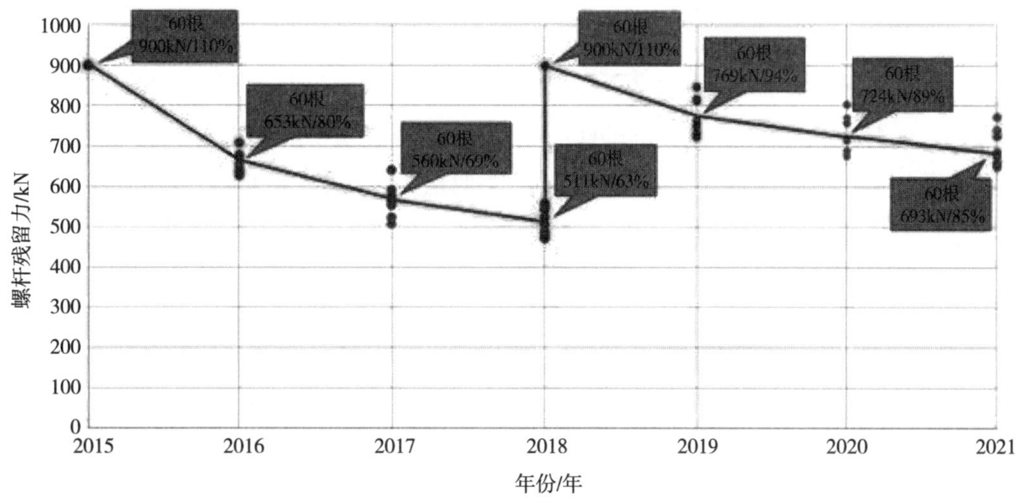

图 4-14 M45 螺杆残留力对比（2018 年已补张）

2018 年未补张 M45 螺杆残留力平均值为 539kN，2015 年至 2019 年年化衰减速度约为 9.3%，2019 年至 2021 年年化衰减速度约为 3.5%，螺杆力下降速度趋缓。M45 螺杆残留力对比（2018 年未补张）如图 4-15 所示。

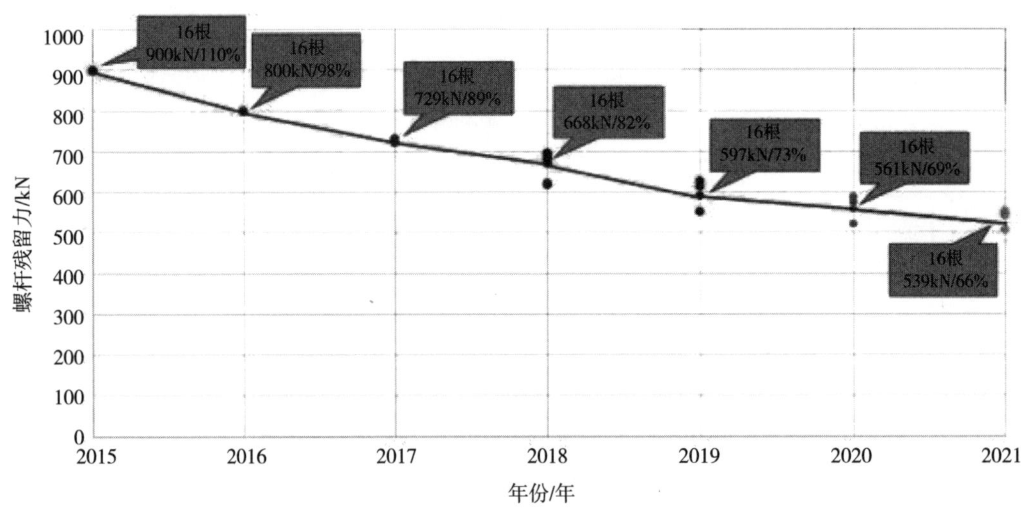

图 4-15　M45 螺杆残留力对比（2018 年未补张）

M52 螺杆残留力平均值为 845kN，2015 年至 2018 年补张前年化衰减速率为 19.7%，2018 年补张后至 2021 年年化衰减速率为 11.3%，螺杆残留力下降速度趋缓。M52 螺杆残留力对比（2018 年已补张）如图 4-16 所示。

针对索夹螺杆预紧力普遍存在下降的情况，对运营期桥梁定期开展索夹螺杆力的检测工作，对于不满足抗滑移要求的螺杆及时进行补张工作是很有必要的，有效保障了悬索桥缆索系统正常服役的安全性和稳定性，为类似悬索桥的管理养护提供了宝贵经验。

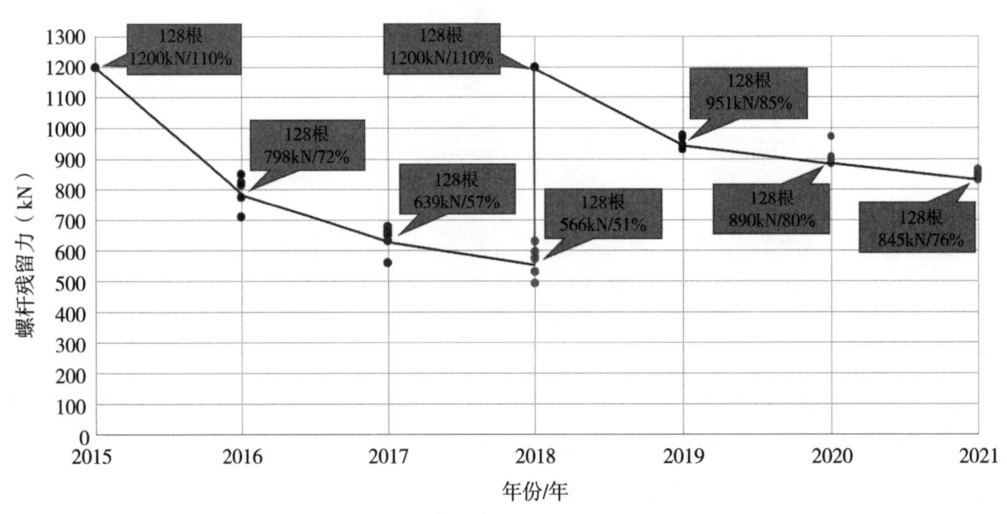

图 4-16　M52 螺杆残留力对比（2018 年已补张）

4.1.5　吊索养护

通过历年检查情况发现，吊索存在热收缩套开裂及破损、O 形密封圈锈蚀及脱空等病害，如图 4-17 所示。

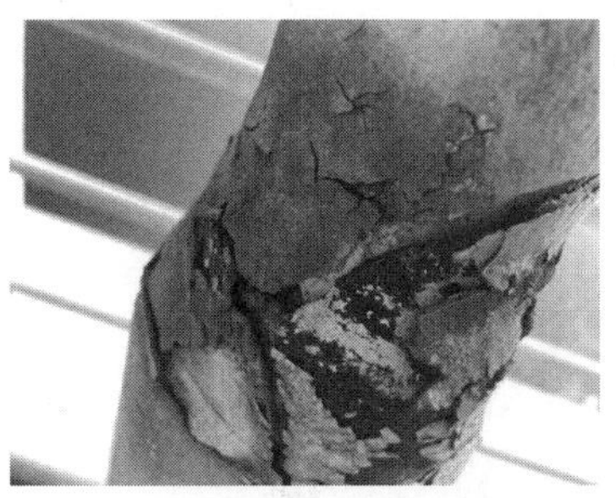

（a）吊索热收缩套开裂

（b）吊索热收缩套破损

（c）吊索O形密封圈锈蚀

（d）吊索O形密封圈脱空

图 4-17 吊索病害

针对以上病害，开展了应急维护及专项维护工作。对 O 形密封圈脱空的吊索，进行应急维护，将吊索连接筒打开（如图 4-18 所示），检查连接筒部位钢丝使用情况后进行临时防护。在对吊索 PE 护套进行全面检查及修复后，在连接筒与锚杯之间安装密封观察窗（如图 4-19 所示），用于实时监测钢丝病害发展及连接筒与锚杯处间隙发展情况，便于第一时间发现病害并进行应急维护。

图 4-18 吊索连接筒打开后

图 4-19 密封观察窗安装

对其余存在轻微病害的吊索开展专项维护。针对O形密封圈锈蚀的吊索，对锈蚀部位进行除锈打磨、涂装后缠绕聚氟乙烯（PVF）氟化膜胶带。针对热收缩套开裂或涂层破损的吊索，重新缠绕丁基橡胶带及PVF氟化膜胶带（如图4-20所示）。在吊索O形密封圈及热收缩套维护的同时，对吊索PE护套进行全面检查及维护。对于PE护套表面有轻微划痕、划伤的，直接进行打磨处理。对于PE护套表面严重划伤的，进行堆焊处理，待PE焊条冷却后对表面进行打磨处理（如图4-21所示）。同时根据PE护套检查情况，确定需要在吊索下锚上端开窗检查及除湿的吊索。

（a）丁基橡胶带缠绕

（b）PVF氟化膜胶带缠绕

图4-20 O形密封圈及热收缩套维护

（a）吊索PE护套表面损伤

（b）吊索PE护套修复

图4-21 吊索PE护套检查维护

通过对吊索O形密封圈及热收缩套表面缠绕PVF氟化膜胶带，有效实现O形密封圈与连接筒间的密封，同时由于PVF氟化膜胶带具有高强度及耐候性、耐老化性能，对吊索热收缩套处表观起到保护作用，有效减轻了PE护套表面损伤。采用与原吊索PE护套同材质的PE焊条，有效保证了吊索外观焊补质量。吊索维护效果如图4-22所示。

（a）热收缩及O形密封圈

（b）PE护套表观

图 4-22　吊索维护效果

选择吊索索体下端，距离下锚杯上端 40cm 处对高密度聚乙烯（HDPE）护套进行开窗。为了避免钢丝因切割受到损伤，采用可调节深度的切割机进行切割。切割前，根据 HDPE 护套厚度调节切割机的切割深度。对吊索下端进行开窗检查后，通过分别在锚杯小端口位置和吊索开窗处设置加热装置和抽湿装置的方式进行除湿和抽湿，抽湿装置需在加热装置正式记录加热时间前安装完成。加热装置及安装示意如图 4-23 所示，抽湿装置及安装示意如图 4-24 所示。

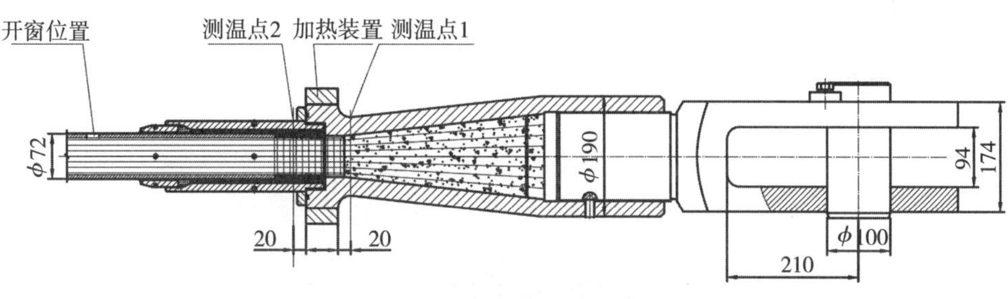

（a）加热装置示意图

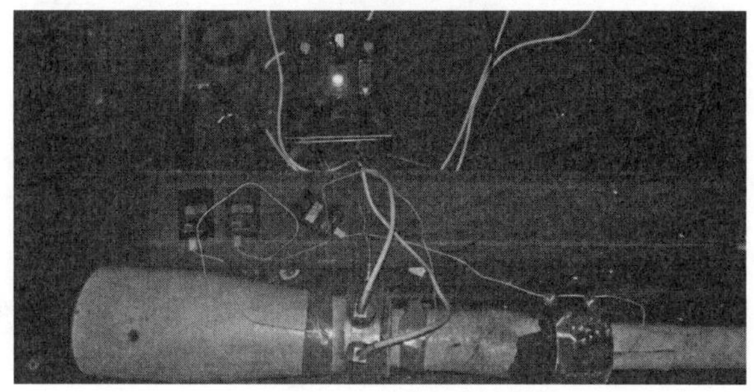

（b）加热装置安装

图 4-23　加热装置及安装示意图（单位：mm）

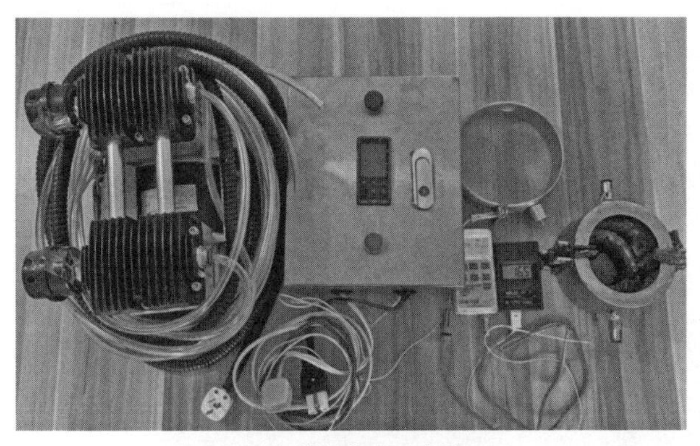

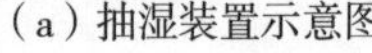

（a）抽湿装置示意图

（b）抽湿装置安装

图 4-24　抽湿装置及安装示意图

图 4-23（a）中测温点 1 的温度为 T_1，测温点 2 的温度为 T_2。设定加热温度 T_0 控制在 170℃～180℃，同时测量加热装置近点，包括锚杯外表面、连接筒外表面、索体内部钢丝处温度。温度 T_1 超过 60℃时，开始记录加热时间。在除湿过程中时刻关注 T_2 的温度变化，如温度未上升，应及时检查除湿设备、传感器是否异常。

加热时间达标后，需对吊索开窗处测量温湿度。将抽气管卸下，同时将湿度传感器放入到罩体内，并采用拉伸薄膜临时包裹，使之与外界空气隔离。在正常情况下，相对湿度偏差在 10% 以内，如当地当时空气湿度过高或过低时，确保开窗处湿度不高于 55%，满足以上条件，除湿工作即达标。

除湿后采用 HDPE 专用焊枪进行修复，修复材料应和原 HDPE 一致。开窗后修复效果如图 4-25 所示。

图 4-25　开窗后修复效果图

除湿质量要求如下。

（1）开窗尺寸应控制在 30mm × 40mm 左右，不宜过大。

（2）开窗时切割机将表层 HDPE 切割时应注意切割的深度，不得损坏内部钢丝。

（3）开窗后 HDPE 恢复时应当保证 HDPE 护套与原索体 HDPE 护套颜色一致，接缝处焊补均匀、表面光滑，不得留有间隙。

（4）为保证抽湿过程中内部湿气排出效率，抽湿装置与吊索连接处两端需采用硅橡胶皮进行填充。

（5）为保证加热温度，需采用防火布对锚杯加热装置四周缠包。

（6）加热过程中全程需有人旁站，以防意外。

（7）除湿工作应避开雨雪天气，空气湿度大于 90% 时，不得开展开窗除湿工作。

后续维护包括对吊索索体、钢丝、锚具、附属构件等进行定期抽检，按 3 年一个周期实施，及时发现新增病害。检查内容包括锚头有无渗水、脱漆、锈蚀，吊索防护套有无裂缝、鼓包、破损，吊索钢丝有无锈蚀、断丝，吊索减振橡胶圈或其他减振装置有无病害或其他异常。若检查出吊索 PE 护套有露出钢丝的情况，对吊索下锚上端进行开窗检查。若发现吊索内部有渗水或钢丝锈蚀情况，采用安装加热装置及抽湿装置的方式进行除湿和抽湿。同时对已安装的吊索连接筒及锚杯连接处密封观察窗进行经常检查，观测钢丝是否有锈蚀、渗水等病害，如有，立即开展应急处置。

4.1.6 限位吊索检查

限位装置预应力钢束下端锚固于过渡墩承台侧面，在施工过程中容易出现预应力管道压浆不密实、预应力波纹管破损等情况，成桥后由于雨水、江水等原因，易导致下锚头、预应力钢束锈蚀，进而对限位装置耐久性产生不利影响。

随着运营时间加长和过往车辆的逐年增多，根据《公路桥涵养护规范》（JTG 5120—2021）的要求，以及参考国内、外类似桥梁实际运营管养经验，为全面了解悬索桥主缆限位装置预应力钢束及下锚头工作现状，公司分别于 2018 年 11 月和 2019 年 3 月对南京栖霞山长江大桥主缆限位装置过渡墩处预应力钢束及下锚头进行专项检查；检查主桥南、北过渡墩处主缆限位装置预应力钢束及下锚头是否存在积水、锈蚀等情况；采用小型机械或者工人开挖的方式，对过渡墩处基础进行开挖，开挖至限位吊索锚杯处，打开锚杯现场记录限位吊索下锚头积水、锈蚀等病害，检查结束后在锚头内充填高级防腐润滑脂，填充完毕后需及时将锚头密封盖恢复，后期需采用浆砌片石或泥土将现场原样恢复。后续将每隔 3 年进行一次主缆限位装置专项检查，以掌握大桥限位装置预应力钢束下锚头受力状况。限位吊索现场勘查照如图 4-26 所示。

图 4-26　限位吊索现场勘查照

4.2　索塔

4.2.1　养护历程

索塔作为永久性钢筋混凝土构件，目前所做的养护工作主要为检测、检修通道维修、桥墩防撞设施改造等。

2014 年开展桥梁质量缺陷维修，对索塔内表面色差、混凝土竖向裂缝以及部分位置混凝土剥落、露筋等情况进行修复，修复后状况良好，后期定期检查中病害未有发展。

2017 年，南京栖霞海事处依据相关法律、法规以及相关标准，对长江下游里程 324km 处南京栖霞山长江大桥水域进行检查时发现，桥梁南墩柱钢围堰迎船面存在部分橡胶碰垫脱落的情况，带来了水上交通事故隐患。根据南京栖霞海事处检查情况组织开展主塔承台防撞设施改造工程，改造项目应不恶化通航水流条件和减小通航净宽，桥墩防撞设施直接抗撞部分尽量采用韧性及吸能性较好的材料以减少桥梁和船舶的受损程度。通过调研分析，2018 年最终决定采用超级拱形橡胶护舷，每条橡胶护舷由4个锚栓连接承台的方案。承台总体布置3层橡胶护舷，其中上台阶钢围堰布置一层，下台阶混凝土承台布置两层，根据船撞几率大小，将钢围堰上橡胶护舷靠近上边沿布置，护舷与上边沿距离为50cm；混凝土承台上层护舷距离承台上边沿50cm，两层护舷间距100cm。

2018年开展南京栖霞山长江大桥助航标志整治项目，主要内容包括：2个主桥墩上、下游共建设4座35m高检修梯道；分别在4座检修梯道上安装4盏桥柱灯，总计安装共16盏航标灯；安装航标遥测遥控系统；安装控制箱及供电系统、桥墩承台警示标志基础建设。

2018年、2019年均开展小修工作，对索塔内表面混凝土裂缝、积水、水管破裂、模板未拆除等病害进行维修。

为保障养护人员的安全以及满足构件可抵达要求，2019年开展检修通道安全隐患消除项目，其中索塔主要工作内容为增设4个横向支座爬梯、增设下横梁人孔栏杆及人孔爬梯扶手。

2019年、2021年为保证索塔防撞套箱耐久性，分别开展北索塔以及南索塔钢套箱防腐涂装修复。

4.2.2　索塔外观检查

南京栖霞山长江大桥索塔主要病害为内壁混凝土裂缝以及少量位置修补后开裂，无明显结构病害，在定期检查中发现裂缝后即进行了裂缝修补。索塔裂缝如图4-27所示。

图4-27　索塔裂缝

4.2.3　索塔预防性养护

为保证索塔防撞套箱的耐久性，需要对索塔钢套箱防腐涂装进行修复。索塔钢套箱预防性养护如图 4-28 所示。

（a）打磨除锈

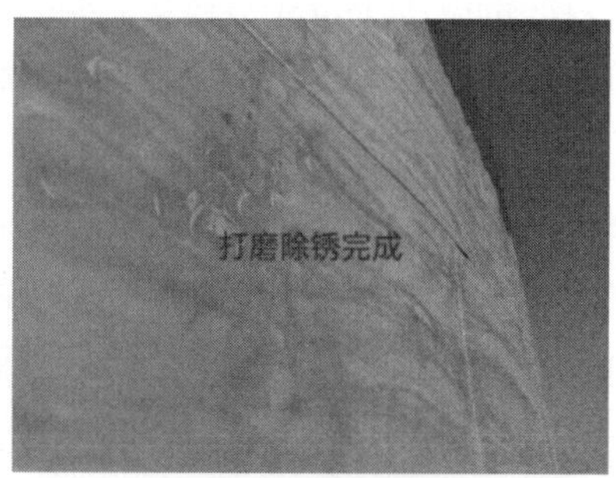

（b）打磨除锈完成

（c）环氧富锌底漆

（d）丙烯酸聚氨酯面漆

图 4-28　索塔钢套箱预防性养护

4.3　锚固系统

4.3.1　养护历程

自 2012 年通车至 2022 年，每年对锚碇水平及沉降进行监测，其中 2012 年监测一次，2013 年、2014 年每年监测三次，自 2015 年开始每年监测两次。

2014 年开展质量缺陷维修，对锚室内表面混凝土裂缝、气孔，锚固钢板连接螺栓螺母锈迹及缺失等情况进行修复，修复后状况良好，后期定期检查中病害未有发展。

因锚室入口位置低洼，雨季该位置易存在积水问题。为解决该问题，2018 年在锚室入口增设排水系统，且每月定期进行排水。

在定期检查以及经常性检查过程中发现，主缆入锚孔位置存在渗水问题。为解决此类问题，2018 年选用聚硫密封胶进行封闭。

在定期检查以及经常性检查过程中发现，锚室侧墙存在渗水问题。2018 年在漏水位置凿出一道“V”形槽，并用聚合物水泥砂浆封缝。

2018 年、2019 年均开展小修工作，为解决锚室内表面混凝土收缩裂缝问题，采用封缝法进行修复，但后期检查过程中发现修复后开裂的现象。

2019 年为解决锚室安全问题，在锚室入口安装电子锁及警报系统，人员进入锚室内报警系统立即响起。

为保障养护人员的安全以及满足构件可抵达要求，2019 年开展检修通道安全隐患消除项目，其中锚室主要工作内容为增设 4 个锚碇入锚孔检修爬梯。

4.3.2 锚碇外观检查

南京栖霞山长江大桥锚碇为混凝土结构，锚碇检测重点内容为：散索鞍支墩和前锚面处等混凝土结构，是否存在裂缝、渗水、表面风化剥落、露筋、空洞和钢筋锈蚀；排水设施是否存在塌陷、沉降、缺损、堵塞现象；有无垃圾堆积，杂草丛生，各排水设施和检修通道是否完好；锚室内各类标志、通信、照明、排风是否完好，有无缺损。

（1）北锚碇

北锚碇上下游侧病害汇总：混凝土裂缝共 12 条，总长 12.65m，最大宽度 0.11mm。北锚碇锚室外观巡检结果如图 4-29 所示。

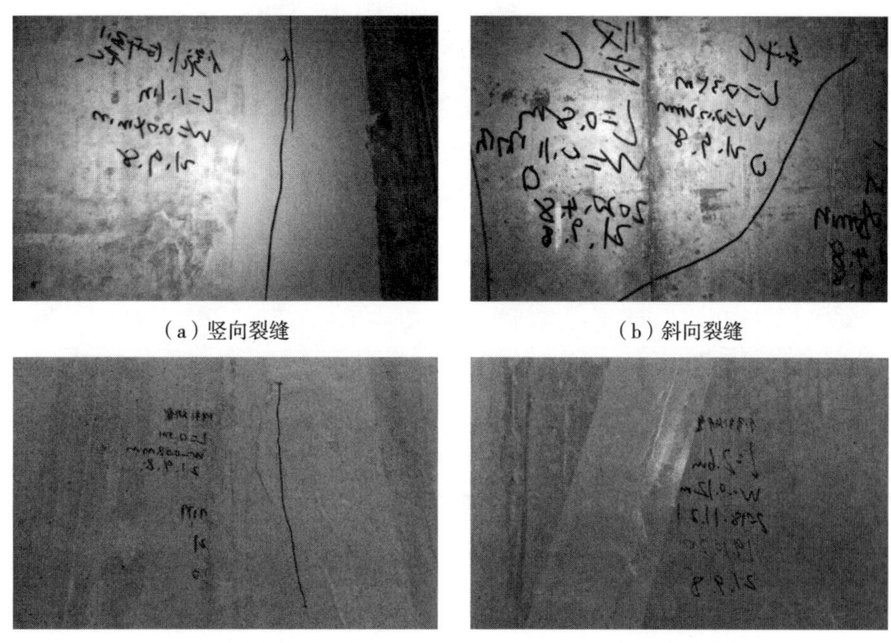

（a）竖向裂缝　（b）斜向裂缝

（c）网裂　（d）裂缝修补

图 4-29　北锚碇锚室外观巡检结果

（2）南锚碇

南锚碇上下游侧病害汇总：混凝土裂缝共 18 条，总长 31.15m，最大宽度 0.12mm。南锚碇锚室外观巡检结果如图 4-30 所示。此外还发现几处螺帽缺失和松动。

（a）竖向裂缝

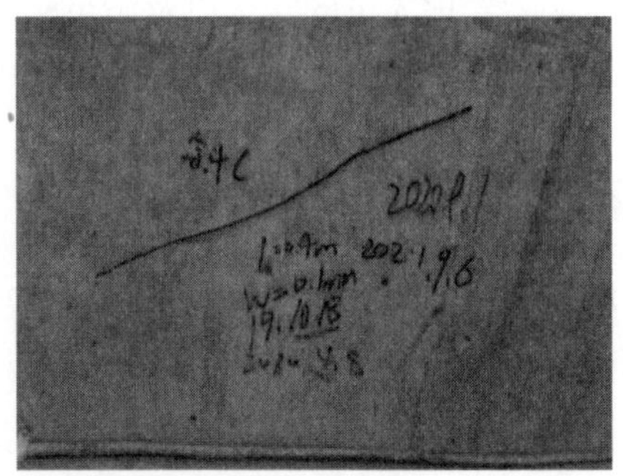

（b）斜向裂缝

（c）网状裂缝

图 4-30　南锚碇锚室外观巡检结果

4.3.3　锚室除湿系统

（1）锚室除湿系统概况

锚室分为两岸上下游 4 个独立空间，空间体积较大，需要对散索鞍和锚固区进行重点保护，但两部分相距较远，因此，设计了 2 套 ML1100E 型号的独立除湿设备，分别针对散索鞍和锚固区送风，既能实现分区控制，又能做到应急互补，同时也达到了节能的效果。每套除湿系统由除湿机、连接风管、中央电控盘和湿度控制仪表等组成。锚室除湿系统设计示意图如图 4-31 所示，散索鞍和锚固区除湿设备如图 4-32 所示。

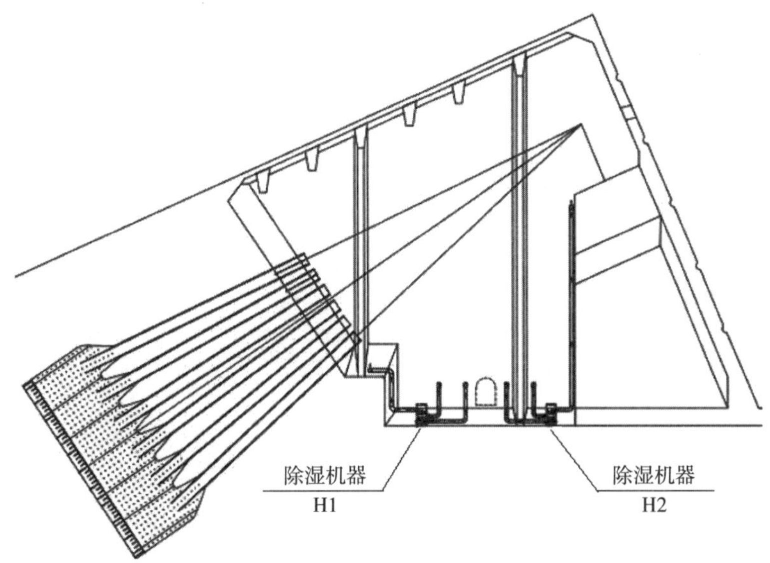

图 4-31 锚室除湿系统设计示意图

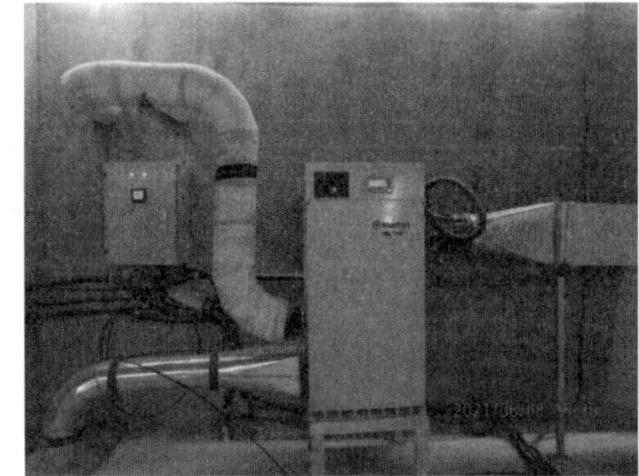

图 4-32 散索鞍和锚固区除湿设备

锚室除湿和通风设备运转需达到室内相对湿度不超过 50%。在正常操作情况下，设备每小时最小回流通风空间体积为 5%。除湿空间的干燥空气要能确保所控制的区域无冷凝水，不得有损于结构内部的设备。混合风的回风混合量可以调节，并且送风距离应不大于 260m；除湿机的额定单位除湿能力应大于 7g/m^3。锚室除湿系统采用除湿设备自身的循环风能力，直接将干燥空气送至保护位置，经局部扩散后，自然回流到除湿机位置。自南京栖霞山长江大桥通车以来，锚室总体湿度保持良好，除湿系统运行有效。从采集数据分析，绝大多数时间相对湿度控制在 50% 以下，少数湿度超标情况原因多为供电问题和人孔进水问题。锚室除湿系统功率配置表见表 4-4。

表 4-4　锚室除湿系统功率配置表

名称	位置	型号	数量 / 套	单套功率 /kW
除湿机	六合侧锚锭前锚室	ML1100E	4	12.76
除湿机	栖霞侧锚锭前锚室	ML1100E	4	12.76

（2）锚室除湿系统养护

锚室除湿系统养护工作内容如下。

①监测数据日常巡查：设备运行状态、通信状态、参数分析、除湿系统的诊断等。

②锚室设备季度巡查：机组运行状态、显示、通信状态、参数值、过滤器阻力情况，送回风口、管道漏风检查，管道接口是否牢固等。

③锚室过滤器更换：旧过滤器拆除、运输、处理，新过滤器安装、调整、测试。

养护完成后，填写锚碇除湿系统检查情况表（见表 4-5）。锚碇除湿系统检查频率表见表 4-6。

表 4-5　锚碇除湿系统检查情况表

<table>
<tr><td rowspan="8">锚碇除湿系统</td><td rowspan="4">北锚上游</td><td>站地址</td><td>2</td><td>3</td><td rowspan="4">北锚下游</td><td>站地址</td><td>2</td><td>3</td></tr>
<tr><td>转轮部分</td><td>正常</td><td>正常</td><td>转轮部分</td><td>正常</td><td>正常</td></tr>
<tr><td>再生风滤网</td><td>正常</td><td>正常</td><td>再生风滤网</td><td>正常</td><td>正常</td></tr>
<tr><td>处理风滤网</td><td>正常</td><td>正常</td><td>处理风滤网</td><td>正常</td><td>正常</td></tr>
<tr><td rowspan="4">南锚上游</td><td>站地址</td><td>2</td><td>3</td><td rowspan="4">南锚下游</td><td>站地址</td><td>2</td><td>3</td></tr>
<tr><td>转轮部分</td><td>正常</td><td>正常</td><td>转轮部分</td><td>正常</td><td>正常</td></tr>
<tr><td>再生风滤网</td><td>正常</td><td>正常</td><td>再生风滤网</td><td>正常</td><td>正常</td></tr>
<tr><td>处理风滤网</td><td>正常</td><td>正常</td><td>处理风滤网</td><td>正常</td><td>正常</td></tr>
</table>

表 4-6　锚碇除湿系统检查频率表

项目名称	检查周期	次数 / 次	备注
监测数据日常巡查	每周	52	电脑、远程监控软件
锚室过滤器更换	每季度一次	4	常用工具、安全帽、安全鞋、警示背心、手电等

4.3.4　锚固系统预防性养护

锚室内部主缆入锚口未设置检修通道，下横梁人孔未设置防护栏杆，存在安全隐患。为保障桥梁养护人员的安全，针对主桥上述位置进行检修通道隐患消除相关施工。施工内容包括：增设 4 个横向支座爬梯、增设下横梁人孔栏杆及人孔爬梯扶手、增设 4 个锚碇内部主缆入锚口爬梯。锚碇内部主缆入锚口检修通道如图 4-33 所示。

图 4-33 锚碇内部主缆入锚口检修通道

4.4 钢箱梁

4.4.1 养护历程

钢箱梁养护的重点主要放在防腐、裂纹无损检测以及处置方面。自 2015 年开始，公司逐年递增抽取焊缝进行无损检测，主要工作内容如下：重车道桥面板下的焊缝 30%，中间车道的焊缝 30%，吊点处的焊缝 20%，其他位置 20%。历年跟踪检测结果为南京栖霞山大桥主桥钢箱梁焊缝整体状况良好；历年检查过程中共发现数处存在夹渣、气孔等施工缺陷，暂不影响桥梁结构安全。

2018 年，在两侧钢箱梁入口位置安装电子锁，同年对定期检查中发现的梁端底板焊缝开裂情况进行修复，部分位置存在修复后开裂的现象。

2019 年，对梁底检车车控制箱锈蚀、导流板连接螺栓脱落、松动等情况进行维护，维护后梁底检查车状况良好。

4.4.2 钢箱梁外观检查

南京栖霞山长江大桥钢箱梁检测重点内容包括：检查钢箱梁结构有无异常变形，零部件有无明显局部变形；检查钢箱梁涂装表面涂装锈蚀、氧化，油漆剥落，螺栓是否缺失等情况；检查钢箱梁内的纵向对接焊缝、横向对接焊缝、横隔板角焊缝、纵隔板角焊缝以及其他焊缝。钢箱梁检查项点见表 4-7。焊缝处若发现裂纹时，应调查研究裂缝产生的原因，根据裂纹的危害程度、大小采取相应处理措施。

表 4-7　钢箱梁检查项点

序号	检查项点	检查内容
1	梁段间接口焊缝	顶板对接焊缝；腹板对接焊缝；斜底板对接焊缝；底板对接焊缝
2	闭口肋角焊缝	顶板闭口肋角焊缝；底板、斜底板闭口肋角焊缝
3	横隔板焊缝	横隔板与顶板、底板、斜底板、底板等连接焊缝；横隔板间搭接角焊缝
4	箱梁拐角部位焊缝	顶板与腹板连接焊缝；腹板与斜底板连接焊缝；斜底板与底板连接焊缝
5	闭口肋对接焊缝	合拢段顶板闭口肋对接焊缝；底板、斜底板闭口肋对接焊缝
6	纵向对接焊缝	顶板纵向对接焊缝；底板、斜底板纵向对接焊缝
7	支座焊缝	劲板焊缝
8	纵隔板焊缝	实体式纵隔板焊缝；桁架式纵隔板焊缝

经过检测发现，南京栖霞山长江大桥钢箱梁病害共计 1223 处，其中底板 U 肋焊缝裂纹 7 处，横隔板焊缝裂纹 2 处，其余为涂层病害。

底板 U 肋焊缝裂纹（见图 4-34）7 处，出现在钢箱梁梁端支座位置处的底板 U 肋裂纹。

图 4-34　底板 U 肋焊缝裂纹

横隔板焊缝裂纹（底板位置）（见图 4-35）2 处，由底板与横隔板角焊缝端过焊孔处产生。

图 4-35　横隔板焊缝裂纹（底板位置）

全桥钢箱梁内部涂层病害（见图 4-36）1214 处，主要为涂层锈蚀、脱落、油污等情况。

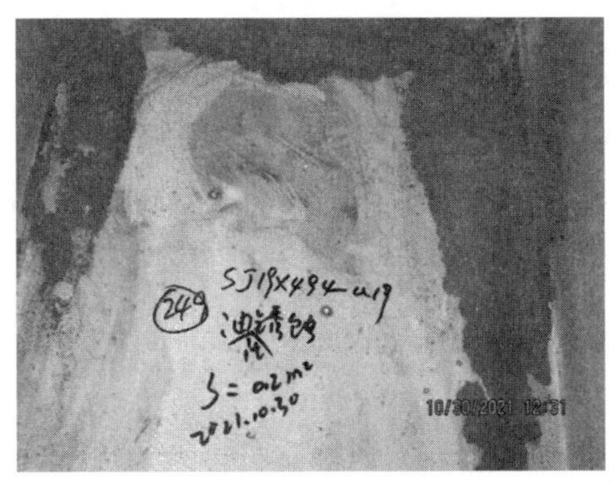

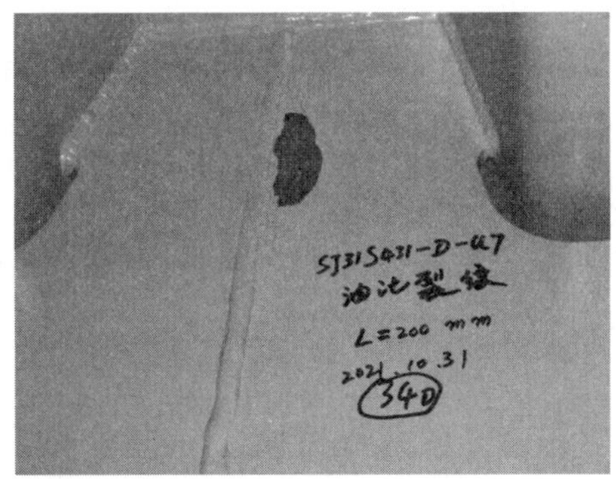

图 4-36 涂层病害

4.4.3 钢箱梁焊缝检测

钢结构的焊缝当承受与其方向垂直的交变荷载作用时，在焊接缺陷及局部应力集中处均易产生疲劳裂纹。这些裂纹在应力与腐蚀介质的共同作用下会迅速扩展，对结构耐久性产生不利影响。对钢箱梁焊缝进行抽查，主要目的是依据相关规定对桥梁主桥钢箱梁焊缝质量进行抽查，确认钢箱梁焊缝和角焊缝是否存在的缺陷、损伤和病害，为后续钢箱梁的检测、养护和维修决策提供依据。

（1）检测方法

通过无损探伤手段进行焊缝检测是确保钢结构工程质量的重要环节，钢箱梁焊缝无损检测如图 4-37 所示。焊缝检测主要使用金属超声波对焊缝内部进行缺陷检测。

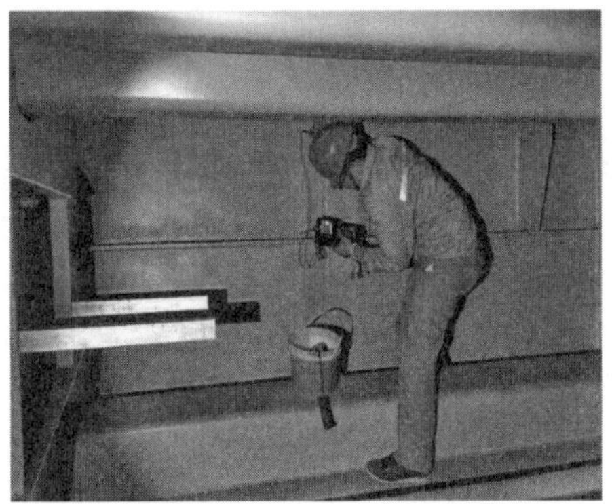

图 4-37 钢箱梁焊缝无损检测

（2）检测结果

根据相关标准对南京栖霞山长江大桥钢箱梁内部焊缝进行超声探伤检测，检查过程中发现钢箱梁焊缝主要病害为焊缝夹渣，为施工缺陷，不影响桥梁结构安全。

4.4.4 钢箱梁除湿系统

采用 14 套钢箱梁除湿系统为主桥钢箱梁提供干燥环境，防止桥梁钢铁腐蚀，确保桥梁寿命。根据钢铁腐蚀特性，钢箱梁相对密闭空间内设计相对湿度小于 50%，温度无要求。钢箱梁除湿系统的运行状态、温湿度、压力、流量等重要参数，并入桥梁光纤通信系统后传输到集中监控室，在监控室可以对除湿系统运行状态实时监控。钢箱梁除湿系统设备清单见表 4-8。

表 4-8　钢箱梁除湿系统设备清单

位置	序号	设备名称	型号	性能指标	单位	数量
钢箱梁除湿系统	1	转轮除湿机	ML1100E	$1100m^3/h$，$7.2g/m^3$	台	14
	2	加压风机箱	MF4000	$4000m^3/h$，800Pa	台	14
	3	风管、阀门	100-350	0.5mm～2mm GI	套	14
	4	湿度控制器	S7	CPU224XP	个	14
	5	温湿度传感器	9060	0V～10V	个	14
	6	控制附件	—	集成在除湿机控制箱	套	14
	7	阀门执行器	GBB	10Nm	个	14
	8	压差传感器	266	0V～10V	个	14
	9	光电隔离器	高速	500V 隔离	个	14
	10	控制显示屏	TD400	12.7cm（3.8 寸）	个	14

在钢箱梁除湿系统对湿度的调节控制下，2014 年至 2022 年钢箱梁平均湿度变化见表 4-9。

表 4-9　钢箱梁平均湿度变化

位置	2014 年	2015 年	2016 年	2017 年	2018 年	2019 年	2020 年	2021 年	2022 年
北边跨中 /%	46.80	47.71	48.14	48.14	48.14	48.14	48.14	48.14	43.17
主跨 1/4/%	39.07	39.17	39.39	39.39	39.39	39.39	39.39	39.39	37.48
主跨 1/2/%	37.50	37.07	40.58	40.58	40.58	40.58	40.58	40.58	38.02
主跨 3/4/%	37.67	38.54	38.44	38.44	38.44	38.44	38.44	38.44	35.09
南边跨中 /%	42.75	40.93	41.28	41.28	41.28	41.28	41.28	41.28	38.55

总的来说，南京栖霞山长江大桥钢箱梁内除湿系统运行状况良好，能有效控制钢箱梁内湿度，为钢箱梁服役提供较为干燥的环境，保证其健康服役性能。

4.5　总结

锚碇、主塔、缆索与主梁作为大跨度悬索桥的主要受力构件，其病害可能会影响桥梁整体结构性能，甚至导致结构性失效。因此，开展桥梁主体构件综合养护至关重要，对保障桥梁结构性能、延长桥梁寿命具有重大意义。本章基于南京栖霞山长江大桥主体构件定期检查与管养实践，形成了成熟的大跨度悬索桥主体构件检查与养护技术，保障了主体构件良态的服役性能，实现了桥梁全生命周期安全运营的目标，相关经验可推广到同类大跨度桥梁主要受力构件的养护与管理中。

对南京栖霞山长江大桥主体构件进行检查，得出以下结论。

（1）桥梁缆索系统存在主缆缠丝外表面破损、吊索涂层开裂、涂层脱落、密封圈锈蚀等轻微病害，通过对吊索、锚跨索股索力以及索夹螺杆力进行跟踪检测，安装缆索除湿系统等措施，提升了桥梁缆索系统服役性能。

（2）通过对索塔结构进行定期检查，发现桥梁索塔内壁存在少量混凝土裂缝，发现后立即开展了裂缝修补工作，同时分别对南 / 北索塔钢套箱的防腐涂装进行修复。

（3）桥梁锚固系统混凝土结构仅发现有少量小尺寸裂缝外，修补后无其他并无明显病害。锚室除湿系统运行状况良好，绝大多数时间锚室相对湿度控制在 50% 以下，保障了锚固系统稳定、安全工作。

（4）桥梁钢箱梁主要病害为底板、横隔板焊缝开裂以及涂层锈蚀、脱落、油污等情况。因此，采用无损探伤的手段对焊缝进行检测并修补焊缝损伤，安装钢箱梁除湿系统防止钢铁腐蚀，进而延长桥梁寿命。

5 桥梁关键附属设施养护

大跨度悬索桥柔性大、刚度低，风、温度和车辆等荷载作用下高 / 低频位移幅值高、累积行程大，极易造成支座、阻尼器、伸缩缝等约束关键装置的性能退化及破坏，影响桥梁服役安全与耐久性能。南京栖霞山长江大桥关键附属设施包括塔 - 梁纵向位移控制阻尼器、横向抗风支座、伸缩缝以及梁底检查车。在桥梁运营过程中，桥梁管理部门结合健康监测、日常巡检和定检等方式对桥梁的关键附属设施开展细致的检查，并采取了合理有效的养护措施，保障了桥梁安全和稳定运营。

5.1 主桥塔 - 梁纵向位移控制阻尼器

5.1.1 装置简介

为了控制大桥在温度、风和车辆等作用下的位移和保障桥梁的安全、稳定运营，在桥梁的塔梁连接处设置了位移约束装置，主要包括竖向弹性支撑、横向支撑和纵向阻尼器，主桥塔 - 梁连接位置处位移约束装置构造图如图 5-1 所示。为改善梁穿越索塔时因主缆角度转动引起的活载弯矩，增加结构反对称扭转刚度，利用设置在索塔下横梁的竖向弹性支撑形成弹性支承体系，如图 5-1（a）所示。考虑到横桥向风荷载对钢箱梁的影响，桥梁在索塔与钢箱梁之间设置横向支撑，如图 5-1（a）和 5-1（b）所示。同时，为了对钢箱梁纵飘位移进行限制，在钢箱梁两侧的塔梁结合处设置纵向阻尼器，如图 5-1（b）所示。

在大跨度桥梁中，纵向阻尼器的存在可以减小车辆或风致位移、改善伸缩缝使用性能和提高桥梁的抗震能力。桥梁的纵向阻尼器在一端支撑于索塔、一端支撑于钢箱梁，两端均为无转动约束的铰接连接形式，如图 5-1（b）所示。其细部构造为：阻尼器两端设连接底座耳板，索塔上设叉耳，叉耳通过预埋螺栓锚固于索塔上，钢箱梁上设连接牛腿，阻尼器连接耳板伸入叉耳和连接牛腿间，通过销轴和止动挡板固定螺栓连接。在阻尼器连接耳板孔内设置向心关节轴承，适应转动要求，阻尼器结构和连接细部结构示意图如图 5-2 所示。

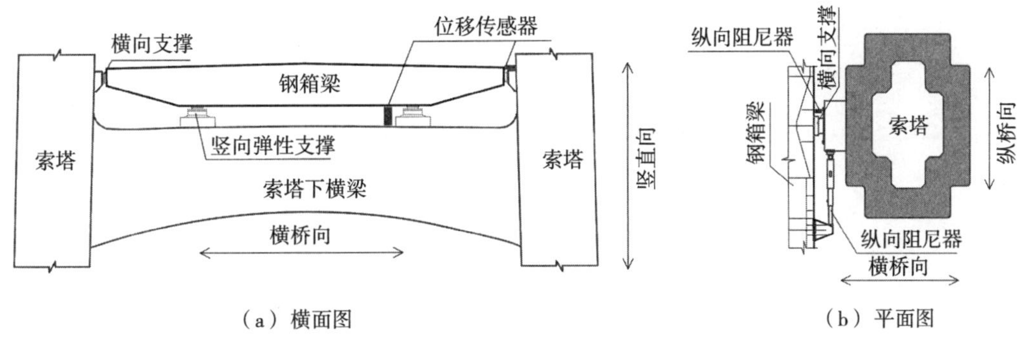

（a）横面图　　（b）平面图

图 5-1　主桥塔 - 梁连接位置处位移约束装置构造图

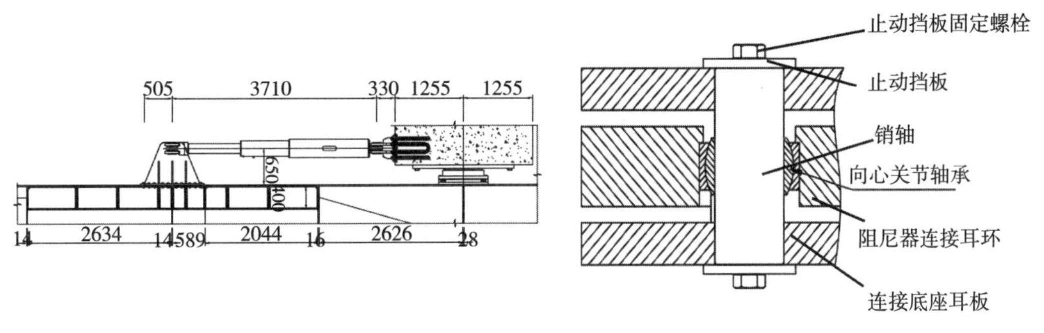

（a）阻尼器结构示意图　　（b）阻尼器连接细部结构图

图 5-2　阻尼器结构和连接细部结构示意图（单位：mm）

5.1.2　养护历程

南京栖霞山长江大桥阻尼器系统从 2013 年起在服役数年中已经多次因失效及故障而进行检修，其中阻尼器耳板折断问题较为显著，2017 年，对索塔处 4 个阻尼器全部进行更换。针对原阻尼器耳板失效问题，对新阻尼器耳板的细部构造做了改进与优化，阻尼器更换之后，对主梁纵向运动的振动控制效果较好。2019 年，部位位置油漆脱落，检查过程中均已修复。

（1）外观检查

阻尼器外观检查如图 5-3 所示，经现场检查，4 个阻尼器外观基本完好，油缸外壁镀铬面由橡胶外罩覆盖避免撞击，状态良好。导向套筒内侧的导向密封圈贴合油缸外壁留下的滑移痕迹可见阻尼器的最大移动量在设计范围内。其他局部有轻微油漆脱落已现场恢复，南塔下游阻尼器外观修复如图 5-4 所示。

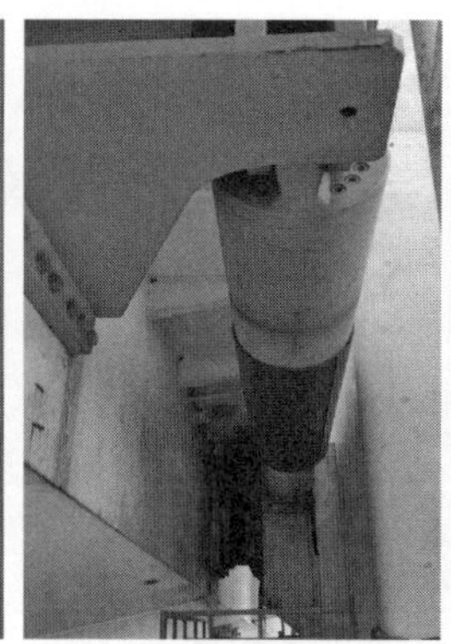

图 5-3　阻尼器外观检查

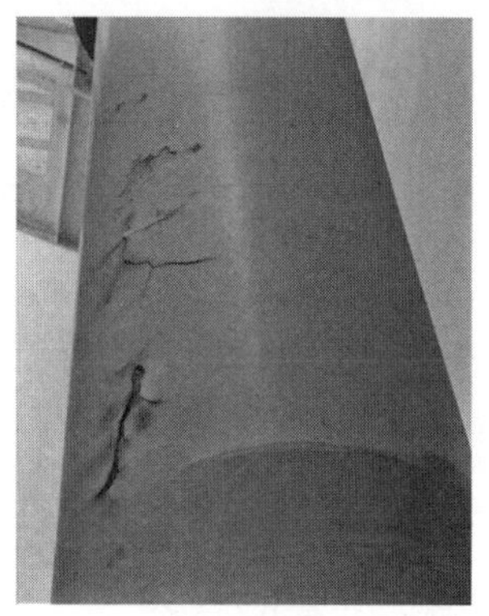

（a）修复前

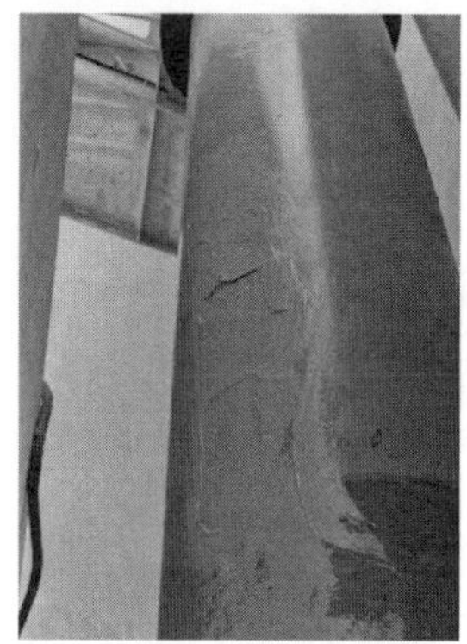

（b）修复后

图 5-4　南塔下游阻尼器外观修复

（2）油压检查

每个阻尼器在出厂时根据当天温度预设压力值。2021 年 9 月 4 日气温约为 28℃～33℃，经现场检查，4 组阻尼器压力均在 20MPa～27MPa 范围内，压力表显示读数因阻尼器随桥运动产生阻尼力而引起内部压力波动，为正常响应。将 2019 年检查结果与 2021 年检查结果相比，并考虑温度引起的压力变化后，可判定数值处于正常范围。2019 年和 2021 年阻尼器油压检测结果见表 5-1。

表 5-1　阻尼器油压检测结果

检查时间		2019 年 11 月 22 日	2021 年 9 月 4 日
气温 /℃		12～18	28～33
最大油压 /MPa	南塔下游	15.7	21.2
	北塔下游	13.1	20.6
	北塔上游	14.6	22.3
	南塔上游	15.7	25.5

（3）连接销轴检查

部分阻尼器两个连接销轴外露侧壁有轻微锈蚀，由于锈蚀部位暴露于外部环境，且非工作界面，因此现场除锈后刷涂油漆防护。图 5-5 为销轴防腐修复前后对比。

（a）修复前

（b）修复后

图 5-5　销轴防腐修复前后对比

（4）螺栓检查

4 组阻尼器两个连接底座与主梁和桥塔连接螺栓经目视检查以及抽样手动扳手检查，均未发现有松动迹象。阻尼器底座螺栓检查如图 5-6 所示。

图 5-6　阻尼器底座螺栓检查

5.1.3　性能分析

（1）阻尼器系统主要病害

南京栖霞山长江大桥塔梁位移控制阻尼器系统在服役数年中开展了多次检查与维修，其中阻尼器耳板折断问题较为显著。桥梁的纵向阻尼器一共有 4 个，其位置分别为南塔上游侧、南塔下游侧、北塔上游侧和北塔下游侧。耳板失效在南北塔梁结合处的纵向阻尼器都有不同程度的体现，其中南塔下游处的阻尼器耳板甚至出现折断现象。

据现场观察，纵向阻尼器的耳板病害是逐步恶化的。首先，阻尼器耳板上的止动挡板固定螺栓出现断裂，此时阻尼器的基本功能正常，如图 5-7（a）所示；其次，失去止动挡板约束的销轴会滑出耳板，此时阻尼器的轴向荷载仅由一侧耳板承担，如图 5-7（b）所示；最后，阻尼器的耳板出现了折断现象，此时阻尼器的功能基本丧失，如图 5-7（c）所示。折断的耳板和销轴等部位裸露在空气中，在长期的环境作用下出现了严重的锈蚀，如图 5-7（d）所示。

此外，南京栖霞山长江大桥的 4 个阻尼器都出现了较为严重的漏油现象，漏油的阻尼器无法发挥其正常功能，如图 5-7（e）所示。同时，阻尼器防尘外罩存在压瘪现象，如图 5-7（f）所示。

如果纵向阻尼器存在严重的病害，会导致日常车辆与脉动风的动态冲击作用下的大跨度桥梁失去减振缓冲性能，影响行车舒适性。当遇到地震时，桥梁体系可能因失去阻尼器的耗能能力而出现过大位移，导致结构损伤或破坏。

（a）螺栓断裂使止动挡板脱落

（b）销轴滑出耳板轴承孔

（c）耳板折断

（d）锈蚀

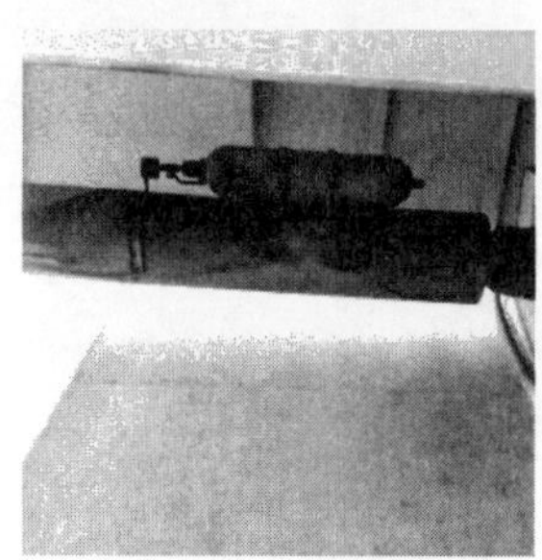
（e）阻尼器漏油

（f）防尘外罩压瘪

图 5-7　纵向阻尼器系统失效

（2）阻尼器系统病害机理

公司团队在塔梁连接处布置位移传感器，分别对塔梁之间的相对横桥向和竖直向位移进行监测，采样频率 1Hz，数据采集时间为 24h，得到塔梁连接处主梁相对位移，如图 5-8 所示。由图 5-8 可知：横桥向位移最大值约为 25mm，竖向位移最大值约为 60mm。值得注意的是，塔梁的横桥向位移在 24h 对应的静态位移明显未能复位到 0h 对应的位移，如图 5-8（a）所示。已有研究表明，大跨度桥梁的横桥向静态位移随横桥向风速的增大而线性增大。对于大跨度悬索桥，主梁受到的横桥向作用主要是横桥向风荷载作用。据此可推测，位移数据采集时桥址区横桥向风速或风向在“6h～9h”的区段发生过变化，从而导致横桥向位移未能复位。纵向阻尼器安装于主梁和索塔之间，当主梁相对索塔发生位移，阻尼器也会随之运动，例如主梁的横桥向运动会使纵向阻尼器沿水平面发生转动，如图 5-9 所示。

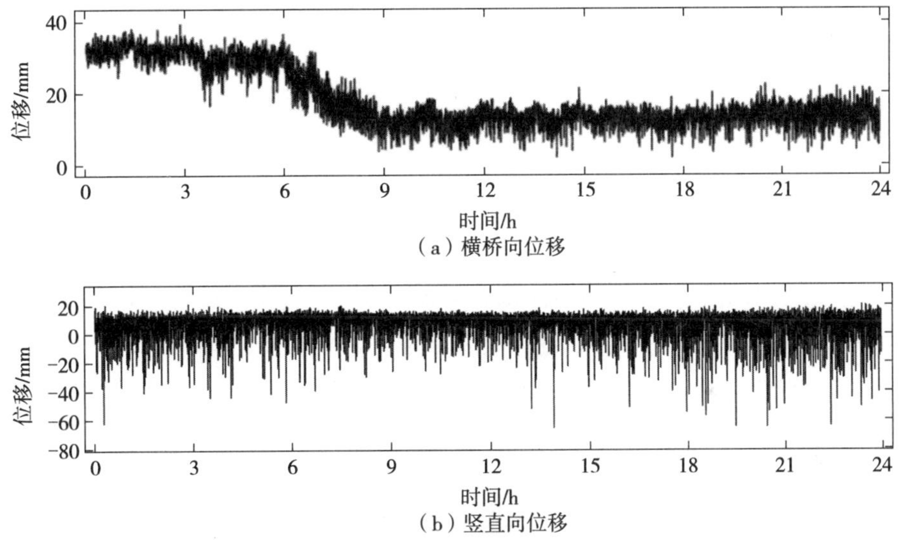

图 5-8　塔梁连接处主梁相对位移

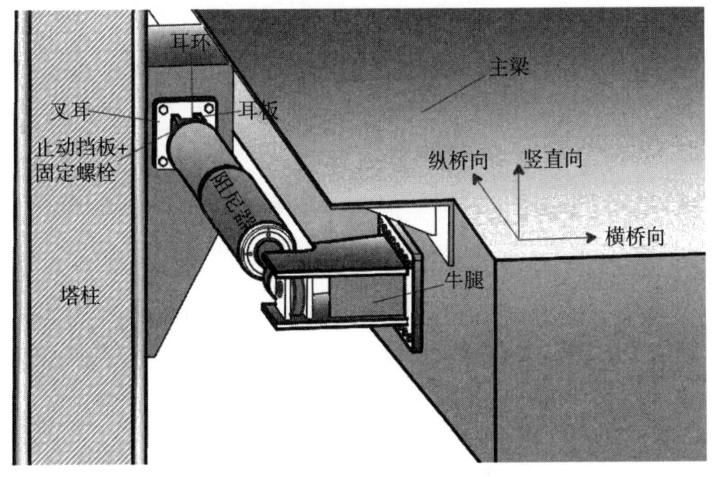

图 5-9　阻尼器与主梁的位置关系图

耳板失效的具体表现为止动挡板固定螺栓断裂、销轴滑出和耳板折断，如图 5-10 所示。由图 5-8 可知，桥梁主梁与桥塔的竖向相对位移最大值可达 60mm，将导致阻尼器产生相对水平面的转动。因为耳板轴承孔与销轴间隙较大无法达到将销轴“抱死”的效果，故销轴跟随阻尼器发生转动。然而，止动挡板与耳板紧密贴合，止动挡板无法连续地跟随销轴转动相同角度，销轴与止动挡板间可能出现相对转动，导致螺栓与销轴间存在相对转动，引发螺栓松动。同时，主梁的横桥向位移将带动销轴产生横桥向运动倾向，将使固定螺栓承受拉力。由于主梁的横向运动是一种频繁的振动，因此螺栓承受的拉力是一种长期、频繁的动力荷载。根据监测数据，螺栓所受拉力约 200kN。由于固定螺栓直径较小（M8，8.8 级）且横桥向振动平均每天可达 12.7 万次（3 个月平均），另外，由于销轴转动导致的螺栓松动，该螺栓可能存在小幅值、多次数的疲劳问题，导致螺栓断裂，如图 5-10（b）所示。从现场的检查结果来看，固定螺栓端口平整，断裂部位无明显的宏观塑性变形，判断其破坏原因均为疲劳破坏。

当螺栓断裂后，由于主梁存在横桥向位移（横桥向位移最大值约为 25mm，横桥向位移均值约为 15.6mm），造成阻尼器耳环水平力传至销轴，产生耳板向外移动趋势。然而，螺栓的断裂导致止动挡板无法阻止销轴向外移动，最终导致销轴滑出，如图 5-10（c）所示。当销轴滑出单侧耳板后，另一侧耳板承受销轴传来的全部阻尼力，超出设计强度而发生断裂，如图 5-10（d）所示。

（a）正常状态

（b）螺栓断裂

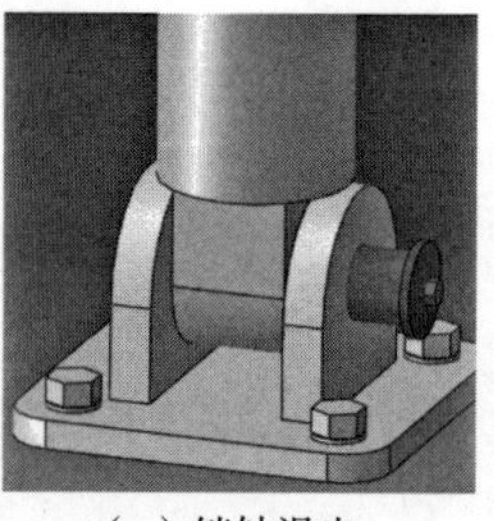
（c）销轴滑出

（d）耳板折断

图 5-10　耳板失效过程

南京栖霞山长江大桥原阻尼器安装时未充分考虑主梁的横桥向位移，耳板的间距比较狭小。因此，阻尼器耳环的转动空间不足，阻尼器向心关节轴承未能正常发挥自由转动能力，多余的约束力矩传递到阻尼器活塞杆，从而使密封圈之间存在受压大小不均的现象，甚至存在空隙，最终导致油缸内的硅油沿着空隙漏出。另外，由于该防尘罩设计壁厚未考虑该荷载，容易发生屈曲，表现为局部压瘪。

5.1.4 阻尼器改进设计与更换

在大跨度桥梁运营过程中，桥梁阻尼器发生病害后的维修、改进以及更换等操作是桥梁管理的重要内容。前述分析表明，旧阻尼器失效的直接原因是单侧耳板承受全部荷载，从而超出设计强度发生断裂，失效的根本原因是阻尼器耳板细部构造设计存在缺陷，从而产生了螺栓断裂、销轴滑出和耳板折断等一系列病害。针对旧阻尼器耳板失效的原因进行分析，对新阻尼器耳板的细部构造做了改进与优化，进行塔梁相对纵向位移监测，分析对比优化前后阻尼器位移控制效果。

（1）耳板的改进与优化

耳板改进与优化的内容包括构造措施和补强措施。构造措施主要包括以销轴沟槽卡入挡板代替螺栓连接挡板，增大耳板间距，阻尼器轴承两侧对销轴套入挡圈和阻尼器耳环两侧设置摩擦副。补强措施主要包括增大耳板厚度、增大销轴直径和耳板外侧设置加劲肋，耳板的改进优化及其作用如表 5-2 所示。

表 5-2　耳板的改进优化及其作用

措施类型	改进与优化	作用
构造措施	“螺栓连接挡板与销轴”改为“销轴设置沟槽处卡入挡板”	避免销轴因螺栓断裂滑出耳板
	增大耳板的间距（由 80mm 增加为 110mm）	减少横向位移产生的约束力矩和销轴位移
	阻尼器轴承两侧对销轴套入挡圈	使阻尼器耳环始终处在耳板中间位置
	阻尼器耳环两侧设置摩擦副	约束阻尼器发生倾斜摇摆
补强措施	增大耳板厚度（由 40mm 增加为 50mm）	提高耳板的承载力
	增大销轴直径（由 80mm 增加为 90mm）	提高耳板的承载力
	耳板外侧设置加劲肋	提高耳板的承载力和平面外稳定性

根据所发现的问题，新设计对连接细部构造和阻尼器两方面做改进和优化。连接构造主要是对几何接触关系和强度两方面做改进。所更换的阻尼器详细设计参数如下：最大阻尼力 F：1250kN；最大设计行程 d：+/−600mm；最大速度 v：98mm/s；阻尼系数 C：4000kN/（m/s）$^{\alpha}$，阻尼指数 α：0.5。

为避免连接底座耳板与阻尼器耳环之间的直接接触（如图 5-11 所示），对销轴开槽口，使其在耳板外侧可以卡入挡板，同时增加挡板厚度和螺栓数量，阻止销轴轴向移动，并提高疲劳强度；在阻尼器轴承两侧，耳板间，对销轴套入挡圈，在阻尼器耳环两侧设置摩擦副约束阻尼器发生倾斜摇摆，使阻尼器耳环始终处在两耳板中间位置，与连接耳板保持平行不相接触，防止两者相互间的摩擦损坏表面防腐涂料。摩擦副采用超高强度的聚乙烯材料，极限抗压强度可达 180MPa，用该材料制成的滑块通过了累计滑移距离达 50km 的磨损性能试验，使用寿命远远超过通常所用的 PTFE 材料。

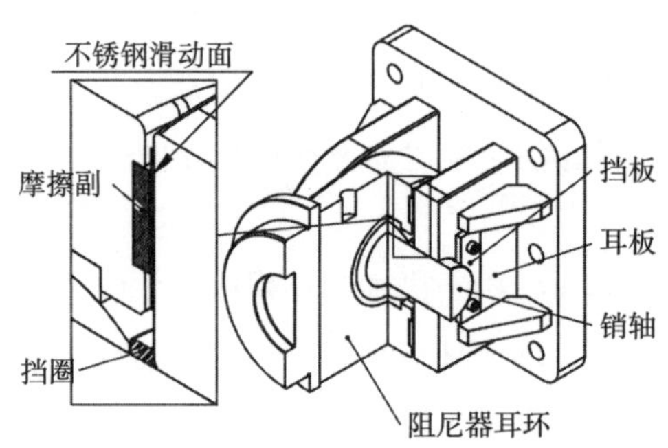

图 5-11　改进后的连接构造

为确保耳板的强度，对耳板两侧增加加劲肋，增大耳板厚度，加粗销轴直径，分散耳板的受力。图 5-12（a）为销轴原直径 80mm 在受到最大阻尼力下耳板的应力分布，可以看到耳板开孔受压测有比较明显的屈服区。图 5-12（b）为增加孔径 90mm 后的结果，可以看到屈服范围有比较明显的减少。另外新增设的加劲肋为耳板提供额外的平面外稳定性。

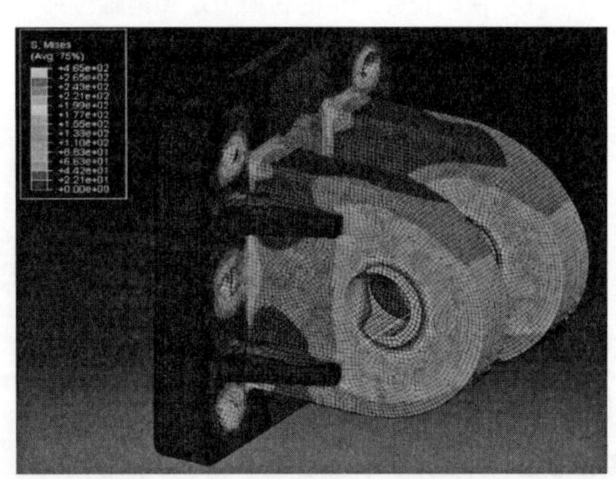

（a）孔径80mm应力分布

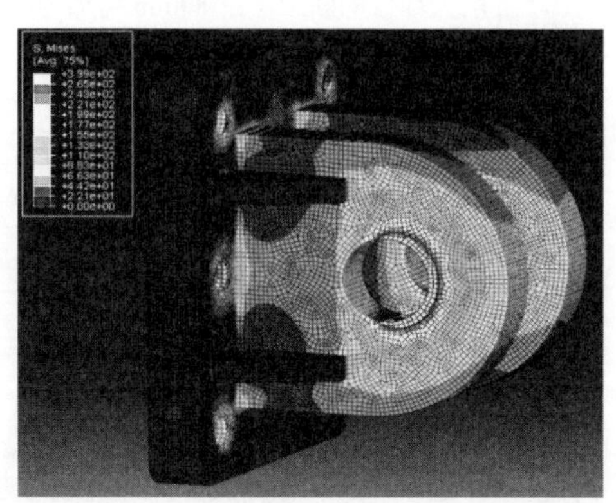

（b）孔径90mm应力分布

图 5-12　连接件耳板应力分布

对于新阻尼器的设计优化主要包括：改进密封方案；采用新型的杆件防屈曲外罩，提供活塞杆的侧向约束，从而提高密封性能的可靠性。新阻尼器对活塞杆密封采用特殊的双动态密封方案（见图 5-13），对油缸内部预留压力保证密封圈的正常工作。

同时在最外侧设置刮尘圈，防止细小颗粒物附着在活塞杆表面，磨损密封圈，并防止磨损活塞杆表面改变粗糙度。

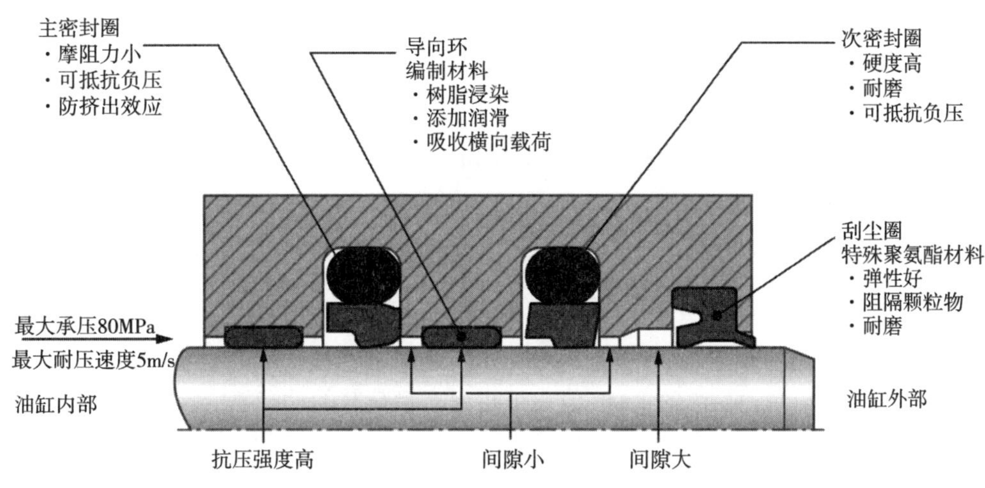

图 5-13　活塞杆密封圈布置方案

导向套筒（如图 5-14 所示）的使用使得阻尼器活塞杆防护装置安装于阻尼器时可以为阻尼器的活塞杆提供额外的侧向约束，使得阻尼器能够在不增加截面积的情况下，提高活塞杆的抗屈曲能力，防止与油缸配合处的密封圈过度变形。同时，导向套筒上的导向环也起到防尘的作用，可避免外部细小颗粒物与活塞杆接触，从而防止活塞杆往复运动时细小颗粒物黏附在活塞杆上与缸体内部密封件造成过度摩擦，进而可延长缸体内部密封件的使用寿命。导向环为是一种树脂浸染，添加润滑剂的良好编织材料，能耐高压，且抗磨性能好，使用寿命长。此外，导向环的采用也起到了减小缸体外径与导向套筒内径的圆度公差引起的应力分布不均匀的问题。油缸的外壁和导向套筒内壁均做硬镀铬并抛光处理，将阻尼器移动引起的摩擦尽量减小，从而有效提高产品的使用寿命。连接件的采用降低了各部件的加工难度，也使得各部件的安装更为便捷。

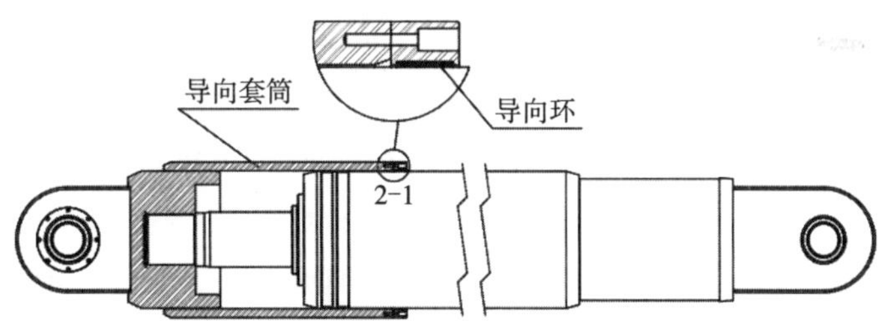

图 5-14　采用导向套筒设计的阻尼器示意图

（2）塔梁相对纵向位移监测

结构健康监测系统分别在南京栖霞山长江大桥的南北塔的上下游侧支座处安装拉线式位移计，对主梁和索塔的相对纵向（即纵桥向）运动进行监测和采集，采样频率为1Hz。针对上下游的拉线式位移计记录的数据存在缺失这一问题，采用上下游数据的平均值综合地表示其纵向位移。频谱分析表明，主梁和索塔的相对纵向位移时程数据的低频成分（即静态位移）中周期为12h和24h的信号占主要成分。静态位移可通过自回归滑动平均（ARMA）方法获得，动态位移可从实测响应减静态位移得到。采用卷积型自回归滑动平均（CFARMA）模型，其中滑动窗口宽度为40min。2017年北索塔和南索塔支座纵向相对位移时程曲线如图5-15所示。已有研究表明，大跨度桥梁的主梁动态位移的均方根（RMS）可以表征车流量变化。因此，采用GPS实测的桥梁主梁跨中竖向动态位移的RMS值表征桥面车辆荷载的动态效应。

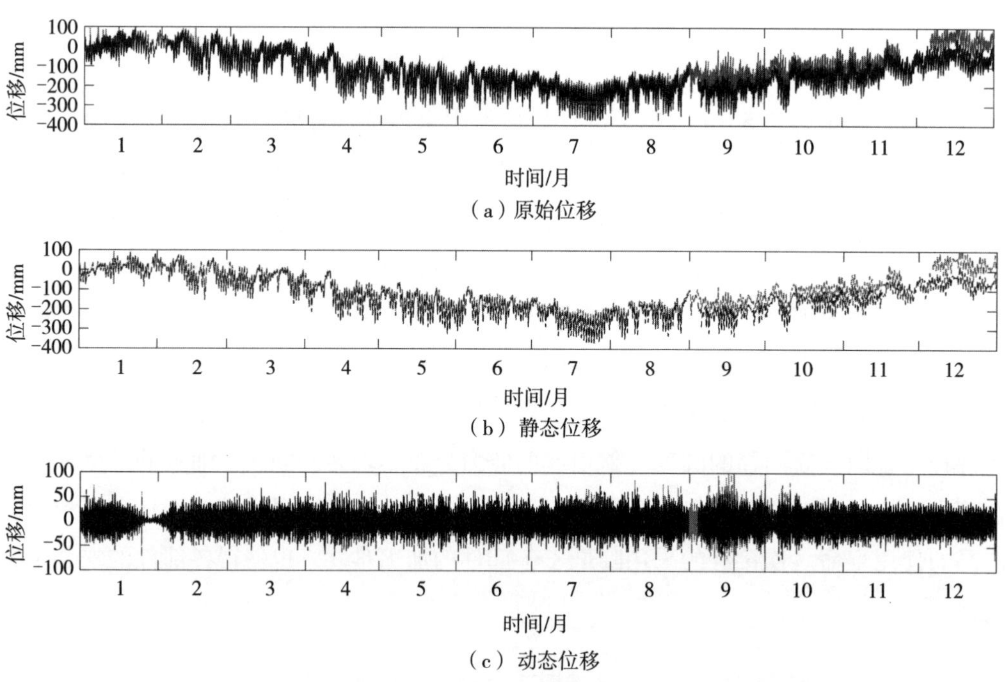

图5-15　2017年北索塔和南索塔支座纵向相对位移时程曲线

通过研究阻尼器更换前后主跨跨中竖向动态位移的RMS与塔梁结合处纵向动态位移的RMS的关系对阻尼器的服役状态进行对比和分析。纵向阻尼器的更换时间约为2017年4月至5月，分析了2017年1月至3月和6月至12月的竖向位移和纵向位移的RMS关系，分别代表阻尼器更换前和更换后，RMS的计算时长为1h。跨中竖向动态位移和北索塔、南索塔支座纵向动态位移的RMS关系图如图5-16和图5-17

所示。竖向动态位移和纵向动态位移的 RMS 大致呈线性关系。通过最小二乘法拟合得到一次函数方程式，并计算散点残差绝对值的标准差，对于残差绝对值大于 1.96 倍标准差的散点定义离异点，予以剔除。计算表明，阻尼器更换前后，一次函数的斜率和截距变化不大。阻尼器更换后，北塔和南塔数据对应斜率均增大 0.01，截距分别下降了 0.86mm 和 0.02mm。

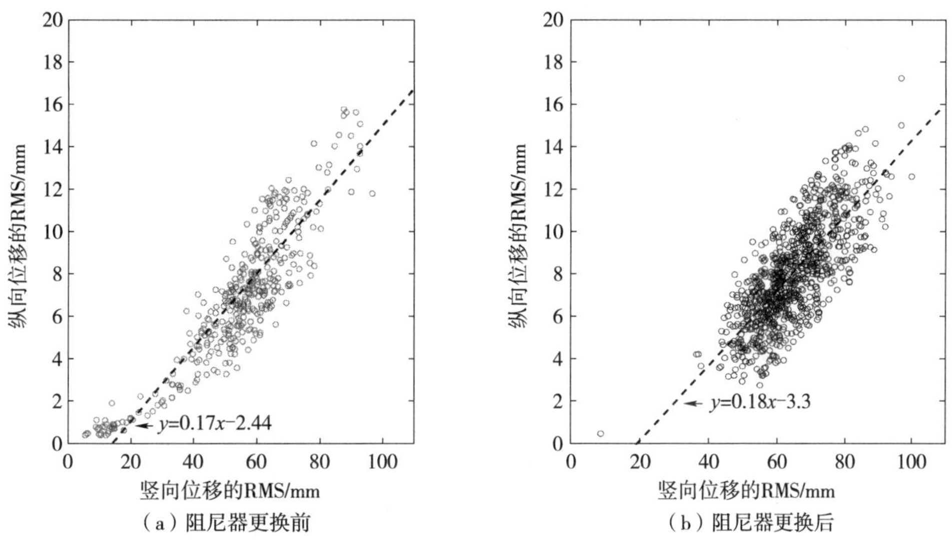

（a）阻尼器更换前　（b）阻尼器更换后

图 5-16　跨中竖向动态位移和北索塔支座纵向动态位移的 RMS 关系图

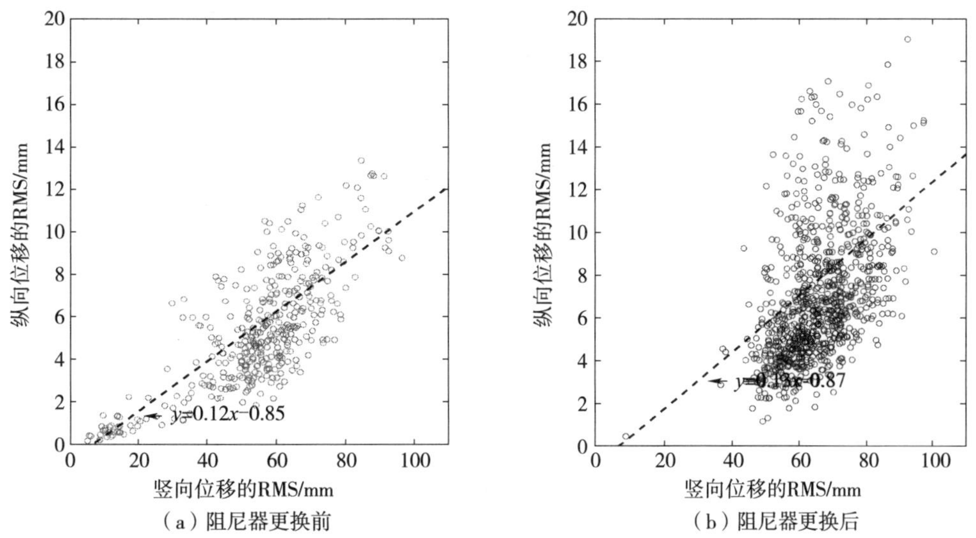

（a）阻尼器更换前　（b）阻尼器更换后

图 5-17　跨中竖向动态位移和南索塔支座纵向动态位移的 RMS 关系图

（3）阻尼器位移控制效果分析

为评估改进后阻尼器的位移控制效果，以 GPS 数据为对象，分析了桥梁在阻尼器更换前后的累计位移变化情况。考虑塔梁结合处主塔的纵向位移较小，以主梁主跨 1/4 处的纵向位移代表塔梁相对位移进行后续分析。

图 5-18 给出了 2016 年 11 月、2018 年 11 月和 2019 年 11 月阻尼器更换前后的主跨 1/4 处纵向位移的累计位移数据图。结果表明，阻尼器更换后，累计位移出现减少的趋势。2016 年 11 月的平均日累计位移为 12.36m，与 2016 年 11 月的平均日累计位移相比，2018 年 11 月和 2019 年 11 月的平均日累计位移分别为 11.56m 和 11.24m，分别比 2016 年 11 月下降 6.47% 和 9.06%。累计位移方面，2018 年 11 月和 2019 年 11 月分别比 2016 年 11 月下降 6.53% 和 9.10%。总体而言，新阻尼器对主梁纵向运动的振动控制效果较好。

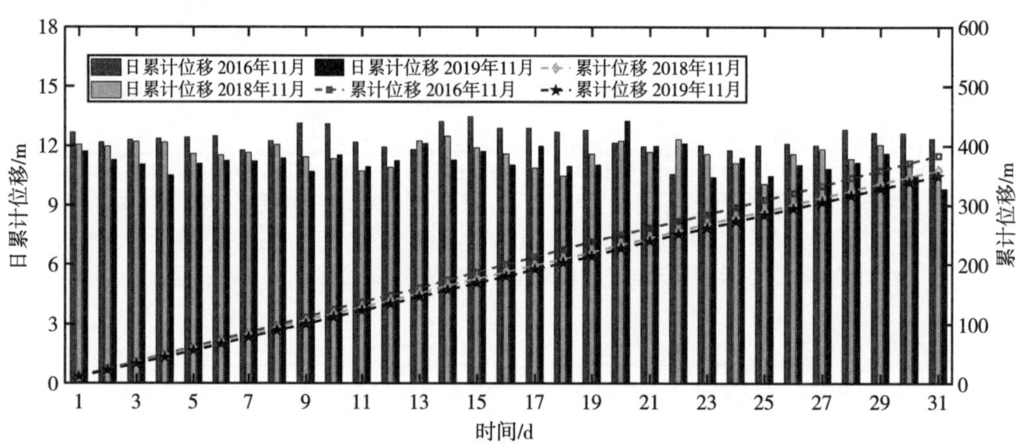

图 5-18　阻尼器更换前后的主跨 1/4 处纵向位移的累计位移数据图

5.2　横向抗风支座

5.2.1　装置简介

南京栖霞山长江大桥横向抗风支座为球面铸钢支座，由支座底板、蝶形弹簧组片、凹面板、球形板、顶板（含不锈钢板）等组成，设计要求承压 12000kN，承拉 4800kN，且能适应 15mm 横向压缩变形。横向抗风支座组成示意图如图 5-19 所示。

5.2.2　养护历程

2016 年检查中发现，主桥抗风支座存在支座钢板锈蚀、锚固螺栓缺失等病害，因此在同年对索塔处 3 个横向抗风支座全部更换，更换后定期进行支座的巡检与养护工作，总体状况良好。

2017 年增设主桥支座防尘罩，避免沙尘以及其他杂质进入支座钢板缝隙中破坏支座影响滑动。防尘罩能很好地延长桥梁支座的使用寿命。

2020 年增设主桥抗风支座检修通道，便于定期病害检查及维修，减少事故的发生。

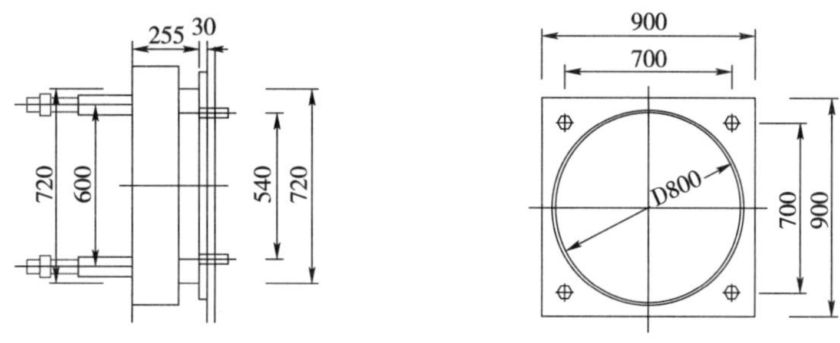

图 5-19　横向抗风支座组成示意图（单位：mm）

5.2.3　主桥横向抗风支座病害检查

主桥横向抗风支座病害检查方法如下。

（1）查看支座的周围是否有裂缝存在，检查支座是否干净以及位置是否正确，保存完好。另外，检查支座是否出现老化现象，是否存在变形、被雨水锈蚀等情况。

（2）检查支座下方的支撑垫石是否完好，检查有无落下尘土和积水等。

（3）检查上方和下方的坐板及梁体与支座的垫石能否紧密贴合。

（4）检查支座是否有位置变化，其倾斜角度是否超出了正常规定范围。

（5）检查支座和梁体支承之间是否存在缝隙，连接的螺母是否紧密，以及螺栓是否存在松动、断裂的情况。

经对现场抗风支座进行检查，初步判定支座病害如下。

（1）支座钢板锈蚀较严重，支座及索塔侧预埋钢板和支座顶板油迹污染严重（如图 5-20 所示）。

（2）抗风支座不锈钢板表面严重污染，且支座贮油孔内硅脂已经干枯，起不到润滑作用，这样会加速支座耐磨板的磨损（如图 5-21 所示）。

（3）部分箱梁侧支座与梁体的连接锚固螺栓缺失，造成支座本体与箱梁间产生缝隙，特别是北侧下游支座底板与箱梁侧钢板上部最大处间隙约 1.3cm（如图 5-22 所示）。

（4）部分支座底板与凹面板的连接螺栓缺失，造成支座凹面板绕中心轴发生转动和倾斜，这样有可能出现支座脱落的现象（如图 5-23 所示）。

图 5-20　钢板锈蚀、油迹污染

图 5-21　不锈钢板表面污染、贮油孔硅脂干枯

图 5-22　支座本体与箱梁间缝隙

图 5-23　支座螺栓缺失

（5）支座底板与凹面板间存在横向位移，且间隙不均匀的现象（如图 5-24 所示）。

（6）桥梁原抗风球型支座全部采用钢结构，在箱梁横向荷载长期冲击的作用下，支座钢板出现了不同程度的弯曲变形（如图 5-25 所示）。

图 5-24　支座底板与凹面板横向位移、间隙不均匀

图 5-25　支座钢板弯曲变形

5.2.4 主桥横向抗风支座更换与养护

针对上述横向抗风支座病害分析，对南京栖霞山长江大桥主桥的4个横向抗风支座进行更换。更换的新支座是在普通板式橡胶支座基础上开发出来的一种支座，与普通板式橡胶支座区别在于：普通支座的承力构件竖向安装，横向抗风支座承力构件横向安装（单个新支座重约2t）。

横向抗风支座要求有一定的预压缩，因此在结构上增设了弹簧组件，并固定在底盆内。预压缩弹簧组件用临时锁紧装置（锁紧板与锁紧螺栓）将支座底盆与新支座顶板锁定成整体出厂。耐磨滑板用沉头螺钉固定在支座端面，为了保持支座长期润滑，支座内设有油路和贮油孔。主桥横向抗风支座的更换与养护关键步骤如下。

（1）脚手架搭设：根据现场场地情况，采用活动门式脚手架和钢管脚手架组合搭设施工平台。脚手架搭设在下横梁上，通过对横梁底部及塔身内侧钢管脚手架进行植筋的方式对施工平台进行限位固定。在塔身外侧利用钢管斜撑进行固定并用安全网对支架整体进行维护，确保施工平台稳固（搭设高度约4m）。施工完毕后，对下横梁及索塔侧植筋处的混凝土面进行处理，防止植筋孔处锈胀。

（2）防挤压措施：脚手架搭设完成后，在钢箱梁与塔柱之间采用方钢和锲型木方形成对钢箱梁与混凝土塔柱临时支撑。在钢箱梁翼板增设一个临时吊点，将方钢整体安装到阻尼装置对面，在安装好方钢后索塔侧预留9.0cm间隙将锲型木方挤压紧密，且须保证钢箱梁与混凝土塔柱支架的支撑点为软接触，防止梁体产生横桥向位移，预留空间且便于安装新支座。

（3）支座拆除与安装：考虑到夏季南京地区白天气温高，钢箱梁受日照、温度、风及车辆荷载等因素的影响，支座的拆除及安装尽量选择在一天中温度较低的时段进行。温度较低时，钢箱梁内力减小，焊缝本身会随着温度降低引起收缩，便于支座拆除和安装工作。

（4）支座养护：保持支座每个部位的干净和整洁，且不能有破损的部位，每年至少进行2次彻底的清扫；检查支座有没有发生位移，以及能否正常运转，要保证支座有一定的平整度，若支座上有水一定要及时清理；检查垫板和锚栓是否生锈，锚栓是否有松动；检查是否有油脂浸入，避免橡胶老化甚至失效。

主桥横向抗风支座的更换与养护的实施步骤如下。

（1）施工准备：将上下游施工脚手架、临时吊点、手拉葫芦临时锚固点、结构限位装置安装就位，并用汽车吊将新支座吊至安装位置正下方的下横梁上。

（2）依据南京栖霞山长江大桥抗风支座原图纸及现场拍摄照片（如图5-26所

示），可计算出索塔侧预埋钢板顶面梁体侧钢板顶面间距为295mm。由支座厂家提供新支座结构尺寸为：支座设计正常使用下高度295mm，出厂前被压缩至290mm，单个支座重约2t。由此可得，在新支座安装时，安装间隙为5mm，此时必须保证钢板接触面光滑平整。同时，在安装防挤压限位措施和结构限位装置时，应将锲型钢板与木板间挤压紧密，防止梁体产生位移，影响支座安装空间。

图5-26　原抗风支座

（3）支座不锈钢板采用的是3mm厚钢板，且紧贴在耐磨滑板与支座钢板中间。支座安装前，在不锈钢板边缘采用点焊平行固定在支座钢板上，避免在安装时滑落。

（4）支座拆除前，在索塔侧及钢梁侧面划出原支座中心线位置，同时在新支座的顶板、底板面上也标出中心线，在安装新支座时将以上两者中心线重合。

（5）拆除原支座与梁连接的螺栓，吊开旧支座，将南塔迎风侧防挤压限位固定，拆除南塔迎风侧旧支座。将旧支座所有构件拆除，并将原支座靠近塔侧支座顶板及梁体侧底板打磨平整。

（6）将新支座整体吊入，用手拉葫芦调整支座位置（原支座总高度295mm，新支座高度总290mm），将新支座钢板底板与梁体侧的预埋板顶板对齐后，注意找准已标记的原支座中心线与新支座中心线纵、横向位置，原梁体侧预埋钢板上的4个连接螺栓孔与新支座上的4个连接螺栓孔对齐，并将螺栓垫片及螺栓安装到位，暂不拧紧。取4根的长度约50cm、直径20mm钢筋，竖向焊接在索塔侧原预埋钢板上作为支撑新支座部分重量，以减小对螺栓的剪切力。但将支座与预埋钢板焊接时，焊接点尽量远离支座橡胶部位，焊接后钢板局部进行降温处理，防止支座钢体过热，以免损坏硅脂及聚四氟乙烯板和支座本身。

（7）逐级拧松支座两侧自带的临时锁紧装置及螺栓，释放支座内力，同时拧紧梁体侧支座钢板上的4个连接锚固螺栓直至支座处于自由伸缩状态，各个临时约束螺栓应分级拧松，每级拧松2mm～3mm，防止后放松的螺栓受力过大。

（8）拆除楔形钢板等临时支撑，支座钢板进行防腐处理，对下横梁及索塔支架固定的植筋部位混凝土面进行处理，防止植筋孔位处锈胀，完成南侧向支座安装。

5.3 伸缩缝

5.3.1 装置简介

南京栖霞山长江大桥主桥伸缩缝设置在桥梁主跨的2侧共4条（如图5-27所示），采用了LR19型大位移模数式伸缩装置（如图5-28所示），设计伸缩量为1520mm，桥梁运营至今伸缩缝服役性能较好，未出现严重病害。

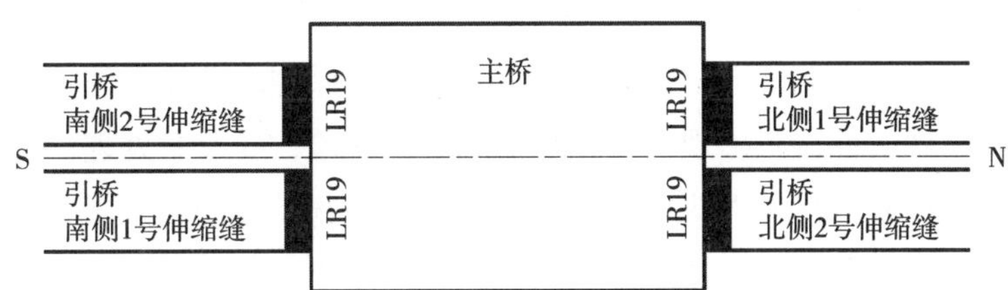

图5-27 南京栖霞山长江大桥伸缩缝布置图

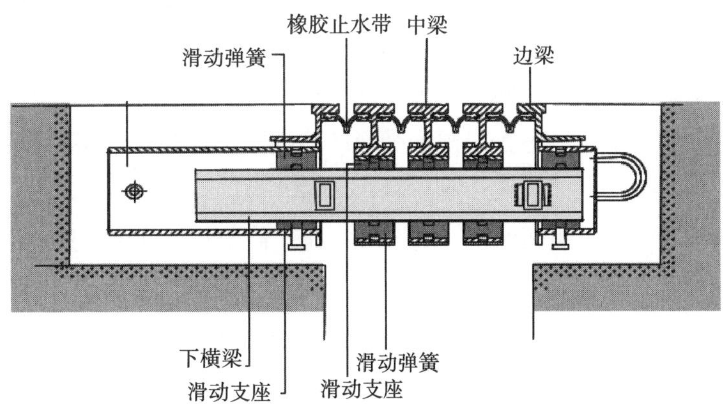

图5-28 LR19型大位移模数式伸缩装置

5.3.2 养护历程

作为桥梁上部结构的连接部件，伸缩缝的性能不仅直接影响着行车的安全与舒适性，还关系着桥梁整体结构的动力响应。然而，在风、温度及车辆荷载等反复作用下，伸缩缝往往会因发生过早的损伤而需频繁的维护更换。经过 2016 年、2017 年对南京栖霞山长江大桥伸缩缝进行专项检查，其中 2017 年检查过程中发现，部分伸缩缝下横梁滑动支座出现了损坏或松动，并进行了更换及维护工作。

2018 年对 6 组位移箱体滑动支座进行了维护工作，以及对原预埋螺栓进行断裂维修工作。

2021 年更换 2 组位移箱体滑动支座和滑动弹簧和 5 组 U 型箱体滑动支座和滑动弹簧。

5.3.3 性能分析

按照生产商玛格巴提供的养护手册，桥梁管养单位定期（半年 1 次）安排对主桥玛格巴伸缩装置进行检查，检查出现的病害及其危害分析如下。

（1）橡胶止水带有无破损，有无硬物阻塞。为确保伸缩性能，伸缩装置下部有很多活动零部件是橡胶件，若出现橡胶止水带破损的现象，要及时处理，避免雨水进入伸缩装置，导致橡胶件加速老化现象的产生；较大硬物（直径大于 2cm）落入止水带需要及时取出，避免影响伸缩性能或者因车辆碾压硬物导致止水带破损，小的颗粒和灰尘不需要处理，绝对禁止采用割破止水带清扫灰尘的做法。

（2）伸缩装置混凝土是否损坏，混凝土接触的沥青是否损坏。伸缩装置混凝土损坏会导致浇筑进混凝土内的伸缩缝箱体失去保护层，可能会受车辆冲击变形。箱体变形对伸缩装置的使用寿命影响非常大，必须避免这种情况的发生。沥青破损会导致雨水进入伸缩装置混凝土，冬季时雨水受冷结冰膨胀，会导致伸缩装置混凝土受挤压破损。

（3）伸缩装置下横梁表面的不锈钢滑板状况。伸缩装置的中梁通过 U 型箱体与伸缩装置下横梁螺栓连接，通过 U 型箱体上下布置在下横梁上的滑动弹簧和滑动支座，自由的在下横梁上的不锈钢滑板上滑动，不锈钢滑动材料损坏将影响伸缩装置的自由伸缩性能。桥梁暂未发生此类不锈钢滑板损坏的问题。

（4）有无金属撞击的噪声。伸缩装置发出金属撞击噪声，表明伸缩装置钢构件的支撑弹性零部件出现老化松动，需要及时找出噪声来源。噪声通常是在滑动支座和滑动弹簧位置产生，特别是下横梁箱体内的噪声源要及时处理，防止伸缩装置中梁因缺少支撑而断裂。

（5）防腐层的状况。伸缩装置中钢部件的防腐保护很重要，影响着整个装置的使用寿命。

（6）伸缩装置上螺栓的状况。伸缩装置的所有重要连接均采用高强螺栓栓接，螺栓损坏松动会导致零部件脱落，影响伸缩装置的使用性能。

（7）伸缩装置滑动支座、滑动弹簧、控制弹簧的状况。滑动弹簧和滑动支座损坏会导致伸缩装置中梁缺少支撑而变形断裂；控制弹簧是控制伸缩装置自由伸缩的零部件，损坏会影响伸缩性能。

除了定期检查出现的病害，在风、温度及车辆荷载等反复作用下伸缩缝位移变化是反映伸缩缝性能的重要参数。伸缩缝历年累计位移变化如图 5-29 所示。通过监测梁段伸缩缝的位移变化量，发现伸缩缝位移均在合理范围内，其工作性能较稳定，尤其在 2017 年对伸缩缝以及阻尼器进行更换及维护后，梁段伸缩缝累计位移明显减小且趋于稳定，说明伸缩缝服役性能得到了有效提升。

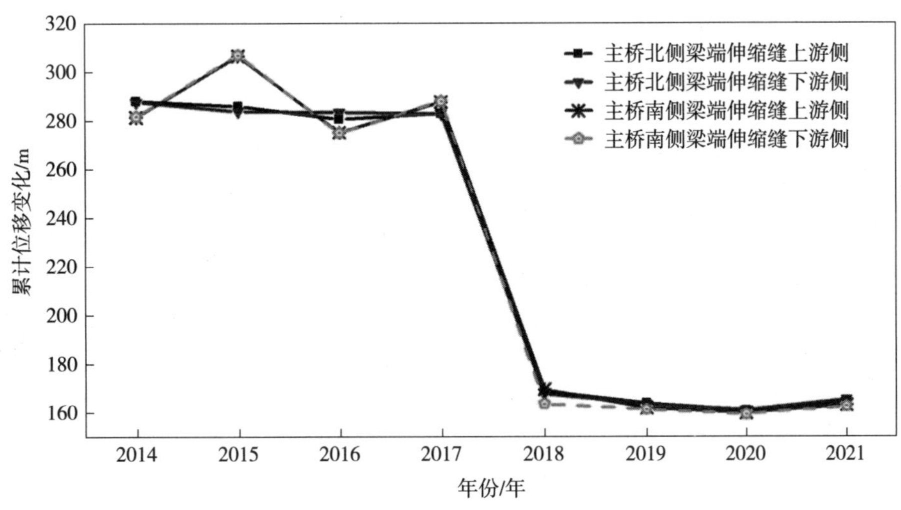

图 5-29　伸缩缝历年累计位移变化

5.3.4　伸缩缝病害处置措施

根据桥梁伸缩缝可能出现病害的情况，处置措施如下。

（1）橡胶止水带有破损或有硬物阻塞。处置措施：损坏的橡胶条需要采用专用工具及时更换，更换需要的最小缝隙宽度是 2.5cm。

（2）伸缩装置混凝土损坏或混凝土接触的沥青损坏。处置措施：及时修补损坏的混凝土和沥青。

（3）伸缩装置下横梁表面的不锈钢滑板损坏。处置措施：更换不锈钢滑板，不锈钢钢板更换后图示如图 5-30 所示。

图 5-30　不锈钢钢板更换后图示

（4）有金属撞击的噪声。处置措施：更换下横梁箱体内的滑动支座和滑动弹簧。施工时，采用千斤顶将伸缩装置下横梁从桥面抬升（如图 5-31 所示），然后将下横梁箱体内的滑动支座和滑动弹簧更换即可。

图 5-31　千斤顶抬升横梁图示

（5）防腐层出现损坏情况。处置措施：伸缩装置露出桥面的中梁和边梁表层在短期内会被车辆轮胎磨损掉，这对伸缩装置的使用寿命基本没有影响，但若其余钢部件出现油漆剥落，需要用砂纸砂磨损坏部分，用干净抹布擦去锈渍，用刷子涂上相同的油漆。

（6）伸缩装置上螺栓松动或损坏。处置措施：螺栓松动的现象罕见，检测噪声时可同时检测螺栓状况，更换损坏的螺栓采用扭力扳手拧紧（如图 5-32 所示）。

（7）伸缩装置滑动支座、滑动弹簧、控制弹簧出现损坏。处置措施：滑动弹簧和滑动支座的损坏更换见（4）；控制弹簧的损坏更换不需交通管制，只需要在伸缩装置下部进行。

图 5-32　螺栓更换后图示

5.4　梁底检查车

5.4.1　装置简介

南京栖霞山长江大桥配备 4 台箱外梁底检查车，分别为南跨 1 台、中跨 2 台、北跨 1 台。梁底检查车整车全长 44.5m，宽 2.0m，高 1.49m，最大横向轮距 16.8m，主要由车架和驱动机构连接组成，在电机的驱动下运行。梁底检查小车示意如图 5-33 所示。

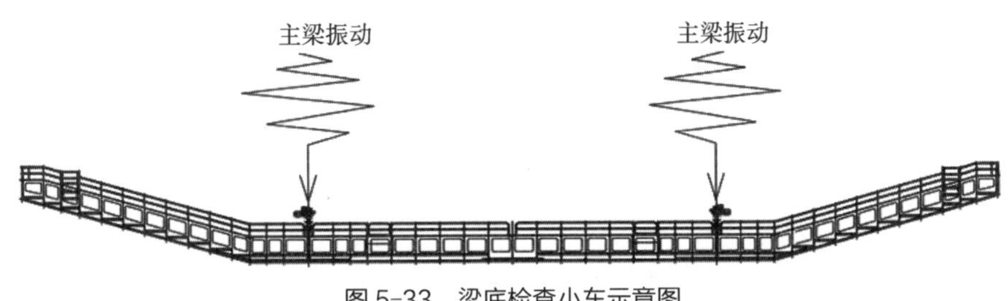

图 5-33　梁底检查小车示意图

检查车车架主要材质为 Q345C 的角钢及钢板，两侧采用 200mm × 900mm × 12mm 焊接工字钢梁，上面设 ϕ 42mm × 3 的扶手栏杆。为提高车架横向刚度，两侧工字梁底部之间采用人字形撑杆连接。在车架 128mm 和 329mm 的高度上，横向和纵向焊接 63mm × 63mm × 5mm 的角钢，在其上面铺设 5mm 厚的菱形花纹铝合金板，板下有加强肋，便于人员运行、检查和维护，同时提高了车架整体稳定性。车架主要承受自重、操作人员和维护检查器具物品等荷载，设计集中荷载 3.5kN，均布荷载

4.1kN/m。

检查车轨道采用牌号为Q345C的热轧工字钢，主要规格为320mm×130mm×9.5mm。轨道设置于加劲梁的底板之下，通过连接座、接头座与加劲梁连接（如图5-34所示）。全桥4台检查车共用一套轨道系统，轨道系统在加劲梁两端（北锚及南锚处）、南北塔处分别设置限位挡块。

图5-34 检查车与轨道连接处

5.4.2 养护历程

2019年检查车维保中，为保障驻车安全，增设驻车辅助装置，同时更换已锈蚀损坏线槽。

2019年检查车轨道专项维修中，更换栖霞侧轨道接头板32组，保障了检查车行车安全。

2020年检查车小修，更换发电机1台，更换电机32台，保障了检查车安全有效运行。

2021年检查车维保中，更换火花塞、机滤、空滤各2个，检查车运行无异常。

2022年检查车维保中，检查车运行无异常。

5.4.3 性能分析

桥梁运营过程中，梁底检查车出现了不同程度的病害，主要内容如下。

（1）检查车车体结构锈蚀，主要由温度、湿度、大气中的酸性介质共同作用所致；检查车轨道油漆面漆脱落、局部锈蚀、返锈，主要原因为涂层受到外力局部破损，大气中的湿气逐步对破损部位造成自然腐蚀，个别部位腐蚀加剧，导致涂层脱落。

（2）检查车轨道支座螺栓松动。由于检查车处于高空悬挂状态，连接螺栓长期受车桥耦合振动、风致振动、轨道与钢梁热胀冷缩不一致产生相互错位，以及自然磨损锈蚀等因素共同影响，处于复杂的受力状态下。个别螺栓松动会导致轨道连接螺栓受力重新分布，加大单个螺栓受力、断裂，从而加快了连接位置相邻螺栓的松动、断裂速度。

5.4.4 梁底检查车检测与加固

5.4.4.1 梁底检查车检测

（1）轨道系统：检查轨道连接座与箱梁焊接部位是否完好；检查轨道连接座与轨道的栓接是否可靠、连接螺栓有无松动、缺失现象。检测轨道接头是否存在缝隙过大或挤死现象，轨道接头处是否存在高低差和横向错台。

（2）工字钢轨道：检测工字钢轨道是否有变形、弯曲现象，局部是否有损伤。

（3）动力系统：检查供电线路受损及老化；检查汽油发电机火花塞、线路、油路、化油器等是否损坏，能否保证正常运转；检查汽油发电机机油、空滤、机滤、皮带等易耗品件是否需更换。

（4）结构部分：检查车结构框架局部是否有损伤、锈蚀及缺损，表面油漆是否有脱落和严重污损；检测车吊耳中心距（即轨距）是否正确，车架有无变形及下挠现象；检查车面板是否完整，安全可靠，受力的主要焊缝是否完好。

（5）检查车驱动部分：检查连接销轴、连接杠杆、连接板等部件是否存在严重锈蚀和变形，锁紧螺母是否松动；检查行走轮有无偏斜、与轨道接触是否良好；检查车轮转动是否灵活，有无轴承损坏和齿轮损坏现象；检查电机、减速器是否有漏油、异响或损坏现象；检查各转动部位润滑是否到位；检查电气柜固定是否牢靠，面板、柜门及锁是否完好；检查各按钮及指示灯有无缺或损坏现象，能否正常工作；检测电器元器件有无损坏，控制系统接线是否完好；检查电缆桥架有无缺失，固定是否牢靠。

（6）永磁加固装置：检查永磁加固装置相关部件外观状态是否良好，是否需清理和更换润滑油，是否能够正常开启和锁止。

（7）整车试运行：通电试运行，检测各部分功能是否完好。如照明灯、标志灯、报警器、限位开关能否正常工作。

（8）导流板连接：对检查车轨道外侧的导流板连接情况进行全面检测，是否连接完好。

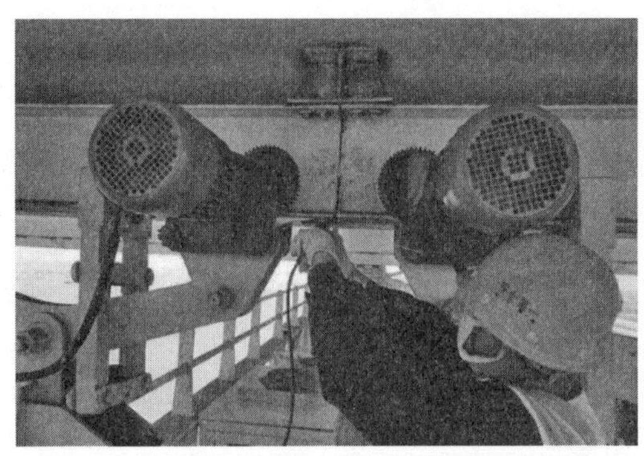

图 5-35 梁底小车维护检修

5.4.4.2 梁底检查车加固

南京栖霞山长江大桥钢箱梁底每台检查车两端四角各布置一座磁性减震支座，强磁支座为 1t 级超强铷磁铁加工制作，有效降低了检查车在梁底悬挂时由于钢梁自身及强风引起的检查车端部振动强度，提高了检查车的驻车安全性。

梁底检查车磁性减震支座由升降机构、强磁支座、开关、摇臂、保护套筒组成，主要作用是减小检查车端部振动，增强检查车的驻车稳定性及可靠性，提升检查车驻车安全。检查车磁性减震支座安装过程包括：依据检查车质量选择合适的强磁支座（0.5t、1.0t、1.5t、2.0t）；支座加工依据梁底倾斜角度；升降机构支座调试；升降机构与磁性支座连接；厂内调试；现场安装；现场调试；效果验证（验收）；常规服役。梁底检查车磁性减震支座安装示意图如图 5-36 所示。

图 5-36 梁底检查车磁性减震支座安装示意图

5.4.4.3 梁底检查车养护措施

（1）安全检查：施工前对检查车的驻车位置安全性进行全面检查，包括锁车倒链是否满足荷载要求、永磁加固装置是否可靠和有无移动现象、驻车位置轨道系统是否安全。

（2）驱动机构维保：对检查车驱动轮组进行除锈处理，煤油清洗失效油脂，加螺栓松动剂松动螺纹和弹簧，擦拭干净后注油脂保护，对轴承等部位上润滑油；对驱动机构进行防护。

（3）汽油发电机维保：更换空滤、机滤及机油，进入冬季前加注防冻液。试启动发电机，如果不能启动或正常运转，对汽油发电机进行详细检查。

（4）电气系统维保：对检查车电气柜、设备外观及配套设施进行清理；对接触不良或受损线路进行维修；对缺失操控按键进行补充。

5.5 总结

实践结果表明，开展附属设施科学合理的养护也是提升桥梁整体结构性能的重要途径，在日常的养护中应给予高度重视。通过对南京栖霞山长江大桥附属设施一系列的维护与更换，附属设施的整体情况良好，各项性能满足使用要求，主要结论如下。

（1）由于桥梁旧阻尼器耳板细部构造设计存在缺陷，较大的塔梁相对位移容易造成阻尼器的止动挡板固定螺栓断裂、销轴滑出、耳板折断等一系列病害。因此，对新阻尼器耳板的细部构造做出改进与优化，分析塔梁相对纵向位移监测结果，表明新阻尼器对主梁纵向位移的控制效果较原有阻尼器更好。

（2）桥梁原横向抗风支座的问题主要集中在支座钢板锈蚀、油迹污染、横向位移及变形等方面。因此，对原横向抗风支座进行更换，使用质量更大、变形性能更优、抗腐蚀性能更强的新支座。新支座整体情况良好，各项性能能够满足使用要求。

（3）桥梁伸缩缝在使用寿命内服役状态良好，尚未出现重大损伤。针对伸缩缝可能出现的常规病害问题提出对应的病害处置措施，切实做好养护管理和定期检查工作，有效延长了伸缩缝的使用寿命。

（4）桥梁梁底检查车的问题主要体现在车体结构及轨道的锈蚀、表面涂层脱落以及检查车轨道支座螺栓松动等方面。因此，对检查车布置磁性减震支座，定期检测车体及轨道状态并及时更换锈蚀部件。检查车驻车安全性大大提高，运行性能良好。

6 钢桥面铺装养护

南京栖霞山长江大桥采用浇注式沥青钢桥面铺装，具有抗滑、密水、抗车辙、减少开裂等优点。然而，随着交通量日益增大，桥面铺装层难免会出现硬伤类、污染类、掉粒、裂缝、烧伤等病害。因此，桥梁管理部门采取了科学、周全的养护措施，有效控制和修复了桥梁钢桥面铺装病害，保障了铺装性能维持在良好状态。

6.1 养护历程

为及时掌握南京栖霞山长江大桥桥面铺装的使用状况，桥梁管理部门自 2015 年以来，逐月对铺装的使用状况进行人工巡检。截至 2022 年 6 月，大桥的浇注式沥青钢桥面铺装整体性能良好，存在的主要病害类型为车辙，伴随有裂缝和坑槽病害。在每年开展车辙专项检查的基础上，配合持续跟踪与收集每年钢桥面铺装使用状况检测数据，以及时准确掌握钢桥面铺装的服役状态。

6.2 钢桥面铺装跟踪观测情况及病害处置

6.2.1 铺装典型病害（缺陷）及产生原因

南京栖霞山长江大桥钢桥面铺装在服役过程发现的典型病害主要包括硬伤类、污染类、掉粒、裂缝和烧伤等。

（1）硬伤类——划痕

划痕一般是由于事故车辆的尖锐部位与铺装层直接作用而产生的，这类病害一般仅发生在铺装层 1cm～2cm 深度范围内，且比较窄，一般不需专项处置，可在裂缝处置过程中采用灌缝料填充划痕。划痕病害如图 6-1 所示。相比较而言，高温季节更容易产生划痕类的病害。

（2）硬伤类——硬物贯入

硬物贯入一般是由于车辆上的物品，主要是铁件掉落至铺装层后，在夏季高温季节铺装层强度较低时，在车轮荷载的作用下贯入铺装层内。对于此类病害，应该根据现场情况判断，如硬物贯入较深，有可能损伤钢板，应及时取出，否则可以暂不处理。硬物贯入病害如图 6-2 所示。

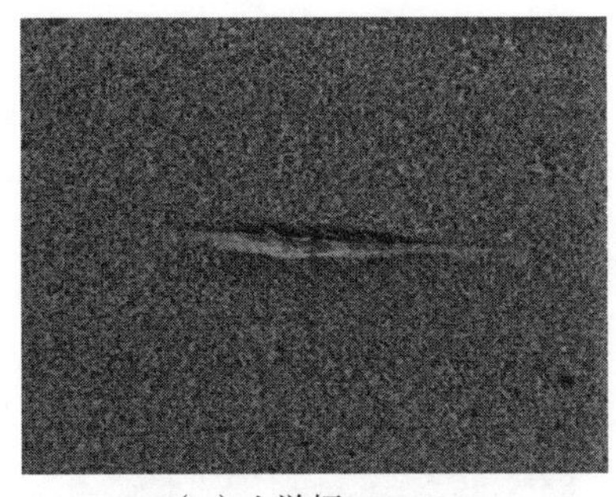

（a）上游幅K42+534

（b）上游幅K41+910

图 6-1　划痕病害

（a）上游幅K42+820

（b）下游幅K42+140

图 6-2　硬物贯入病害

（3）硬伤类——压痕

压痕主要是由于铺装层局部受力大于其抗压强度所致，如吊机支座或千斤顶工作时均可能产生压痕，尤其是在夏季高温条件下容易产生压痕。压痕类病害一般不影响铺装层的使用性能，且不会产生二次病害，可不做专项处置，但后期应注意垫木块增加接触面积，防止出现类似病害。压痕病害如图 6-3 所示。

（a）上游幅K41+883

（b）上游幅K42+900

图 6-3　压痕病害

（4）污染类——油污

油污的产生可能是车辆故障出现滴漏所致，也可能是交通事故所致。柴油对铺装层有较强的腐蚀性，如果油污为柴油，后期应密切关注油污处发生次生病害的可能。此外，如果油污面积较大，影响了铺装层的抗滑性能，应该及时采取相应措施恢复铺装的表面抗滑性能，避免雨天因抗滑能力不足引发交通事故。从最近几年跟踪检测情况来看，油污病害并未导致深层病害，主要为表层病害，而且面积较小，对铺装层的使用性能基本没有影响。油污病害如图 6-4 所示。

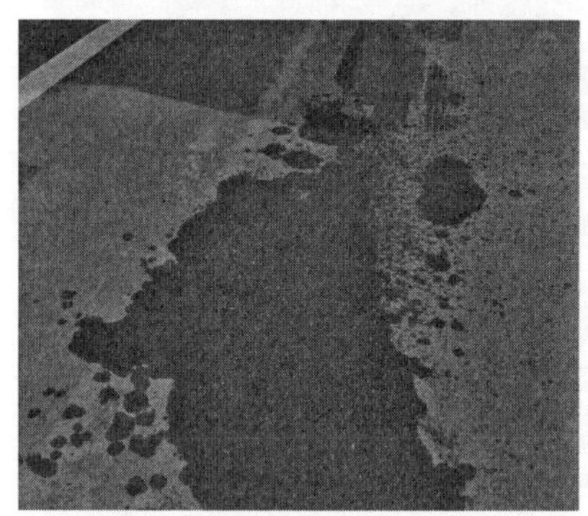

（a）上游幅K41+610处油污

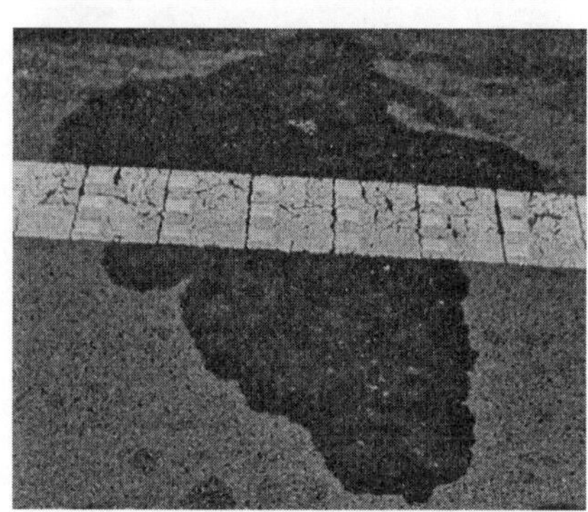

（b）下游幅K42+650处油污

图 6-4　油污病害

（5）污染类——化学品污染

化学品污染一般是由于交通事故导致的化学品滴漏所致，且一般会严重影响铺装层的结构强度。这类病害如果导致铺装层出现结构性破坏，应及时处置；对未引起铺装层出现结构性破坏的污染在及时清理后可暂时不处置。例如上游幅 K43+360 处化学品污染（如图 6-5 所示）在 2015 年度检查时就存在，之后并未发现新化学品污染。

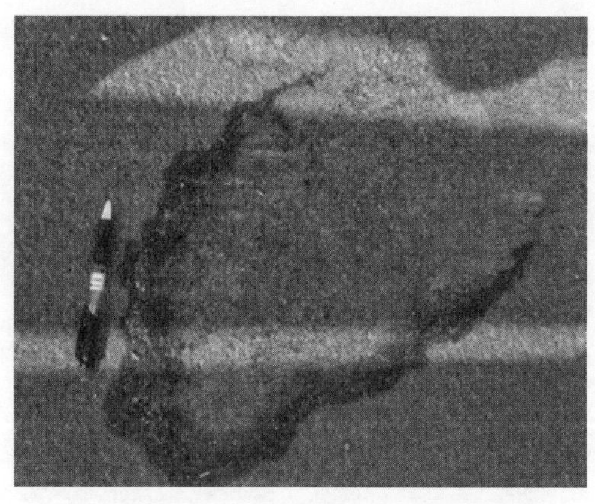

图 6-5　上游幅 K43+360 处化学品污染

（6）污染类——抛洒物污染

抛洒物污染主要由于通行车辆未做好覆盖措施导致物品洒落至铺装层表面引起的污染，此类病害不影响铺装的使用性能，且液态或粉状抛洒物时间长后会逐渐消失，这类病害不用专项处置。抛洒物污染病害如图 6-6 所示。但对于固体抛洒物应及时清除，以免在荷载作用下出现硬物贯入的情况。

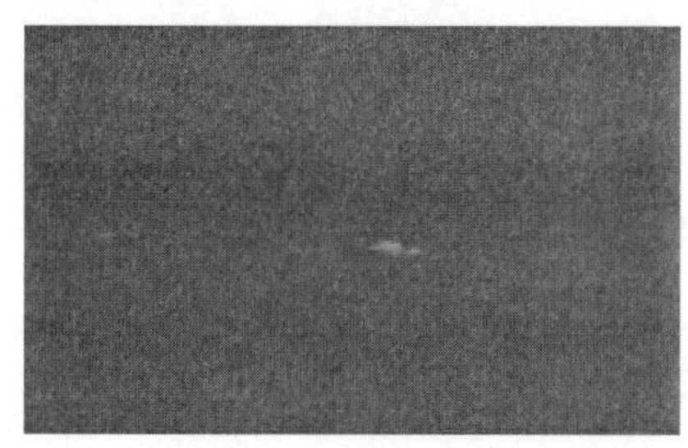

（a）上游幅K42+239处抛洒物

（b）下游幅K41+670处抛洒物

图 6-6　抛洒物污染病害

（7）掉粒

自 2016 年以来，南京栖霞山长江大桥桥面铺装层表面出现掉粒的现象，主要是表面层铺装的粗集料脱落所致，随着使用年限的增长，掉粒的位置也有增加，但均未发展为较大的坑槽。目前掉粒产生的坑洞较小暂不需做专项处置，但应密切关注其发展状况。掉粒病害如图 6-7 所示。

（a）上游幅K43+180处

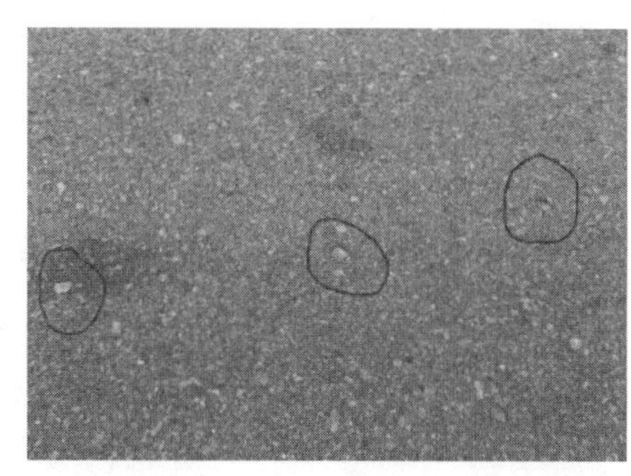

（b）下游幅K42+654处

图 6-7　掉粒病害

（8）裂缝——施工缝

2015 年 8 月，南京栖霞山长江大桥桥面铺装表面首先在下游幅 K42+410 处清晰可见横向施工缝，后又相继在上游幅 K42+250、下游幅 K43+392、上游幅 K43+390 共发现 4 条施工缝（见图 6-8）。

施工缝发现后及时采用贴缝的方案进行处置，效果良好，如图 6-9 所示。

（a）上游幅K42+250

（b）上游幅K43+390

（c）下游幅K42+410

（d）下游幅K43+392

图 6-8　横向施工缝

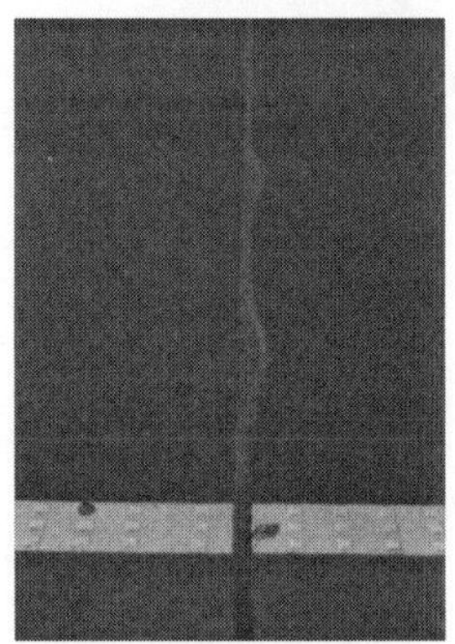
（a）上游幅K42+250

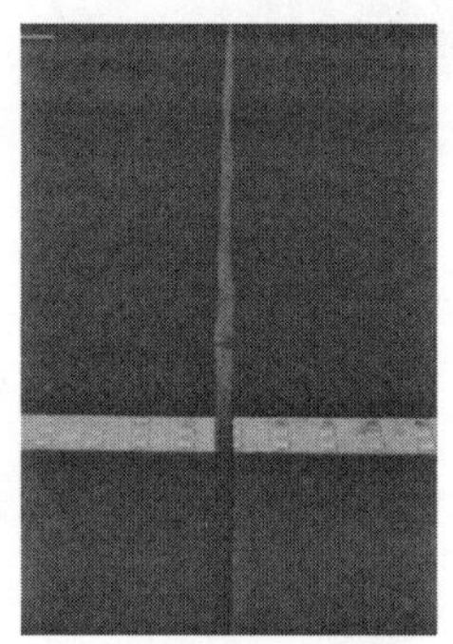
（b）上游幅K43+390

（c）下游幅K42+410

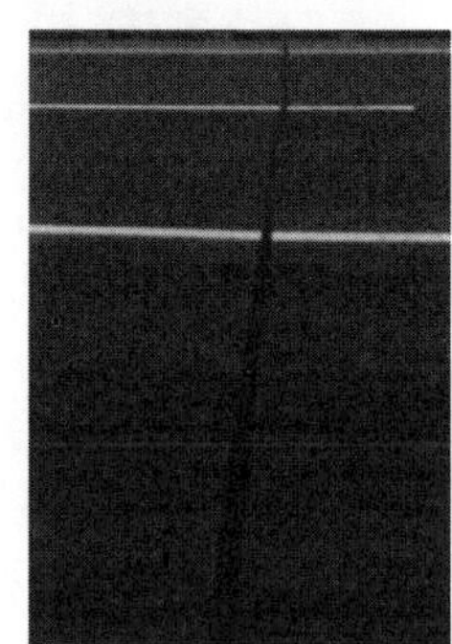
（d）下游幅K43+392

图 6-9　贴缝处置后的横向施工缝

（9）裂缝——荷载缝

2019 年 10 月检查过程中，在上下游各发现一处约 20cm 的细微横向裂缝，裂缝均处于最外侧标线处。2020 年 8 月，又先后在紧急停靠带发现 10 处短小的横向裂缝。基于长时间的跟踪观测和对比分析发现，这些裂缝均未出现明显的扩展现象，初步判断其成因为：重载货车或施工作业车辆临时停靠在紧急停靠带时间较长时，高温条

（a）上游幅K42+465

（b）上游幅K42+129

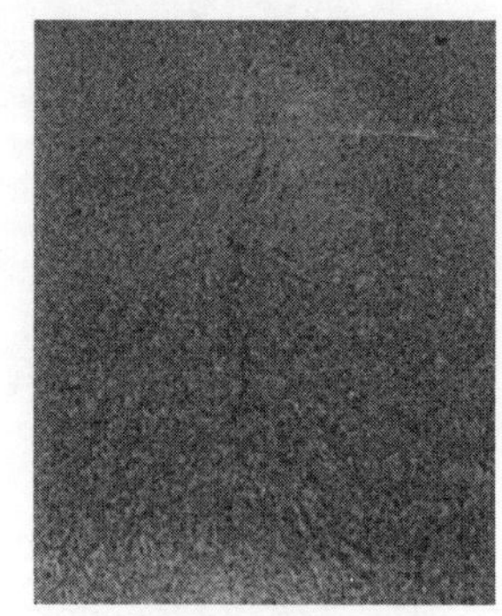
（c）上游幅K42+812

图 6-10　横向荷载裂缝

件，下层浇筑式沥青混凝土变形较大，导致轮胎边缘产生较大的拉应变，表面层高弹沥青混凝土被拉裂。

6.2.2 铺装典型病害统计分析

2015 年至 2021 年主桥铺装跟踪检查的病害数量（外）统计汇总表见表 6-1。

表 6-1 历年病害数量（处）统计汇总表

病害类型	方向	2015 年	2016 年	2017 年	2018 年	2019 年	2020 年	2021 年
划痕	上游	3	9	14	6	17	17	13
	下游	2	3	1	3	13	12	3
	双向	5	12	15	9	30	29	16
硬物贯入	上游	3	2	2	3	5	2	3
	下游	0	2	2	0	1	6	2
	双向	3	4	4	3	6	8	5
压痕	上游	2	0	0	0	0	1	3
	下游	0	0	0	0	0	1	1
	双向	2	0	0	0	0	2	4
油污	上游	24	28	51	3	31	27	26
	下游	20	29	6	10	24	17	35
	双向	44	57	57	13	55	44	61
掉粒	上游	5	22	14	10	17	4	13
	下游	7	7	8	5	23	10	13
	双向	12	29	22	15	40	14	26
化学品污染	上游	1	0	0	0	0	0	0
	下游	0	0	0	0	0	0	0
	双向	1	0	0	0	0	0	0
抛洒物污染	上游	6	4	9	2	2	6	3
	下游	8	6	2	1	1	9	3
	双向	14	10	11	3	3	15	6
施工缝	上游	1	1	0	0	0	0	0
	下游	1	1	0	0	0	0	0
	双向	2	2	0	0	0	0	0

续表

病害类型	方向	2015 年	2016 年	2017 年	2018 年	2019 年	2020 年	2021 年
其他裂缝	上游	0	0	0	0	1	3	2
	下游	0	0	0	0	1	1	6
	双向	0	0	0	0	2	4	8
烧伤	上游	0	0	1	0	0	0	0
	下游	0	0	0	1	0	0	1
	双向	0	0	1	1	0	0	1

2015 年至 2021 年间的南京栖霞山长江大桥桥面铺装典型病害存在如下特点，病害分布见图 6-11。

（1）桥面铺装主要病害类型为污染类病害，占比为 58%。

（2）故障车辆导致的划痕、抛洒物的贯入、施工作业车辆产生的压痕等硬伤也是桥面铺装典型病害，占比达 20%。

（3）随着使用年限的增长，铺装层表面的掉粒现象较为普遍，累计发现 158 处存在掉粒的现象，占比为 20%，后期需密切关注掉粒处的病害发展情况。

（4）除双向各两条贯穿横断面的施工缝外，2021 年至 2022 年期间也发现了因重载车或施工作业车辆临时停靠在紧急停靠带而产生的十余条细、短的横向裂缝，后期应加强类似车辆临时停靠的管理。

综上所述，南京栖霞山长江大桥通车以来，主桥桥面铺装使用状况优异，其病害主要来自于通行车辆导致的划痕、污染以及部分段落的掉粒，这些病害暂时均无需养护，除贴缝处理 4 条施工缝外，实现零维修。

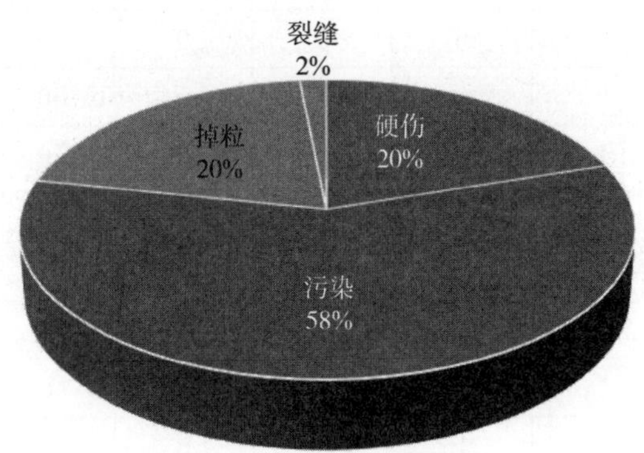

图 6-11　病害分布情况

6.2.3 烧伤病害处置

虽然南京栖霞山长江大桥桥面铺装使用过程中表现出了较好路用性能，但在发生车辆自燃的突发情况时，铺装层难以避免被烧伤。截至2022年主桥共发生了3起车辆燃烧事故，对桥面铺装造成了一定影响。

2017年7月，由于大货车自燃，导致上游幅K43+617第三车道和紧急停靠带交界处出现了大面积的烧伤病害，局部表面沥青烧毁，集料露骨，如图6-12所示。

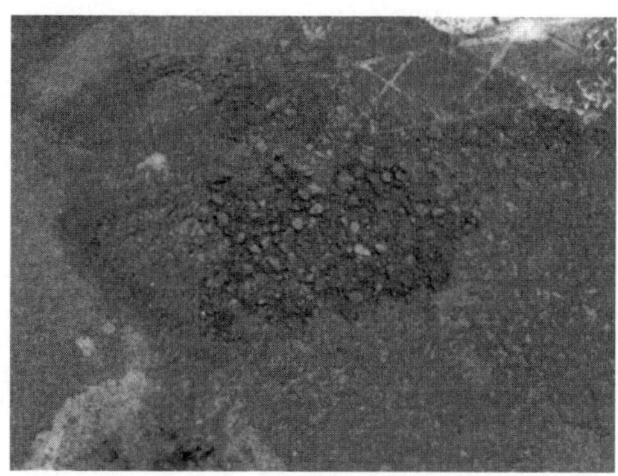

图6-12 2017年7月烧伤后的铺装外观（上游幅K43+617）

2018年8月，由于小汽车自燃，导致下游幅K41+685第三车道和紧急停靠带交界处出现了大面积的烧伤病害，局部表面沥青烧毁，集料露骨，如图6-13所示。

图6-13 2018年8月烧伤后的铺装外观（下游K41+685）

2021年7月11日，主桥下游幅K43+390第三车道，一辆厢式货车追尾前车后起火，导致主桥复合浇注式沥青混凝土钢桥面铺装层受到不同程度的损伤，如图6-14所示。

图 6-14　2021 年 7 月烧伤后的铺装外观（下游幅 K43+390）

针对烧伤所引发铺装损伤的特征，管养部门将受损铺装彻底清理，然后填补特种乳化沥青砂浆进行修复。烧伤病害采用特种乳化沥青砂浆材料进行处置后，K43+617 处已经使用近 5 年，除因人工处置导致表观均匀性略差外，使用过程并未出现任何病害，如图 6-15 所示。

（a）上游K43+617

（b）下游K41+685

（c）下游幅K43+390

图 6-15　烧伤病害处置后的外观（2022 年 4 月）

6.3　钢桥面铺装路用性能评估

6.3.1　使用状况检测方法

南京栖霞山长江大桥钢桥面铺装使用状况主要检测指标为平整度、车辙、抗滑和破损，通过检测数据计算行驶质量指数（RQI）、车辙深度指数（RDI）和路面损坏状况指数（PCI）。

6.3.1.1　多功能检测车快速无损检测

平整度、车辙、破损测试均采用多功能检测车，可准确地按设定长度直接输出国际平整度指数（IRI）数值、车辙（RUTTING）、构造深度；可以准确识别路面主要破损类型，包括龟裂、块状裂缝、纵向裂缝、横向裂缝、坑槽、松散、沉陷、波浪拥包、泛油及修补；最大测试行驶速度可达到 100km/h。多功能检测车是一种快速、高精度及信息量丰富的新型路面无损检测设备，如图 6-16 所示。

6.3.1.2 横向力系数检测

横向力系数测试仪的基本原理是设定试验轮与行车方向成一定角度，以便产生一个同试验轮平面垂直的横向力，该横向力与试验轮对路面荷载的比值即为横向力系数，横向力系数反映的是车辆在路面上侧滑的危险性，正常测试速度约 50km/h。摩擦系数测试车如图 6-17 所示。

图 6-16 多功能检测车

图 6-17 摩擦系数测试车

6.3.2 评价依据

根据《公路技术状况评定标准》（JTG 5210—2018）中的相关规定，各检测指标评价标准如下。

6.3.2.1 路面行驶质量指数

路面行驶质量指数 RQI 按表 6-2 进行评价。RQI 随国际平整度指数 IRI 的变化如图 6-18 所示。

表 6-2 路面行驶质量指数（RQI）评价标准

评价等级	优	良	中	次	差
路面行驶质量指数（RQI）	≥90	＜90，≥80	＜80，≥70	＜70，≥60	＜60
平整度指数（IRI）/（m/km）	≤2.3	＞2.3，≤3.5	＞3.5，≤4.3	＞4.3，≤5.0	＞5.0
注：水泥混凝土路面行驶质量指数（RQI）等级划分标准应为“优”大于或等于 88，“良”在 80～88 之间，其他保持不变。					

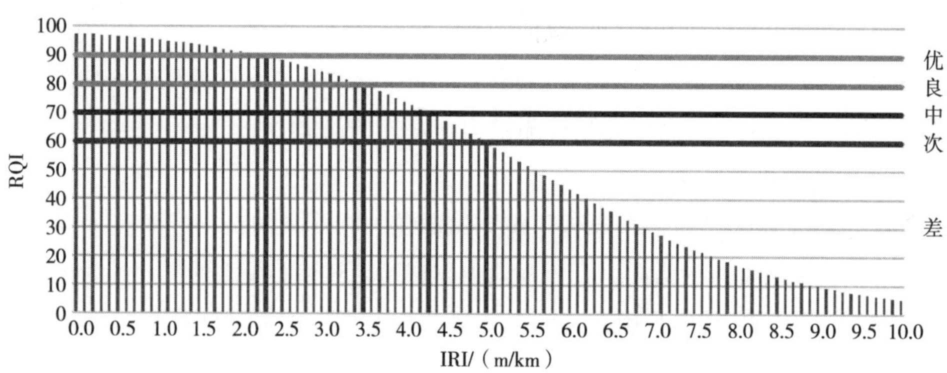

图 6-18　RQI 随国际平整度指数 IRI 的变化

6.3.2.2　路面车辙深度指数

车辙深度指数（RDI）按表 6-3 进行评价。RDI 随车辙深度 RD 的变化如图 6-19 所示。

表 6-3　路面车辙深度指数（RDI）评价标准

评价等级	优	良	中	次	差
车辙深度指数（RDI）	≥90	<90，≥80	<80，≥70	<70，≥60	<60
车辙深度（RD）/mm	≤10	>10，≤13.33	>13.33，≤16.67	>16.67，≤20	>20

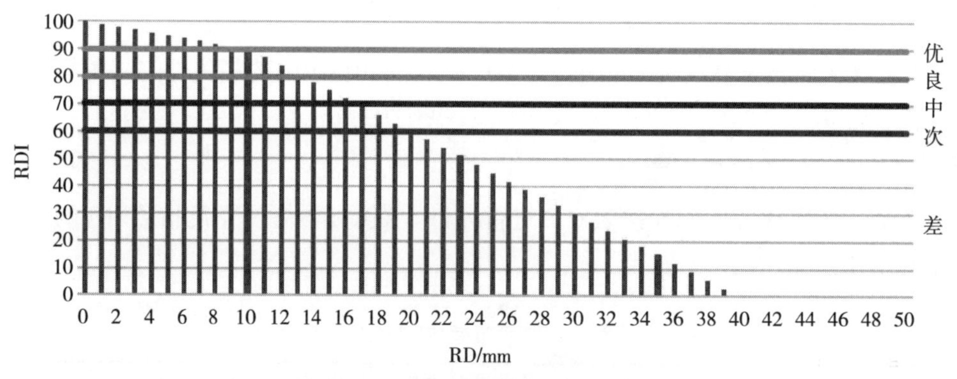

图 6-19　RDI 随车辙深度 RD 的变化

6.3.2.3　路面损坏状况指数

路面损坏状况指数 PCI 按表 6-4 进行评价。PCI 随破损率 DR 的变化如图 6-20 所示。

表 6-4　路面损坏状况指数（PCI）评价标准

评价等级	优	良	中	次	差
路面损坏状况指数（PCI）	≥92	≥80，<92	≥70，<80	≥60，<70	<60
路面破损率（DR）/%	≤0.2	>0.2，≤2.0	>2.0，≤5.5	>5.5，≤11.0	>11.0
注：高速公路路面损坏状况指数 PCI 等级划分标准应为“优”大于或等于 92，“良”在 80～92 之间，其他保持不变。					

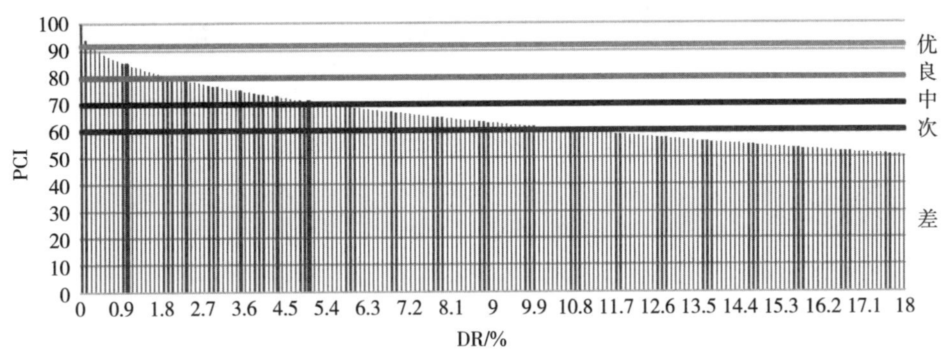

图 6-20　PCI 随破损率 DR 的变化

6.3.3　历年检测数据汇总分析

2012 年，南京栖霞山长江大桥通车后，每年均对大桥桥面铺装平整度、车辙深度、破损状况和层间黏结性能进行了检测，历年跟踪检测结果如下。

6.3.3.1　铺装车辙深度

南京栖霞山长江大桥桥面铺装 2016 年至 2022 年平均车辙深度统计结果见图 6-21～图 6-24。

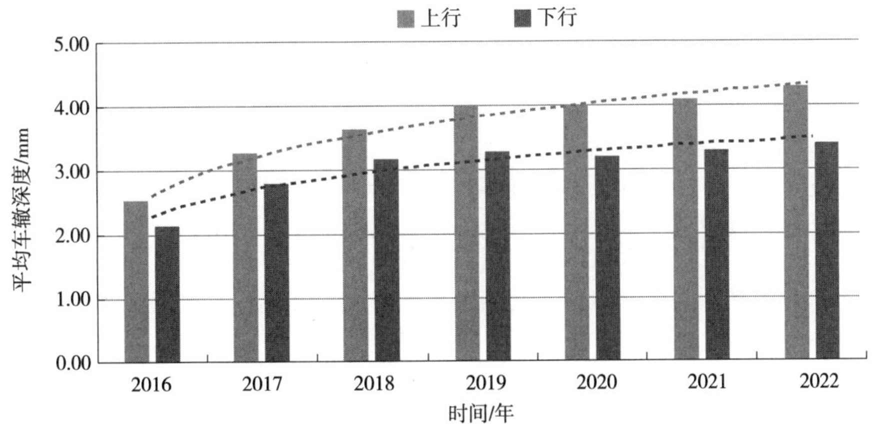

图 6-21　双向六车道平均路面平均车辙深度

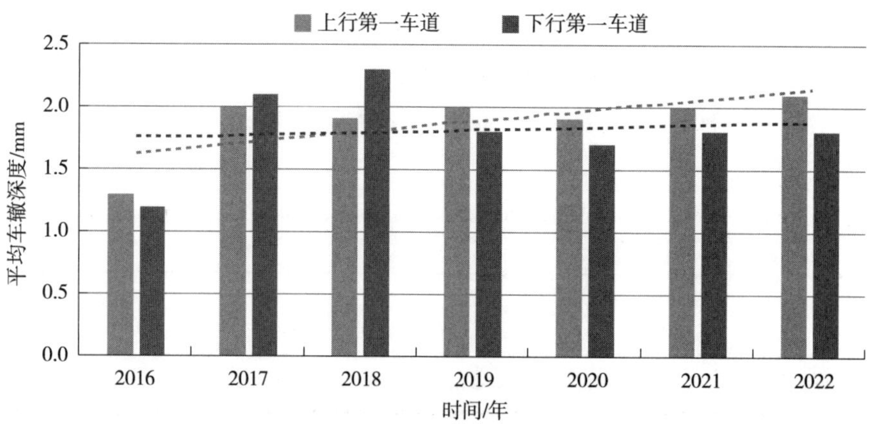

图 6-22　双向第一车道路面平均车辙深度

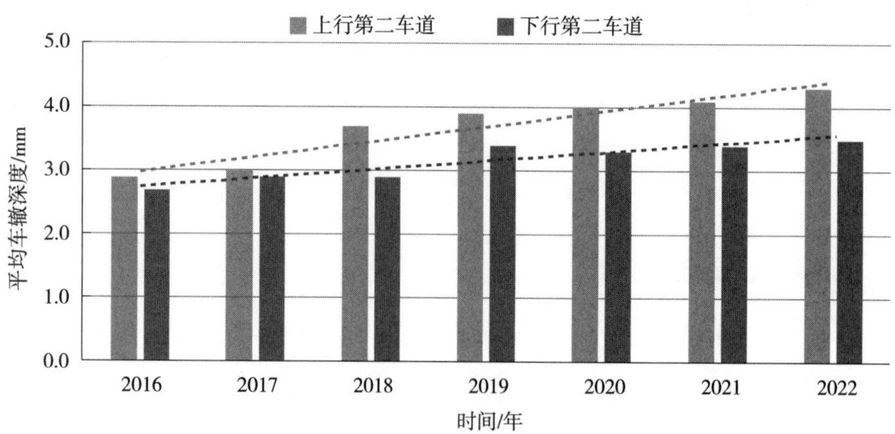

图 6-23　双向第二车道路面平均车辙深度

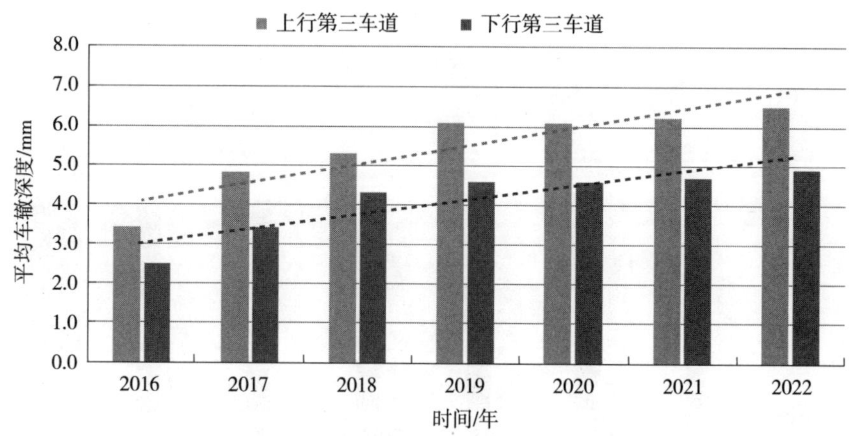

图 6-24　双向第三车道路面平均车辙深度

通过对路面车辙深度进行分析，可以得到如下结论。

①从历年上下行车辙深度检测数据平均值进行分析，随着铺装使用年限的增加，铺装车辙深度逐渐增长，结合车辙深度与现场调研结果分析，目前钢桥面铺装车辙状况还未进入流动变形阶段。

②从历年车辙深度检测数据来看，铺装车辙深度在2016年至2019年间增长较快，在此之后呈现缓慢增长趋势，初步分析2016年至2019年间处于车辙压密阶段，随后进入车辙平稳增长阶段。分析数据表明自2016年之后车辙深度基本呈现线性增长的趋势。

对历年上下行的检测数据进行分析，上行车辙深度大于下行车辙深度，并且上行货车数量大于下行货车数量，结合理论分析和实测结果，认为车辙深度与行车荷载基本呈现线性关系的趋势。

6.3.3.2 铺装行驶质量指数

南京栖霞山长江大桥桥面铺装2016年至2022年国际平整度指数IRI统计结果见图6-25～图6-28。

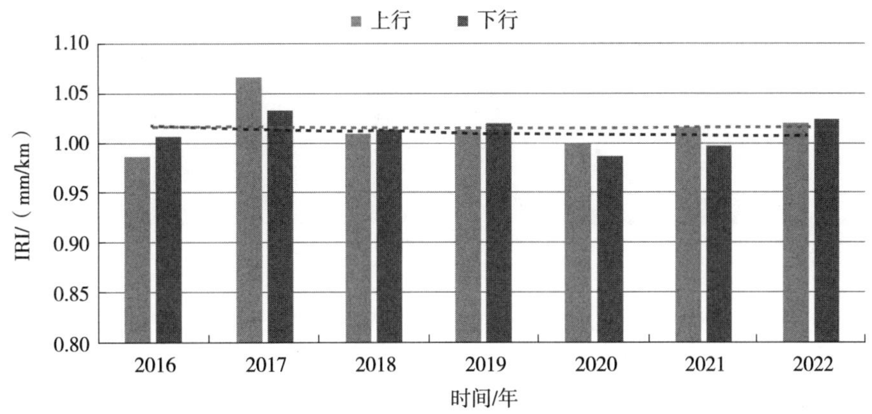

图6-25　双向六车道平均路面平整度

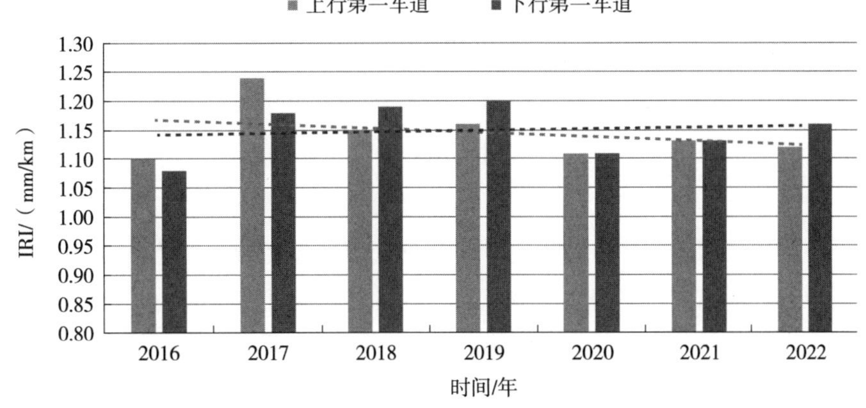

图6-26　双向第一车道路面平整度

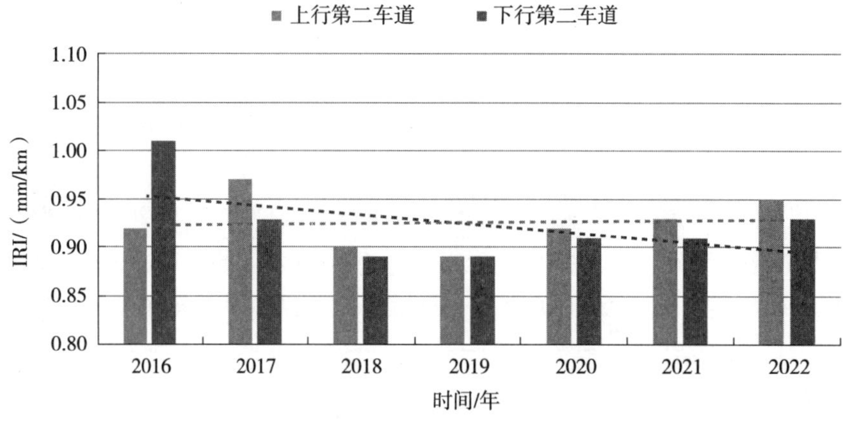

图 6-27　双向第二车道路面平整度

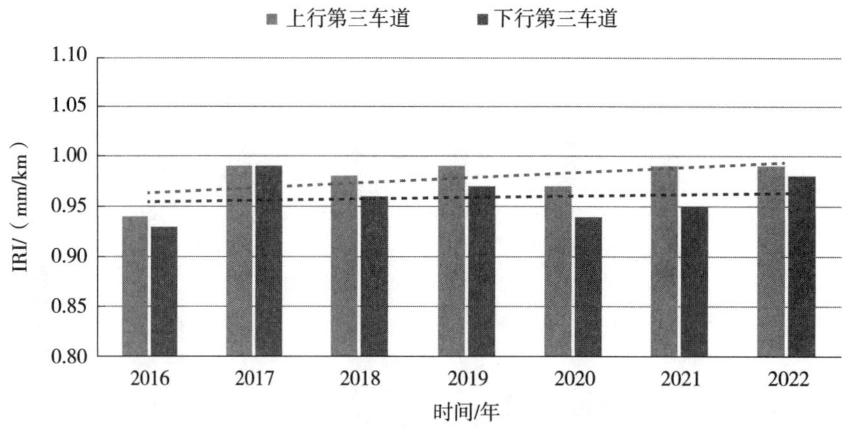

图 6-28　双向第三车道路面平整度

根据对历年上下行 IRI 检测数据平均值的分析，桥面铺装层的 IRI 指标小于 2.3，即路面行驶质量指数（RQI）仍处于较好的状态。历年上下行的检测数据表明，国际平整度指数 IRI 基本呈现线性上升的趋势，符合实际情况。

6.3.3.3　铺装破损情况

2016 年至 2022 年，南京栖霞山长江大桥桥面铺装 PCI 值统计结果见图 6-29～图 6-32。检测结果表明：大桥路面破损状况指数 PCI 仍处于较好的状态，但随着服役时间的增加，上下行整体上已有明显的衰减趋势，其中下行三道最为明显；第一车道 PCI 较好，第三车道较差，其中第一车道 PCI 每年检测数据均为 100.00，未发生明显衰减，而下行的第三车道 PCI 已经衰减至 98.45，主要病害为块状修补；路面损坏状况指数 PCI 基本呈现线性下降的趋势。

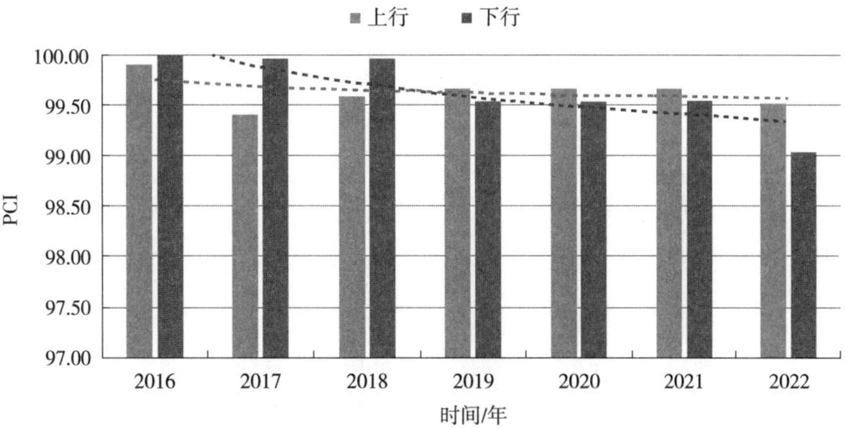

图 6-29 双向六车道平均路面破损状况

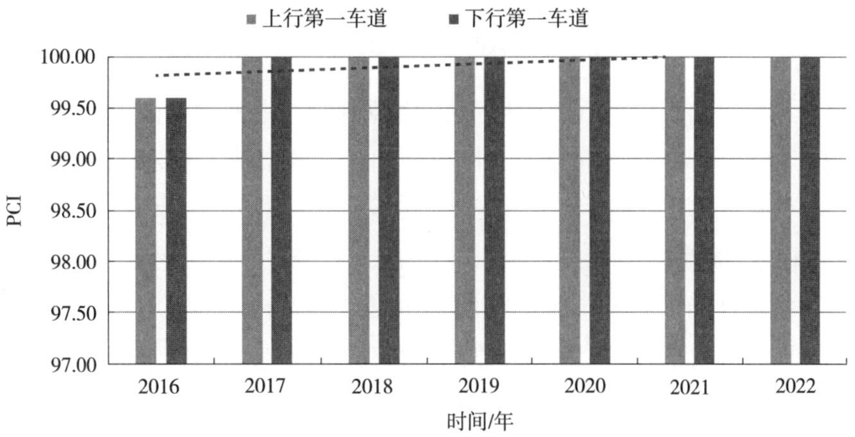

图 6-30 双向第一车道路面破损状况

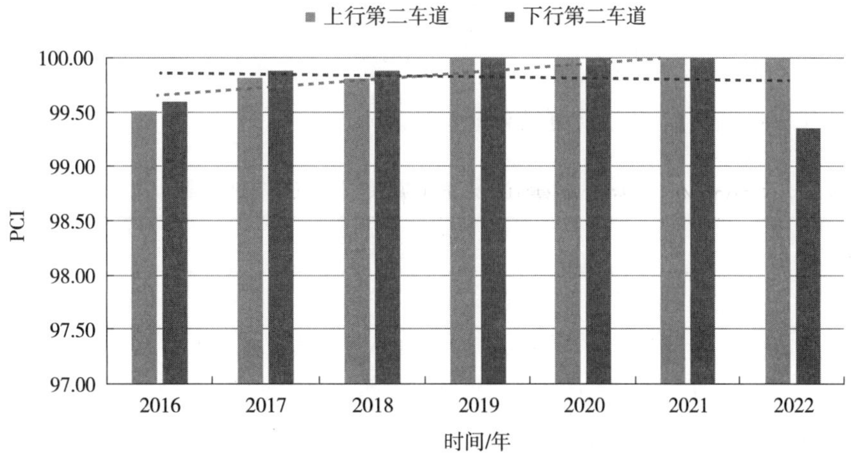

图 6-31 双向第二车道路面破损状况

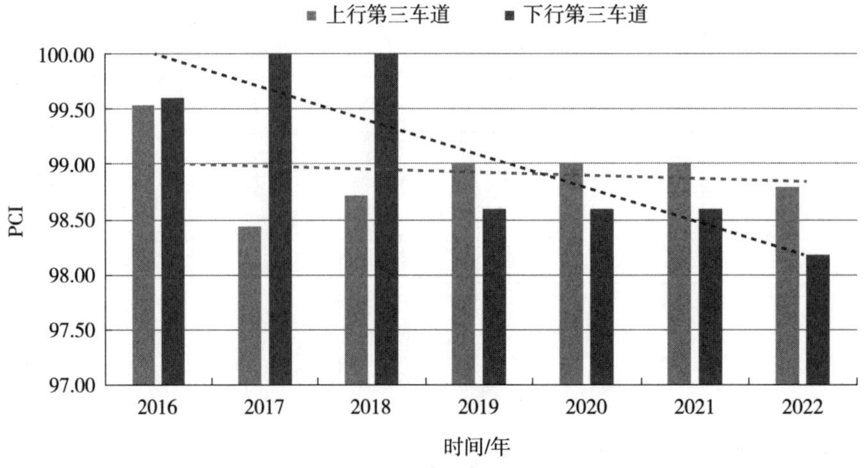

图 6-32　双向第三车道路面破损状况

综合分析整个南京栖霞山长江大桥桥面铺装平整度、车辙和破损情况的检测结果可以得出，桥面铺装使用质量优良，随着使用年限的增加，铺装层使用性能略有降低，但具有优良的路用性能。

6.3.3.4　铺装抗滑性能

铺装的抗滑性能直接影响高速行驶车辆的安全性。南京栖霞山长江大桥钢桥面铺装上层高弹改性沥青混合料表面结构细致、密实，具有良好的密水性，对路表抗滑性能会有一定的影响。为保证铺装在湿润状态下的抗滑性能，公司加强了对钢桥面铺装路面表层摩擦性能的跟踪观测。

为保证检测数据的精度、检测过程的安全以及对减少对交通的干扰，采用摩擦系数测试车对南京栖霞山长江大桥双向全幅 6 车道进行了路面摩擦系数（SFC）检测，行驶速度为 50km/h，每 20m 检测一组数据，每个车道数据取平均值进行对比。南京栖霞山长江大桥铺装层 SFC 检测结果汇总见表 6-5。

表 6-5　南京栖霞山长江大桥铺装层 SFC 检测结果汇总

年份	检测结果					
	左三	左二	左一	右一	右二	右三
2013 年 9 月	64	69	71	71	67	65
2013 年 12 月	63	67	70	69	66	63

续表

年份	检测结果					
	左三	左二	左一	右一	右二	右三
2014 年 5 月	61	65	68	68	64	62
2014 年 10 月	59	61	63	67	63	59
2019 年 10 月	—	67	—	—	65	—
2020 年 3 月	62	62	—	—	62	60

由表 6-5 可知，随着钢桥面铺装使用年限的增加，铺装抗滑系数逐渐缓慢降低。至 2020 年 3 月，双向第二、第三车道钢桥面铺装的横向力摩擦系数均不小于 60，整体抗滑性能维持在相对较高水平。

6.3.4 探地雷达检测数据分析

利用探地雷达可以有效地检测出南京栖霞山长江大桥桥面铺装层厚度和介电常数。通过厚度检测反映铺装层是否发生纵向塑性的永久变形，介电常数的指标区评定铺装层内部是否存在透水空隙和层间脱空现象。探地雷达的基本工作原理：由发射天线向地下发射高频电磁波，电磁波在地下介质传播过程中，遇到存在电性差异的物质界面会产生反射，反射回来的电磁波经由接收天线接收，根据接收的雷达回波波形，振幅和双程走时等参数来推断地下目标体的空间位置、结构、电性及几何形态。

6.3.4.1 介电常数检测

由于水对介电常数影响较大，故应选择晴好天气对南京栖霞山长江大桥复合浇注式沥青钢桥面铺装进行探地雷达检测。图 6-33 ～ 图 6-38 分别为南京栖霞山长江大桥各个车道的介电常数，从图 6-33 ～ 图 6-38 可以看出，各车道的介电常数基本在 8 ～ 12 之间，比较均匀，无明显异常位置，表明各车道的使用状况良好，内部无破损，无坑槽等病害。

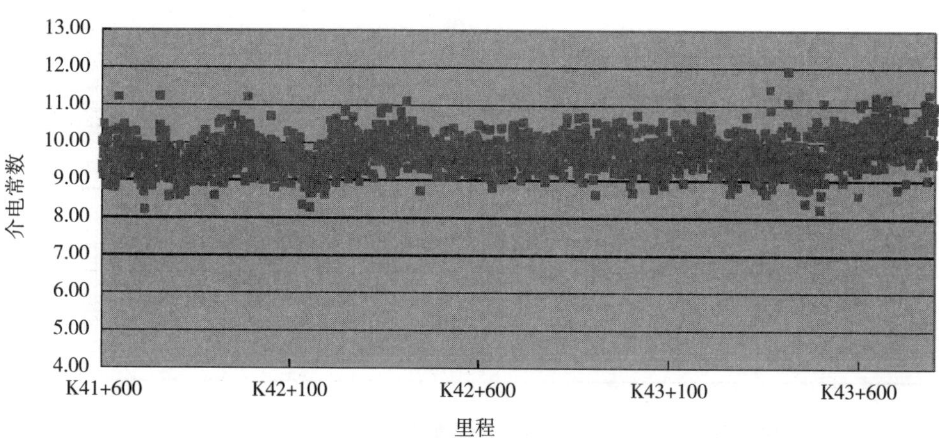

图 6-33　六合方向第一车道介电常数

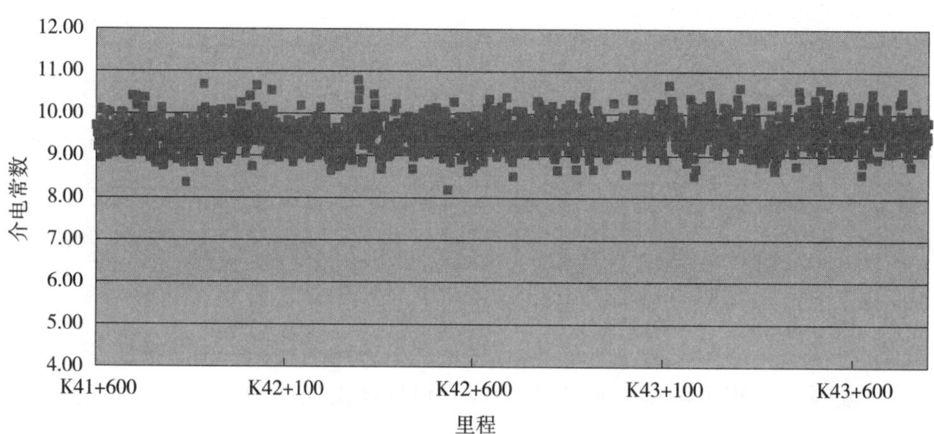

图 6-34　六合方向第二车道介电常数

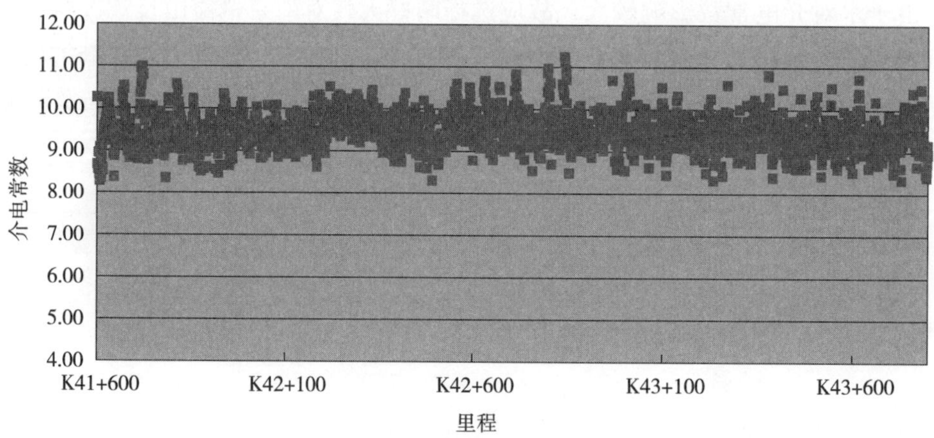

图 6-35　六合方向第三车道介电常数

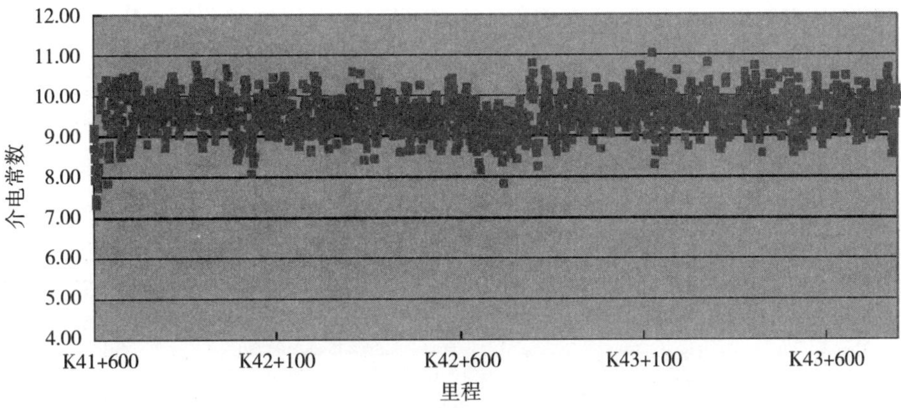

图 6-36　南京方向第一车道介电常数

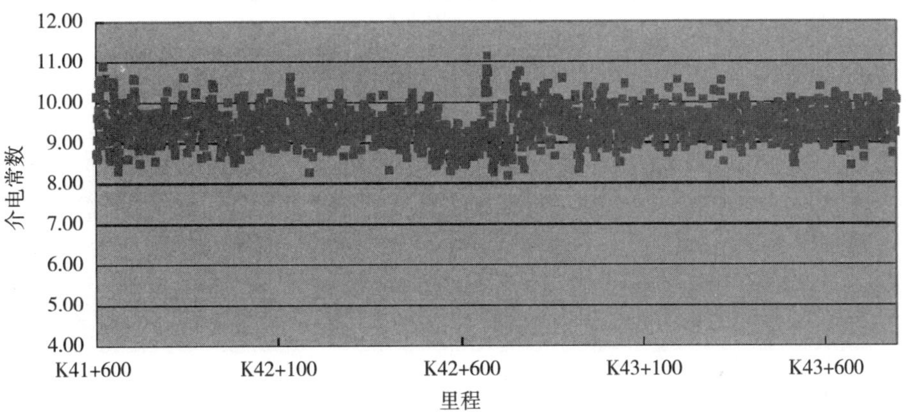

图 6-37　南京方向第二车道介电常数

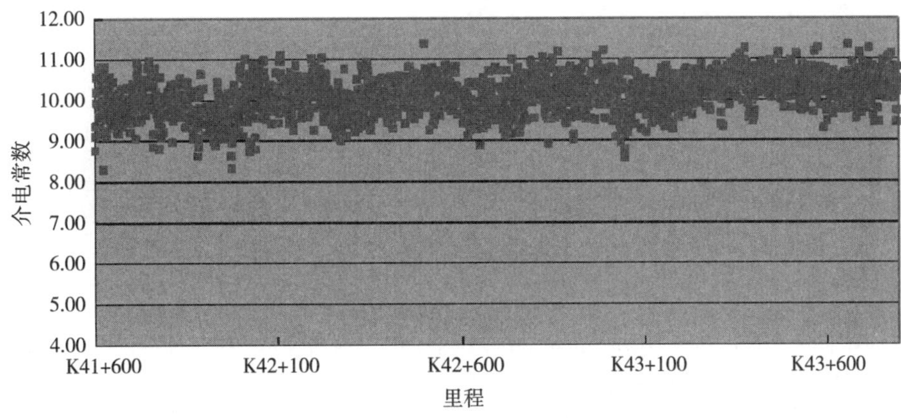

图 6-38　南京方向第三车道介电常数

6.3.4.2　图谱分析

利用探地雷达检测南京栖霞山长江大桥路面结构层的完整性和病害情况，图 6-39～

图 6-44 分别为南京栖霞山长江大桥各个车道的探地雷达检测图谱。探地雷达检测图谱显示：南京栖霞山长江大桥钢桥面铺装各个车道图谱沥青铺装层与钢板之间同相轴连续，振幅及频率变化较小，无其他杂波发育，无其他波峰波谷形成，充分说明了南京栖霞山长江大桥钢桥面铺装结构层的完整性。

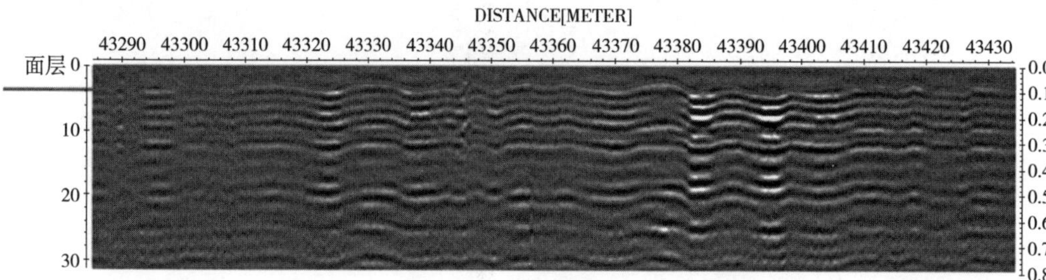

图 6-39　六合方向行车道（第一车道）图谱

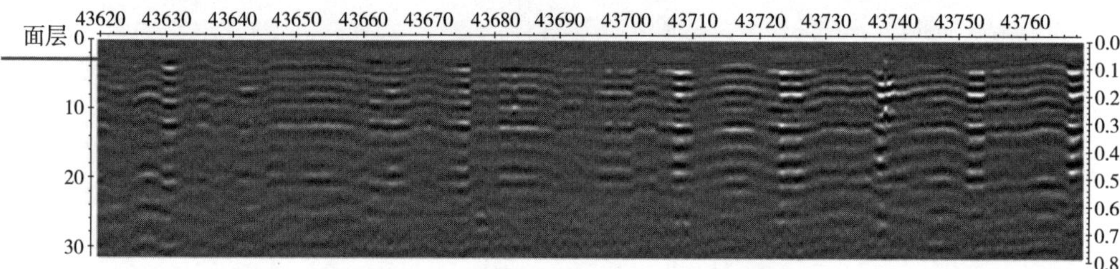

图 6-40　六合方向行车道（第二车道）图谱

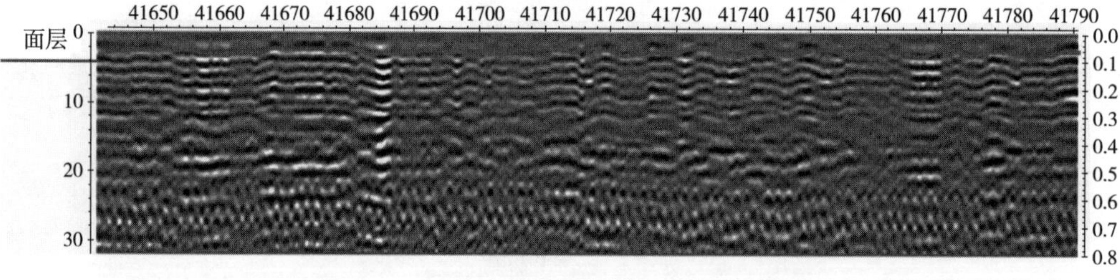

图 6-41　六合方向重车道（第三车道）图谱

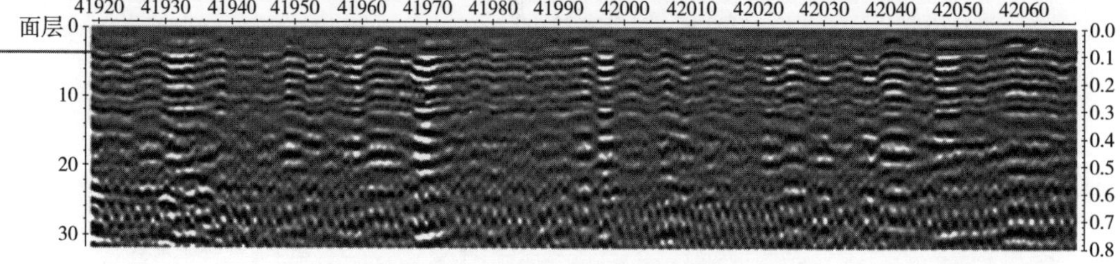

图 6-42　南京方向行车道（第一车道）图谱

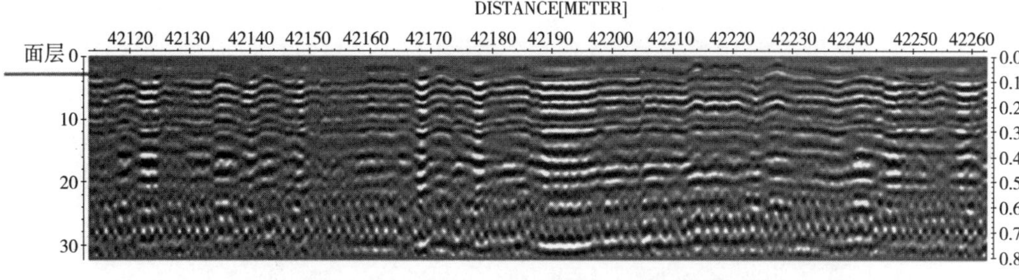

图 6-43 南京方向行车道（第二车道）图谱

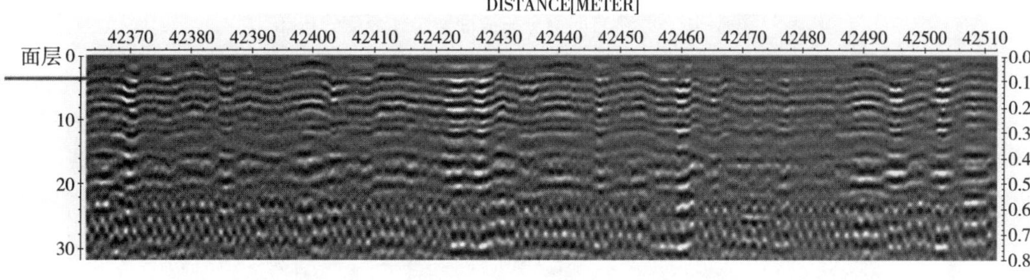

图 6-44 南京方向重车道（第三车道）图谱

6.3.4.3 面层厚度状况

南京栖霞山长江大桥双向各车道面层总体厚度数据汇总见表 6-6。图 6-45～图 6-50 分别为南京栖霞山长江大桥各个车道的面层总体厚度分布图。

表 6-6 双向各车道面层总体厚度数据汇总表

车道面层厚度	K41+600～K43+800 段车道					
	六合方向	六合方向	六合方向	南京方向	南京方向	南京方向
	第一车道	第二车道	第三车道	第一车道	第二车道	第三车道
最小值 /cm	5.40	5.22	4.97	5.52	5.06	5.10
最大值 /cm	8.06	7.80	7.97	8.17	7.86	8.01
平均值 /cm	6.89	6.40	6.60	6.79	6.64	6.72
最小值 /cm	5.40	5.22	4.97	5.52	5.06	5.10

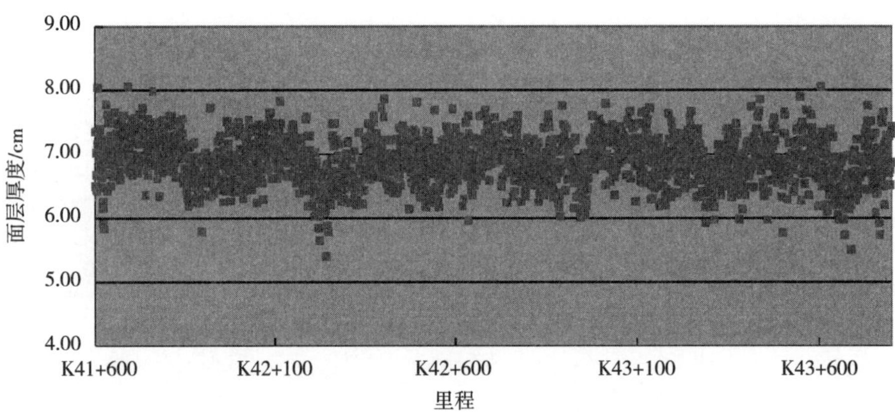

图 6-45 六合方向第一车道面层总体厚度分布图

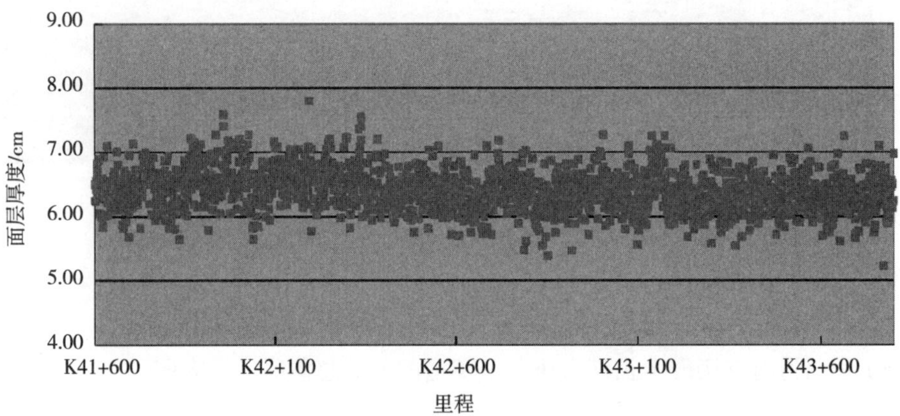

图 6-46 六合方向第二车道面层总体厚度分布图

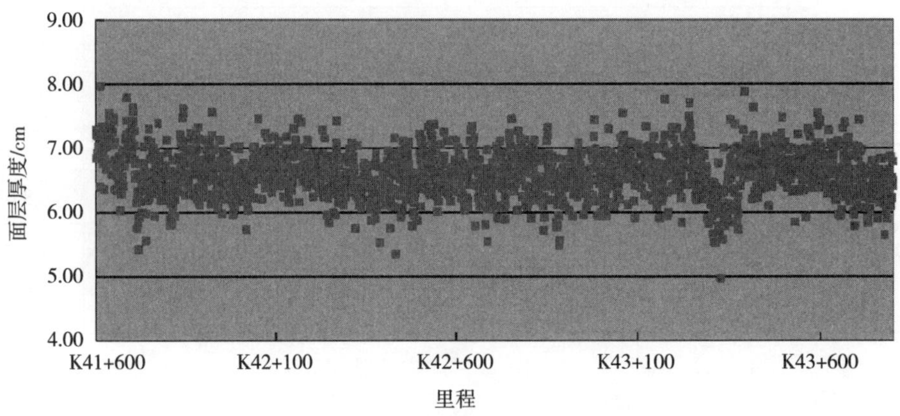

图 6-47 六合方向第三车道面层总体厚度分布图

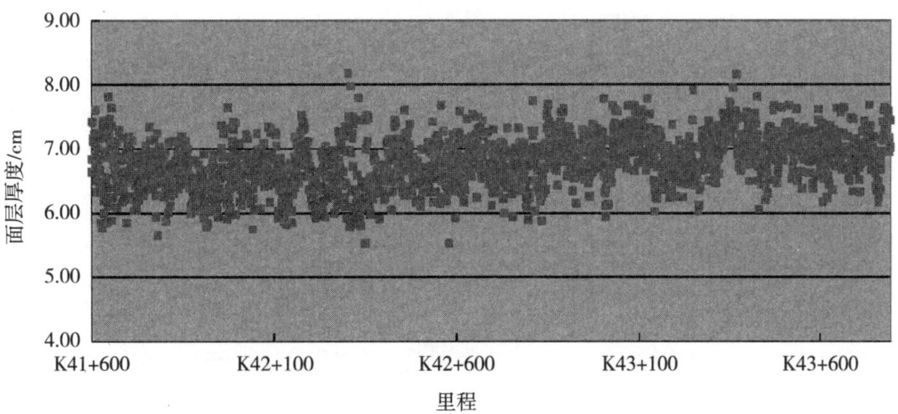

图 6-48 南京方向第一车道面层总体厚度分布图

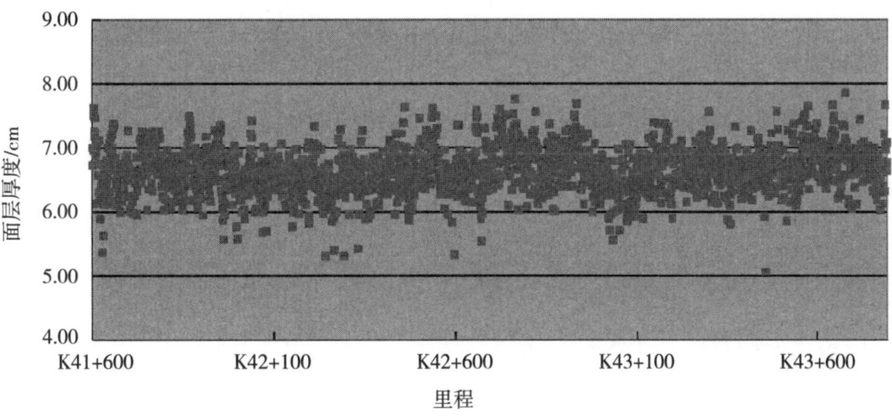

图 6-49 南京方向第二车道面层总体厚度分布图

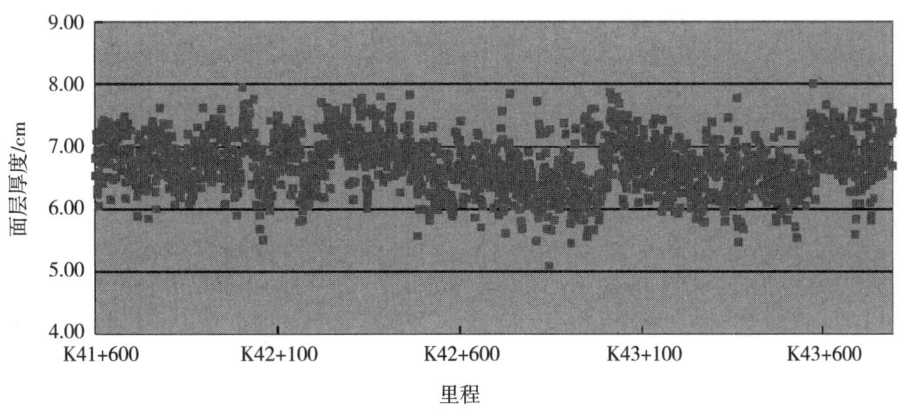

图 6-50 南京方向第三车道面层总体厚度分布图

综上所述，探地雷达设备检测结果表明：一方面，钢桥面铺装路面技术状况仍维持在较好的状态，但已有衰减的趋势，以车辙最为明显，同时各车道指标发展规律基本呈线性下降或增长的趋势，符合实际情况。另一方面，钢桥面铺装整体情况优，铺装结构层完整，未出现黏结层脱空现象。因此，南京栖霞山长江大桥经过 10 年运营，仍维持在较好的状态。

6.4 钢桥面铺装性能预测模型

南京栖霞山长江大桥复合浇注式沥青混凝土钢桥面铺装经过 10 年的使用，铺装实际车辙深度检测结果与模型预测值有明显的偏差，尤其在上坡段和重车道的车辙深度要明显区别于其他铺装段落。因此，在车辙深度预测模型的基础上，结合铺装实际车辙深度、铺装荷载情况、铺装温度场数据和铺装结构特点对原有车辙模型进一步验证与优化，并基于有限元分析建立新的车辙深度预测模型。

6.4.1 现有车辙模型验证与优化

6.4.1.1 现有车辙深度预测模型

2012 年，“大跨径钢箱梁复合浇筑式沥青桥面铺装设计施工关键技术研究”专题五“南京四桥主桥钢桥面铺装设计方案研究”中提出了基于沥青混合料动态模量和车辙试验的钢桥面沥青路面车辙预估模型，模型见公式（6-1）：

$$D = C \times C_{\mathrm{t}} \times C_{\mathrm{v}} \times C_{\mathrm{w}} \times \sum_{i=1}^{n} \left(365 \times \frac{N_i}{DS} \right) \tag{6-1}$$

式中：

D——车辙深度；

C——基于室内车辙试验条件和现场车辙深度的差异修正系数；

C_{t}——温度修正系数；

C_{v}——行驶速度修正系数；

C_{w}——车道及轮载修正系数；

N_i——第 i 年的日均当量轮次（次 /d）；

DS——动稳定度（次数 /mm）。

（1）室内车辙试验条件和现场车辙深度的差异修正系数

根据交通量预测现场重车车辆间歇不小于 3s，而车辙疲劳试验为 0.7Hz，存在疲劳损害的恢复时间，特别是车辙多发生在高温更容易在间歇时间内恢复，参照公路沥青路面设计规范，按照设计预测交通量 C 值选用 1/7。

（2）温度修正系数

基于动态模量和动稳定度的分析计算得出的车辙温度修正系数 C_t，计算见公式（6-2）：

$$C_t = \sum_{i=1}^{n}\left(\frac{D_i}{365} \times \frac{T_i}{24} \times \frac{DS}{DS_i}\right) \tag{6-2}$$

式中：

C_t——车辙温度修正系数；

D_i——每年第 i 时间段的天数（d）；

T_i——每年第 i 时间段铺装层每天温度高于 40℃的时间（h）；

DS——铺装层室内车辙试验的动稳定度；

DS_i——每年第 i 时间段内铺装层温度大于 40℃时间内的铺装层平均温度计算动稳定度。

结合南京地区气候情况，计算分析年度 20 万当量轴次的车辙深度时，按照高温季节每天 8h 铺装温度超过 40℃考虑，计算车辙深度为 3.6mm。根据室内动稳定度计算车辙，计算得到温度修正系数值为 0.0739。复合浇注式钢桥面铺装车辙计算见表 6-7。

表 6-7　复合浇注式钢桥面铺装车辙计算

月份 / 月	5	6	7	8	9	10
温度 /℃	50.4	49.9	53.8	52.8	51.9	50.4
动态模量 /MPa	152	157	122	131	139	152
动稳定度 /（次 /mm）	8623	8973	6528	7153	7653	8623
每二十万次车辙深度 /mm	0.66	0.61	0.87	0.79	0.72	0.66

（3）行驶速度修正系数

根据不同条件复合件损耗模量计算车速修正系数，计算公式如下：

$$C_v = \left(\frac{E_{0.7\text{Hz}}}{E_{10\text{Hz}}}\right)^{\alpha} \tag{6-3}$$

式中：

$E_{0.7\text{Hz}}$——0.7Hz 加载条件下，铺装层的名义损耗模量；

$E_{10\text{Hz}}$——10Hz 加载条件下，铺装层的名义损耗模量；

α——材料参数，复合浇注式钢桥面铺装层取值 1.2643。

行驶速度修正系数分析见表 6-8。

表 6-8　行驶速度修正系数分析

条件	大桥汽车荷载实际状况		车辙试验
汽车行驶速度	km/h	70	42 次 /min
加载频率	Hz	10	0.7
复合件损耗模量（60℃条件下）	MPa	228	83
换算动稳定度	—	14381	4060
车辙折算系数	—	0.2823	—

（4）车道及轮载修正系数

根据以往研究成果，对于设分车道单向行驶的 50cm 宽的轨迹，荷载横向分布频率最高为 57%。车道影响系数按照《公路沥青路面设计规范》（JTG D50—2006），考虑大桥货车渠化问题较突出，选择中值 0.35。根据轮载横向分布修正系数和车道影响系数，计算得到车道及轮载修正系数 $C_w=0.35\times0.57=0.2$。

（5）当量轮次

各种车辆的前、后轴均应按公式（6-4）换算成标准轮载的当量作用次数。

$$N=\sum_{i=1}^{k}n_i\times\left(\frac{p_i}{p}\right)^{\alpha} \tag{6-4}$$

式中：

N——标准轴载的当量轮次（次 /d）；

n_i——各种被换算汽车的作用次数，（次 /d）；

p——标准轮载的接地压力为 0.63MPa；

p_i——各种被换算车型轮载的接地压力（MPa）；

α——材料参数，复合浇注式钢桥面铺装层取值 1.2643。

6.4.1.2　现有车辙深度预测模型验证

根据上述车辙预估模型计算南京栖霞山长江大桥桥面铺装方案车辙深度，估算结果如表 6-9。设计寿命 10 年内车辙深度能够满足要求，安全系数为 1.05。

表 6-9　不同限载条件下的车辙深度估算（mm）

年份 / 年	不限载		超载 50% 以上禁行		超载 30% 以上禁行		超载全部禁行	
	当年	累计	当年	累计	当年	累计	当年	累计
2013	1.1	1.1	0.9	0.9	0.8	0.8	0.5	0.5
2014	1.2	2.3	1.0	2.0	0.9	1.7	0.6	1.1

续表

年份 / 年	不限载		超载 50% 以上禁行		超载 30% 以上禁行		超载全部禁行	
	当年	累计	当年	累计	当年	累计	当年	累计
2015	1.3	3.6	1.1	3.0	0.9	2.6	0.6	1.6
2016	1.3	4.9	1.1	4.2	1.0	3.6	0.6	2.3
2017	1.4	6.3	1.2	5.4	1.0	4.6	0.6	2.9
2018	1.5	7.7	1.3	6.6	1.1	5.7	0.7	3.6
2019	1.6	9.3	1.4	8.0	1.2	6.9	0.7	4.3
2020	1.6	10.9	1.4	9.4	1.2	8.0	0.7	5.1
2021	1.7	12.6	1.4	10.8	1.2	9.3	0.8	5.8
2022	1.7	14.3	1.5	12.3	1.3	10.6	0.8	6.6

2013 年至 2018 年实测车辙平均深度见表 6-10。预测车辙深度与实际平均车辙深度图如图 6-51 所示。图 6-52 为不同车道实测车辙深度比较。

表 6-10 2013 年至 2018 年实测车辙平均深度（mm）

年份 / 年	左幅			右幅		
	第一车道	第二车道	第三车道	第一车道	第二车道	第三车道
2013	1.16	1.64	1.17	1.64	1.66	1.20
2014	1.87	1.57	1.62	1.58	1.84	2.18
2015	2.6	3.1	3.4	3.3	3.7	4.2
2016	2.26	2.74	2.96	1.96	3.26	4.44
2017	2.14	2.88	3.51	1.75	3.46	5.12
2018	1.78	2.97	4.43	1.90	3.79	5.93

首先，各车道实测车辙深度沿车道数增加，即第三车道车辙深度高于第二车道，第一车道车辙深度最低，这与重载卡车车道分布有关。由于第三车道重载卡车交通量远高于第一、第二车道，因此其车辙深度最高。图 6-52 不同车道实测车辙深度比较可以明显看出这一趋势。其次，对比预测值与实测值可以发现，预测值整体上高于实测值，2013 年至 2015 年间二者较为接近，随后几年实测的车辙深度远小于预测结果，2017 年至 2018 年间二者差值十分明显。最后，对比不同车道车辙数据可以看出，右幅第三车道实测车辙与预测车辙最为接近。说明现有车辙模型可以在一定程度上反映重载交通量大的第三车道车辙深度发展规律。

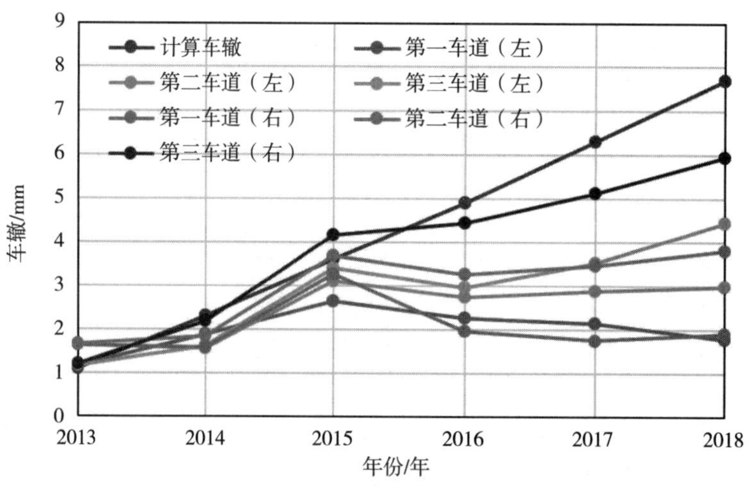

图 6-51 预测车辙深度与实际平均车辙深度图

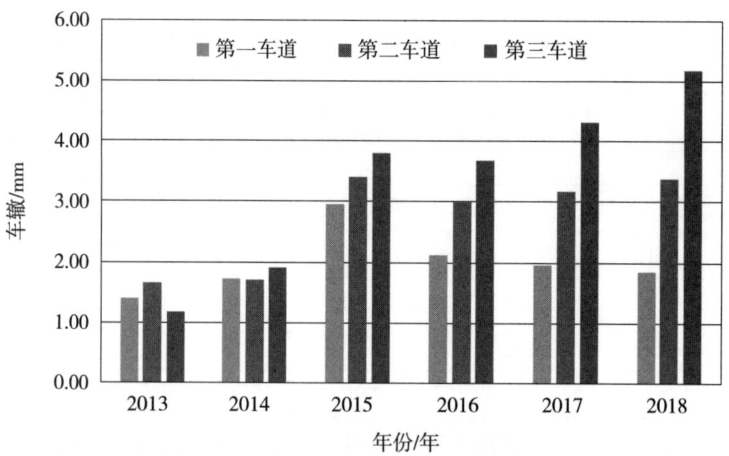

图 6-52 不同车道实测车辙深度比较

6.4.1.3 现有车辙深度预测模型修正

从原始车辙预测模型来看，影响每年车辙深度的唯一变量是当年的日当量轮次，即交通量。表 6-11 为预测交通量和实际交通量的数据。

表 6-11 预测和实际交通量

年份 / 年	预测日当量轮次 / 万辆	实际日当量轮次 / 万辆
2013	20502	9685.74
2014	22412	18263.16
2015	23567	21300.50

续表

年份 / 年	预测日当量轮次 / 万辆	实际日当量轮次 / 万辆
2016	24631	23134.59
2017	25854	23123.88
2018	27339	23018.12

除 2013 年的交通量有着较大的出入外，其余年份的实际交通量均与预测交通量较为接近。对 2014 年至 2018 年的交通量进行线性回归得到图 6-53 所示结果，可以看出预测交通量比实际量数值略大，而实际交通量的增长趋势要大于预测交通量。线性回归后发现，预测交通量和实际交通量均有着良好的线性关系。

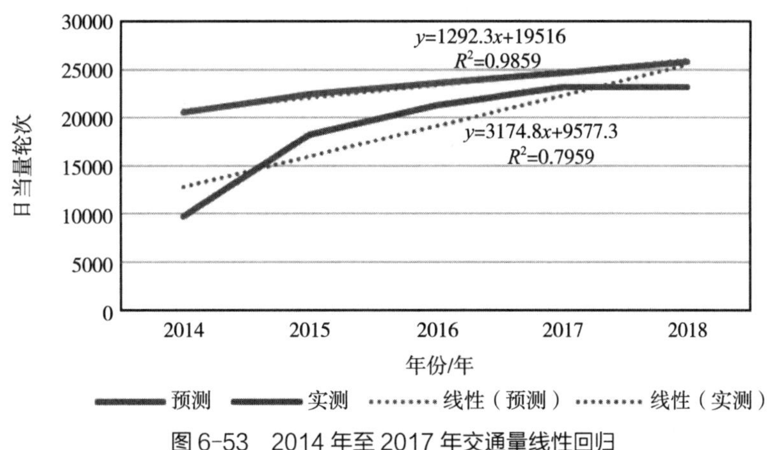

图 6-53 2014 年至 2017 年交通量线性回归

由于原始车辙预测模型只有交通量一个变量因素而且目前的可得数据仅有预测和实际交通量，结合上述分析中二者良好的线性关系，考虑一次线性修正方法对原预测模型进行修正。选择车辙深度最大的右幅第三车道作为依据来进行修正，做出右三车道与预测累计车辙深度的趋势线（见图 6-54），可以发现两者的决定系数 R^2 均很大，分别为 0.9992 和 0.9928，说明无论是预测还是实际累计车辙深度都和时间有着很好的线性关系。

因此，用线性回归来修正预测车辙模型是可行的。拟采用的修正车辙模型如公式（6-5）所示，对比原预测模型，增加了二次线性修正系数 R_1 和 R_2。

$$D = R_2 + R_1 \times C \times C_t \times C_v \times C_w \times \sum_{i=1}^{n} \left(365 \times \frac{N_i}{DS} \right) \tag{6-5}$$

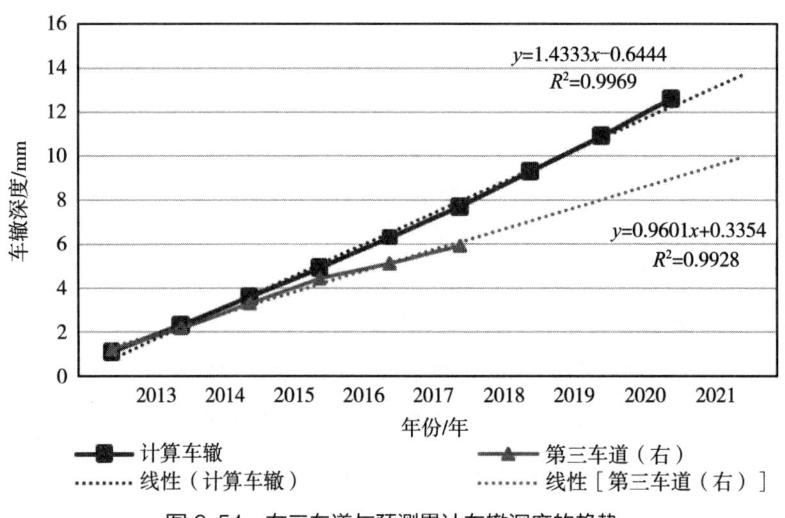

图 6-54　右三车道与预测累计车辙深度的趋势

对预测和实际车辙进行线性回归拟合，可以得出 R_1=0.7238，R_2=0.5715。上述修正模型是用车道年平均累计车辙深度修正的，下面进一步使用右三车道各点位的实际车辙深度进行修正。使用实际交通量代入预测模型进行计算，可以得到如图 6-55 所示结果。

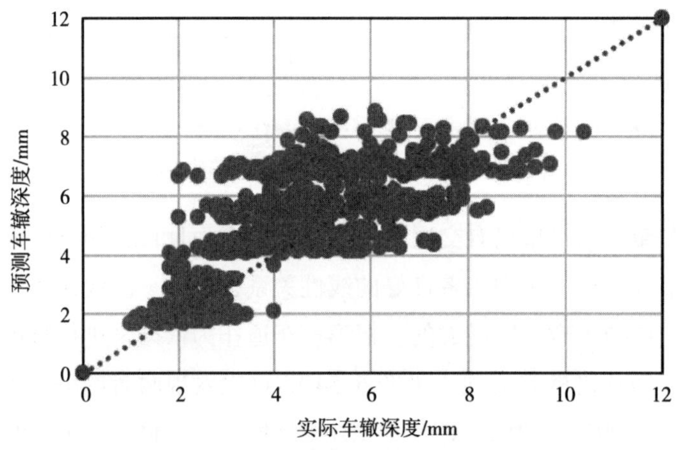

图 6-55　实际交通量预测车辙与实际车辙散点图

对实际车辙深度和预测车辙深度进行线性回归计算，可以得出 R_1=0.76，R_2=1.564。修正后的预测车辙深度和实际车辙深度散点图如图 6-56 所示。结果表明，采用实际车辙深度相关性远低于使用平均车辙深度，这是因为不同车辙检测点位离散性较大，且其差异性无法在预测模型中体现，因此统计结果不如使用平均车辙深度的回归模型。

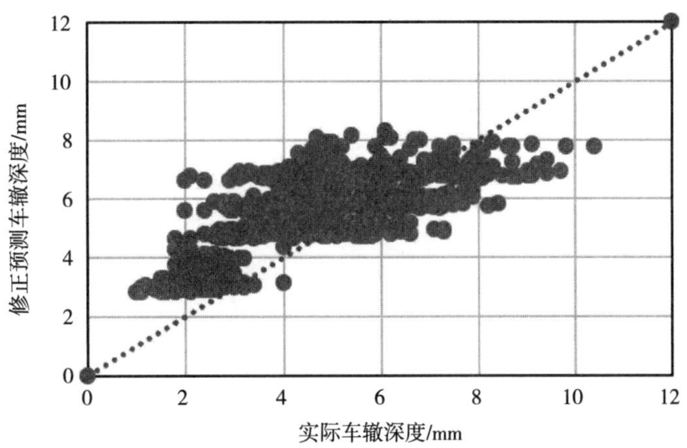

图 6-56 修正后实际预测车辙深度与实际车辙深度散点图

综上所述，采用年平均车辙深度对原车辙预估模型进行线性修正结果较好。采用 2013 年至 2018 年实测年平均车辙深度及实测交通量作为修正依据，对每个车道分别进行修正，增加二次线性修正系数 R_1 和 R_2，修正系数结果如表 6-12 所示，修正前后的车辙深度预测结果如图 6-57～图 6-59 所示。

表 6-12 修正系数结果

车道数	R_1	R_2	修正后 R^2
第一车道	0.0639	1.5486	0.2077
第二车道	0.2827	1.4097	0.8175
第三车道	0.6071	0.5581	0.9954

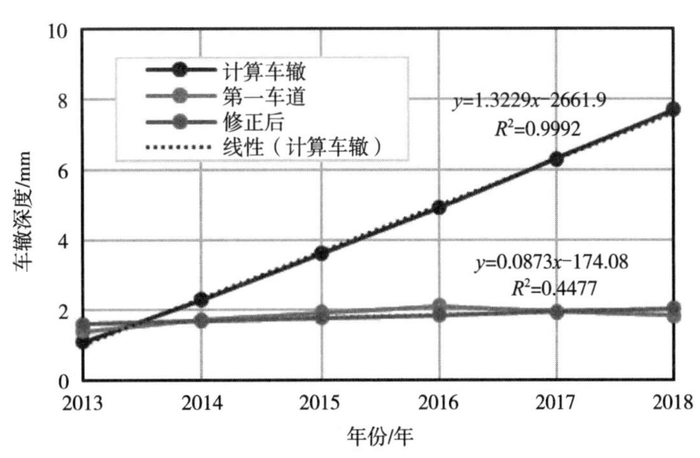

图 6-57 第一车道修正前后车辙深度

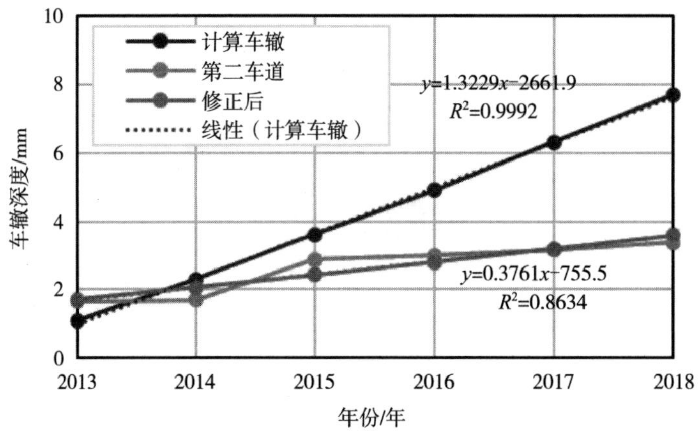

图 6-58　第二车道修正前后车辙深度

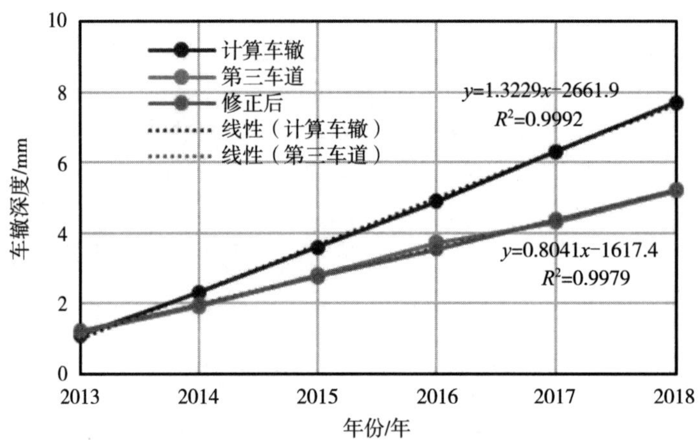

图 6-59　第三车道修正前后车辙深度

修正前后的车辙预测结果对比见表 6-13。

表 6-13　修正后预测结果对比

年份 / 年	车道	实测车辙 /mm	原预测值 /mm	修正值 /mm
2013	一车道	1.40	1.1	1.62
	二车道	1.65		1.72
	三车道	1.18		1.23
2014	一车道	1.73	2.3	1.70
	二车道	1.70		2.06
	三车道	1.90		1.95

续表

年份 / 年	车道	实测车辙 /mm	原预测值 /mm	修正值 /mm
2015	一车道	2.9	3.6	1.78
	二车道	3.4		2.43
	三车道	3.8		2.74
2016	一车道	2.11	4.9	1.86
	二车道	3.00		2.79
	三车道	3.70		3.53
2017	一车道	1.95	6.3	1.95
	二车道	3.17		3.19
	三车道	4.31		4.38
2018	一车道	1.84	7.7	2.04
	二车道	3.38		3.59
	三车道	5.18		5.23

表 6-13 表明，修正后的车辙模型可以较为准确地预估车辙深度，但是该模型为基于实测车辙深度和交通量进行修正的结果，难以反映钢桥面铺装结构中沥青混合料的实际受力状态，仍需进一步结合有限元分析，从而建立钢桥面铺装车辙深度的精确预测模型。

6.4.2 基于有限元的车辙深度预测模型研究

6.4.2.1 交通荷载分析

基于南京栖霞山长江大桥交通调查数据，分析典型荷载状况、轴载谱等信息，研究适用于桥面荷载模型的交通信息。

（1）交通量分析

以 2017 年为例的南京栖霞山长江大桥各月份交通量统计见表 6-14。

表 6-14 2017 年南京栖霞山长江大桥各月份交通量统计（双向）

月份 / 月	交通量 / 辆						
	大型货车	中型货车	小型货车	特大货车	拖挂车	小型客车	大型客车
1	20436	22347	16855	23076	19890	19211	105939
2	11221	15478	18185	9761	74034	391780	35448
3	20922	22005	17275	19688	116168	301892	28400

续表

月份 / 月	交通量 / 辆						
	大型货车	中型货车	小型货车	特大货车	拖挂车	小型客车	大型客车
4	21636	26245	19044	20876	114307	308984	27618
5	21216	26086	20019	20617	116129	286351	22776
6	21386	26574	20447	20822	90896	325955	23029
7	20400	26676	21199	20308	101790	315811	22721
8	20307	28031	20076	20365	104032	346874	23228
9	22488	32689	21867	22401	99155	362898	22356
10	22443	31188	18994	20721	90511	252046	25331
11	21551	28223	18855	21271	95313	253384	19077
12	22034	29447	18963	21763	96787	256907	21479

《公路沥青路面设计规范》（JTG D50—2017）中规定了我国公路上常见的车辆类型共计 11 种，车辆的轴型分类共计 7 种。以南京栖霞山长江大桥通过车辆的轴数为依据对其进行分类：小型客车为双轴的车型 1；小型货车为双轴的车型 2；大型客车为双轴的车型 3；中型货车为三轴的车型 4；大型货车为四轴的车型 5；特大货车为五轴的车型 6；拖挂车为六轴的车型 7。车辆分类后按照年交通量的构成比例进行各车型轴重的等效计算。南京栖霞山长江大桥各车型等效轴重表见表 6-15 所示。

表 6-15　南京栖霞山长江大桥各车型等效轴重表（单位：kN）

车型	第 1 轴	第 2 轴	第 3 轴	第 4 轴	第 5 轴	第 6 轴	总重
1	25	30	—	—	—	—	55
2	33	56	—	—	—	—	89
3	47	91	—	—	—	—	139
4	46	87	150	—	—	—	282
5	38	37	93	214	—	—	382
6	33	81	80	118	111	—	423
7	31	48	68	89	99	94	428

（2）等效轴载换算分析

将理论分析与室内试验相结合，综合考虑不同的沥青路面结构，以抗剪性能参数为指标，以车辙等效轴载换算方法为依据，轴载换算见公式（6-6）。

$$\frac{N_1}{N_2}=C\left(\frac{p_1}{p_2}\right)^n \tag{6-6}$$

式中：

N_1 和 N_2——分别为轴载 1 和轴载 2 作用下某一车辙标准对应的沥青路面的使用寿命；

p_1 和 p_2——分别为轴载 1 和轴载 2；

C——轴型系数，取 1.0；

n——轴载换算指数［计算见公式（6-7）］。

$$n=-0.0213h_1+0.0599h_{面}+0.0256T-0.0042v+1.8114 \tag{6-7}$$

式中：

h_1——沥青层位厚度（cm）；

$h_{面}$——沥青面层总厚度（cm）；

T——气温（℃）；

v——车速（km/h）。

计算得到表 6-16 所示的各月等效轴载换算指数。

表 6-17 为按照上述计算方法和参数得到的 2017 年南京栖霞山长江大桥各月标准当量轴次。按标准轴载统计的车道系数、轮迹横向分布系数和方向系数采用如表 6-18 所示数值。

表 6-16　各月等效轴载换算指数

月份 / 月	n	月份 / 月	n
1	2.08	7	2.74
2	2.07	8	2.66
3	2.36	9	2.40
4	2.59	10	2.24
5	2.70	11	2.09
6	2.75	12	1.84

表 6-17　2017 年南京栖霞山长江大桥各月标准当量轴次（双向）

月份 / 月	车型 1	车型 2	车型 3	车型 4	车型 5	车型 6	车型 7	合计
1	67981	10824	37979	74550	106262	61337	292603	651537
2	38380	6160	38339	52512	85214	50750	253743	525096

续表

月份 / 月	车型 1	车型 2	车型 3	车型 4	车型 5	车型 6	车型 7	合计
3	27686	6899	27316	83455	150860	83776	325495	705488
4	27575	4800	29842	91462	168880	83249	286446	692254
5	20529	4817	27867	100415	192522	85215	317838	749203
6	16658	4751	26150	101931	204584	86709	315365	756148
7	18029	5153	27701	113127	212170	92193	308403	776776
8	21942	5361	28489	101690	204192	97921	331100	790696
9	29883	6928	28939	103984	190702	111306	359579	831321
10	40739	5770	36020	98101	177108	104194	313310	775241
11	52390	6779	39178	99498	169583	109423	337902	814752
12	75327	8491	43595	99586	155901	115263	370999	869162

表 6-18　标准轴载车道系数、轮迹横向分布系数和方向系数

类型	慢车道	主车道	超车道
车道系数	0.71	0.24	0.05
轮迹横向分布系数	0.4	0.36	0.31
方向系数	0.55		

通过计算得到2013年至2018年单侧慢车道各月的标准当量轴次情况（见表6-19）。

表 6-19　单侧慢车道各月标准当量轴次

月份 / 月	2013 年	2014 年	2015 年	2016 年	2017 年	2018 年
1	27173	53627	92284	87884	101770	52025
2	24542	43104	67499	60058	82020	48046
3	36725	56682	100166	92184	110197	62746
4	41130	95797	98461	93272	108130	60967
5	42372	104424	102779	93767	117025	66252
6	41613	96925	101784	95313	118110	67323
7	43711	102767	87391	98748	121332	68995
8	45172	100528	87169	102773	123507	70246
9	46185	96393	87306	85086	129852	74074

续表

月份 / 月	2013 年	2014 年	2015 年	2016 年	2017 年	2018 年
10	50597	98641	87981	109394	121093	67685
11	51722	92094	80087	115358	127264	70735
12	55664	95604	87584	123436	135763	74723

6.4.2.2 材料参数分析

为了研究铺装层变形机理，需要选取合适的沥青混合料的蠕变本构模型，通过蠕变试验确定材料的参数以便于后续的钢桥面铺装车辙有限元模拟分析，进而使得仿真结果最大程度地符合真实情况，然后可以在此基础上研究不同材料参数对于结果的影响。

（1）沥青混合料本构模型

众多试验与研究已表明沥青混合料是一种典型的黏弹塑性材料，其在荷载作用下可分为可恢复的黏弹性与不可恢复的黏塑性两种应变形式组合，如公式（6-8）所示。

$$\varepsilon = \varepsilon_{\mathrm{ve}} + \varepsilon_{\mathrm{vp}} \tag{6-8}$$

式中：

ε——沥青混合料在荷载作用下的总应变；

$\varepsilon_{\mathrm{ve}}$——沥青混合料黏弹性应变；

$\varepsilon_{\mathrm{vp}}$——沥青混合料黏塑性应变。

沥青混合料在荷载作用下产生小于 70 个～100 个微应变的情况下，荷载卸载后，变形能缓慢恢复，表现的是沥青混合料的黏弹性性质，此时应力应变关系可以由公式（6-9）表示：

$$\sigma_{\mathrm{ij}} = \frac{1}{\varepsilon}\sigma_{\mathrm{kk}}\delta_{\mathrm{ij}} + S_{\mathrm{ij}} = \sigma_{\mathrm{ij}}\int_0^t K\left[\zeta(t)-\zeta(\tau)\right]\frac{\partial\left(\varepsilon_{\mathrm{kk}} - \varepsilon^T\right)}{\partial(\tau)}\mathrm{d}\tau + 2\int_0^t G\left[\zeta(t)-\zeta(\tau)\right]\frac{\mathrm{d}e_{\mathrm{ij}}}{\mathrm{d}\tau}\mathrm{d}\tau \tag{6-9}$$

式中：

σ_{ij}——应力张量；

σ_{kk}——体积应力张量；

S_{ij}——偏应力张量；

$\varepsilon_{\mathrm{kk}}$——体应变张量；

e_{ij}——偏应变张量；

ε^T——温度应变张量；

$K(t)$——材料的体积松弛模量；

$G(t)$——剪切松弛模量；

$\zeta(t)$——材料的环境调整函数；

δ_{ij}——克罗内克符号。

沥青混合料在荷载作用下的不可恢复变形体现为黏塑性，其中以 Perzyna 非线性黏塑性理论被采用得最为广泛，形式见公式（6-10）：

$$\dot{\varepsilon}_{ij}^{vp}=a_{T}^{vp}\Gamma^{vp}<\varphi(f)>N\frac{\partial g}{\partial\bar{\sigma}_{ij}} \tag{6-10}$$

式中：

$\dot{\varepsilon}_{ij}^{vp}$——材料的黏塑性应变率；

g——材料的势函数；

$\bar{\sigma}_{ij}$——有效应力张量；

Γ^{vp}，N——材料的黏塑性参数；

a_{T}^{vp}——黏塑性温度调整系数；

$<\varphi(f)>$——材料的屈服阈值函数。

（2）蠕变参数

有限元软件 ABAQUS 提供两种方法对各项同性的材料进行描述，分别为时间硬化和应变硬化蠕变模型，其中时间硬化模型适合应力恒定不变的情况，选取时间硬化蠕变模型。沥青混合料的应变通常表示为温度 T、应力 σ 和时间 t 的函数，如公式（6-11）所示。参考南京栖霞山长江大桥铺装沥青混合料蠕变试验结果，拟合的蠕变模型参数结果见表 6-20。

$$\varepsilon=f(T,\sigma,t) \tag{6-11}$$

通常采用 Bailey-Norton 规律分析材料沥青混凝土的变形，其表达式为：

$$\dot{\varepsilon}_{cr}=A\sigma^{m}t^{n} \tag{6-12}$$

式中：

$\dot{\varepsilon}_{cr}$——应变速率；

σ——应力；

t——荷载累计作用时间；

A，m，n——反映沥青混合料性质的蠕变参数，主要与温度和应力大小有关。

表 6-20　蠕变模型参数

混合料类型	温度 /℃	A	m	n
高弹改性沥青混合料	30	2.02×10^{-12}	1.286	−0.7411
	40	1.15×10^{-11}	1.188	−0.652
	50	1.9×10^{-10}	1.004	−0.649
	60	6.4×10^{-10}	0.97	−0.579
浇注式沥青混合料	30	7.38×10^{-10}	1.31	−0.8513
	40	1.74×10^{-11}	1.238	−0.754
	50	1.68×10^{-10}	1.206	−0.692
	60	2.14×10^{-10}	1.145	−0.597

（3）动态蠕变试验验证

动态蠕变试验作为研究沥青混合料高温变形特性的重要试验之一，主要基于沥青混合料的黏弹性特性。高温条件下，沥青路面在车辆荷载的作用下，作为响应的变形随时间的增加而不断增大，在荷载经过之后变形随时间的增长而逐渐恢复，然而有一部分变形会永久保持，这是黏弹性材料的典型力学行为，沥青路面的车辙或永久变形就是沥青及沥青混合料黏弹性特性的直接反映。

动态蠕变试验采用的试件为铺装层整体结构芯样，采用动态蠕变试验中的重复加载试验来评价路面沥青混合料高温性能。采用美国混合料试验规范中的标准，试件的直径为 99.85mm，高度为 128mm，试验温度 54℃，加载荷载大小为 0.7MPa，接触应力为 0.02MPa，加载波形为半正弦波，加载周期为 1s，其中包括 0.1s 的半正弦压力荷载和 0.9s 的间隔。得到的试验数据绘制成应变与荷载作用时间关系如图 6-60 所示。

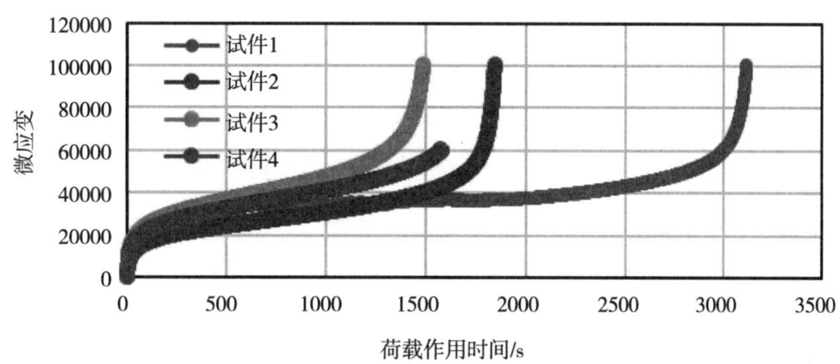

图 6-60　应变与荷载作用次数关系

从图 6-60 中可以看到四组沥青混合料试件的蠕变规律基本一致：在蠕变初期，应变的累积非常迅速，这个过程定义为初始阶段（迁移期）；随加载时间延长，沥青混凝土变形开始进入蠕变硬化阶段，也称为第二阶段（稳定期），蠕变变形率趋于稳定。这是由于沥青混合料是典型的黏弹性材料，其中弹性变形与时间无关，弹性变形在加载瞬间完成；随着荷载的重复作用，弹塑性变形完成后，沥青混合料在荷载作用下继续被压密，应变又开始迅速增长，且增长率不断提升，蠕变变形发展至第三阶段（破坏期），对应于第三阶段产生的重复荷载作用次数被定义为流动荷载作用次数。

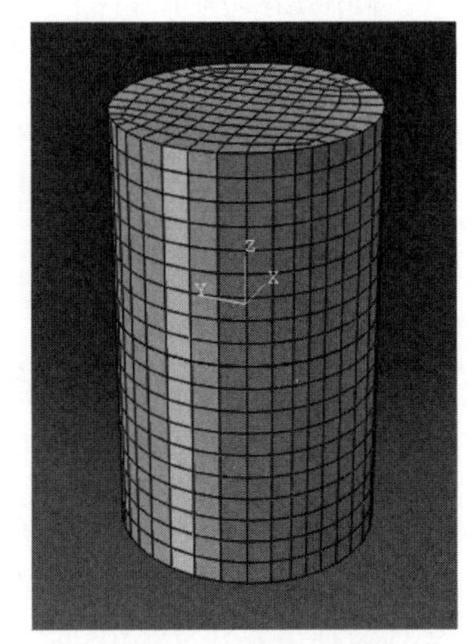

图 6-61　蠕变试验模型

采用 ABAQUS 对蠕变试验过程模拟，并将试验值与数值模拟进行对比，验证拟合参数的合理性。建立直径 100mm，高 128mm 的复合混合料模型，荷载为 0.7MPa，温度 54℃，将前面得到的材料模型参数输入到 ABAQUS 中，蠕变试验模型如图 6-61 所示。应变有限元模拟值与蠕变试验数值对比如图 6-62 所示。

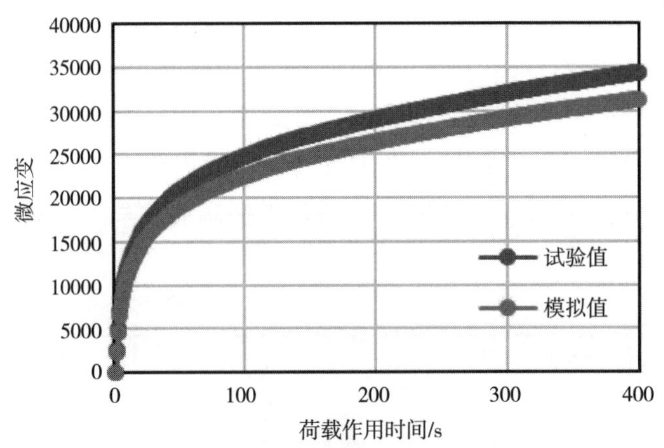

图 6-62　应变有限元模拟值与蠕变试验数值对比

可以发现有限元模拟值的增长趋势和试验模拟几乎相似，误差在 7% 左右，由此认为拟合的蠕变参数可以很好地模拟蠕变试验，并用来对钢桥面铺装车辙预估进行分析。

（4）车辙试验验证分析

为了验证铺装层的上下层车辙贡献率，利用有限元软件建立法国车辙试验模型，对法国车辙试验结果进行验证。模型尺寸为 500mm × 180mm，35mm 的高弹改性沥青混合料 +40mm 的浇注式沥青混合料，荷载作用轮宽 90mm，荷载大小为 0.6MPa，荷载频率为 60 次 /min。车辙试验模型及模拟应变云图如图 6-63 所示。

（a）车辙试验模型

（b）模拟应变云图

图 6-63　车辙试验模型及模拟应变云图

图 6-64 为不同车辙量对应的上下层贡献率模拟结果，其中 * 号所示为试验结果。对比模拟值曲线与试验结果可以发现，试验结果与模拟曲线接近，即在对应的车辙深度下，AC 层和 GA 层的车辙贡献率模拟值与试验值一致，即 AC 层的车辙贡献率较大，GA 层的车辙贡献率较小。因此，可以根据有限元模拟曲线预估车辙贡献率的发展趋势。

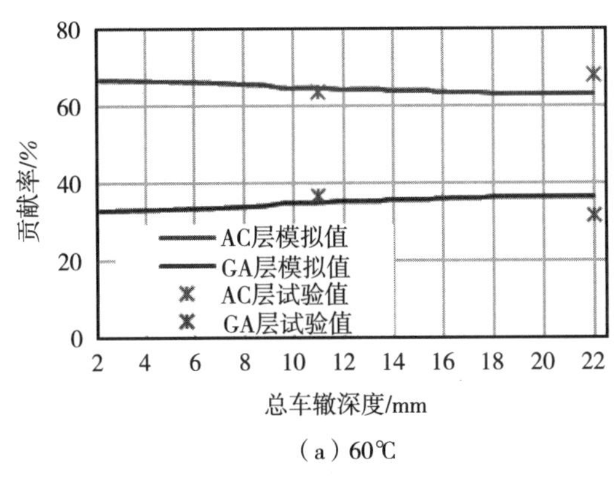

（a）60℃

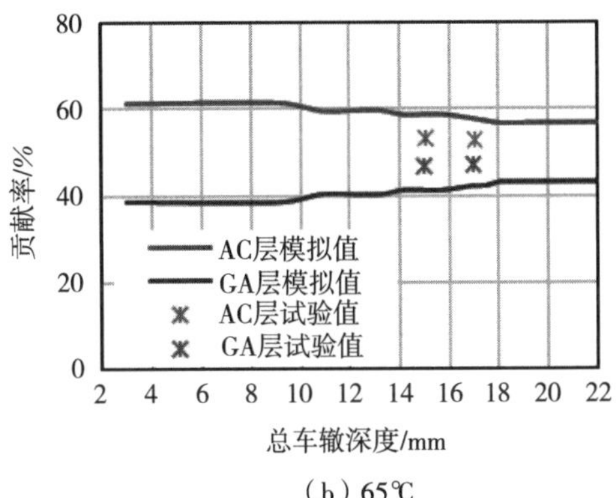

（b）65℃

图 6-64　车辙贡献率

分析车辙贡献率结果可以得出以下结论。

①对比 60℃和 65℃的试验结果可以看出，65℃条件下 AC 层的车辙贡献率低于 60℃条件下的车辙贡献率，而 GA 层的车辙贡献率高于 60℃条件下。随着温度的升高，GA 层更多地参与抵抗车辙变形中。

②分析车辙贡献率沿总车辙深度的变化规律可以看出，随着总车辙深度的增加，AC 层的车辙贡献率逐渐降低，GA 层的车辙贡献率逐渐增大。

6.4.2.3 温度场分析

南京栖霞山长江大桥铺装层的材料热学特性参数如表 6-21 所示，大桥桥址区的气象数据如表 6-22 所示。

表 6-21 热学特性参数

材料	密度 / (kg/m^3)	热传导率 / [W/ (m · ℃)]	比热容 / [J/ (kg · ℃)]
高弹改性沥青混凝土	2414	4680	920
浇注式沥青混凝土	2306	4680	942.9
钢结构部分	7850	$2.16e^5$	460

表 6-22 气象数据表

月份 / 月	日最高气温 / ℃	日最低气温 / ℃	有效日照时间 / h	日太阳辐射总量 / (MJ/m^2)	日均风速 / (m/s)
1	8.3	0.4	6.9	19.3	2.2
2	10.5	2.1	7.1	21.9	2.5
3	16.1	7.3	7.9	22.7	2.6
4	24.7	13.2	8.4	23.3	2.8
5	27.8	18.2	9.3	25.7	2.7
6	31.2	22.1	9.8	22.9	2.7
7	35.6	26.8	10.7	26.3	2.6
8	35.3	22.3	11.5	25.1	2.7
9	29.6	18.3	8.7	24.3	2.4
10	23.2	15.7	9.1	18.0	2.2
11	15.9	8.6	8.3	19.2	2.5
12	10.2	2.5	7.5	18.3	2.1

利用 ABAQUS 内置功能及用户子程序可得到桥面铺装的各月日均温度场变化情况，以 1 月、4 月、8 月及 11 月为例，日均温度场变化如图 6-65 所示。

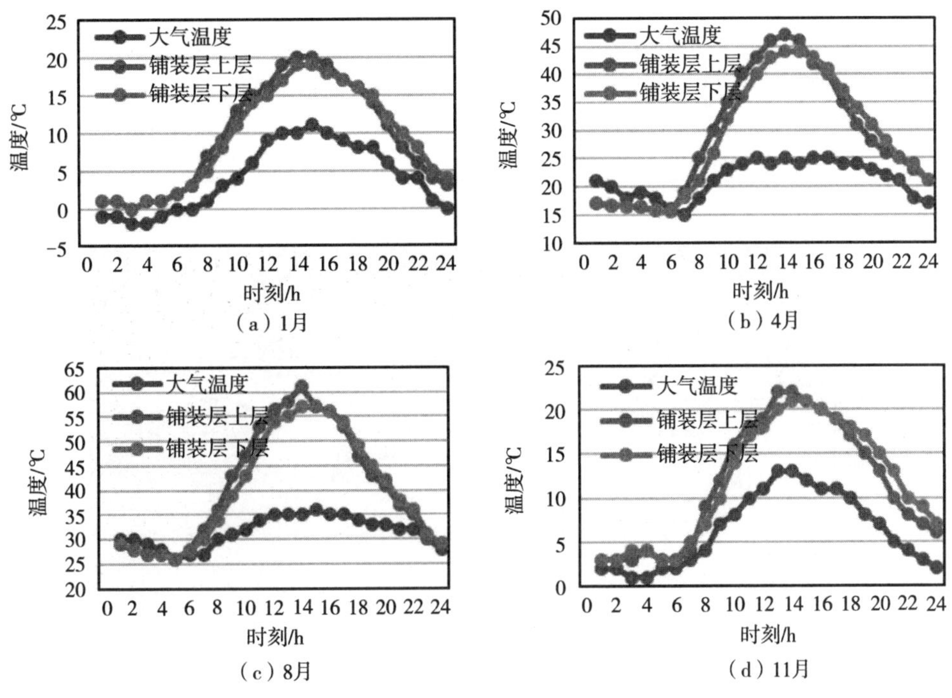

图6-65 日均温度场变化

对温度场进行简化得到表6-23所示钢桥面铺装层温度场简化参数。

表6-23 钢桥面铺装层温度

月份/月	1	2	3	4	5	6	7	8	9	10	11	12
上层平均温度/℃	4.7	7.1	6.7	17.9	33.6	38.1	40.0	39.7	36.5	19.6	13.5	7.3
下层平均温度/℃	7.0	9.4	9.0	20.2	29.2	33.7	35.6	35.3	32.1	21.9	15.8	9.6

6.4.2.4 有限元模拟分析

在获得上述交通荷载、材料参数及温度场分析结果后，需要建立有限元的钢桥面铺装结构模型并进行车辙的数值模拟。

（1）模型建立

根据文献调研可知，当钢桥的横向截面的U肋数量大于或等于6个，纵向截面的横隔板数量大于或等于4个时，钢桥的结构形式对于桥面铺装的受力影响可以忽略。利用ABAQUS软件建立铺装“上层高弹改性沥青混凝土（35mm）+下层浇注式沥青混凝土（40mm）”的局部箱梁模型，模型结构参数如表6-24所示。钢桥桥面铺装层有限元模型如图6-66所示。

表 6-24　模型结构参数

模型宽 /m	模型长 /m	桥面板厚 /mm	横隔板厚 /mm	横隔板间距 /m	上 U 肋 长 × 宽 × 高 /mm
4.8	9.6	14	14	3.12	300 × 170 × 280

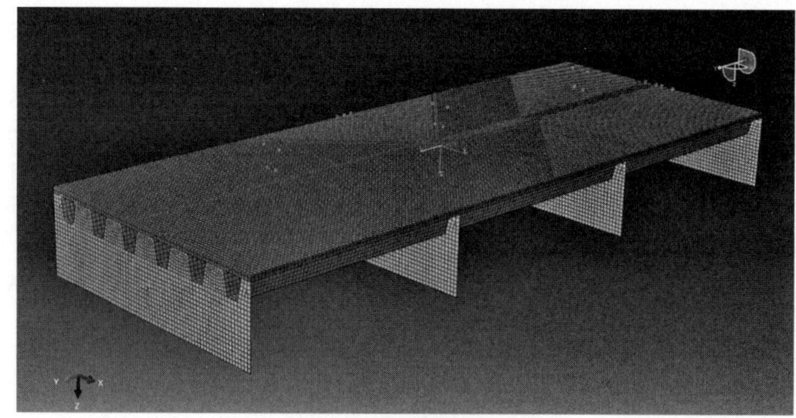

图 6-66　钢桥桥面铺装层有限元模型

模型的材料基本参数如表 6-25 所示。

表 6-25　材料基本参数

材料	温度 /℃	弹性模量 / MPa	泊松比	密度 / (kg/m^3)	热传导率 / [J/ (mh · ℃)]	比热容 / [J/ (kg · k)]
高弹改性沥青混凝土	30	4000	0.25	2414	4680	920
	40	900	0.25			
	50	700	0.30			
	60	550	0.35			
浇注式沥青混凝土	30	2000	0.25	2306	4680	943
	40	800	0.25			
	50	600	0.30			
	60	400	0.35			
钢桥面板、U 肋及横隔板	—	—	—	7850	2.16c5	460

（2）力学响应分析

为模拟分析重载作用下钢桥面铺装的力学响应，根据《公路钢结构桥梁设计规范》（JTG D64—2015）有关规定，荷载类型选用单轴双轮组 140kN，双轮轮胎荷载重 70kN，车辆荷载均匀分布于接触面上，接触压力与接触面积有关，轮胎与铺装层接触面简化为矩形，每单轮宽 20cm、长 25cm，两轮侧间距 10cm，如图 6-67 所示。

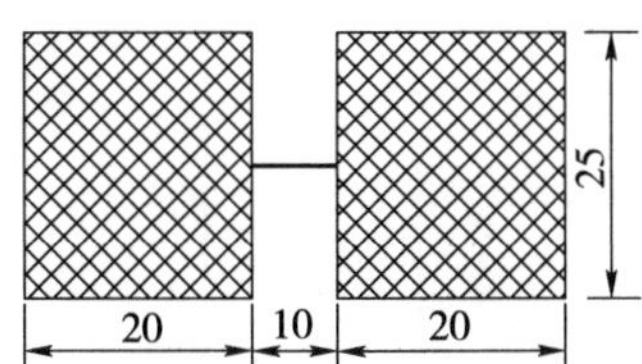

图 6-67　有限元模型中荷载等效示意图（单位：cm）

在经过对不同荷载位置研究后发现车轮荷载作用的最不利荷载横向位置为荷载中心与两个 U 肋之间的中点重合处，纵向为两个横隔板的跨中部位。

不同温度条件下，在模型最不利荷载位置施加一个标准轴载的荷载作用后，模型产生的受力及变形情况如图 6-68 所示。

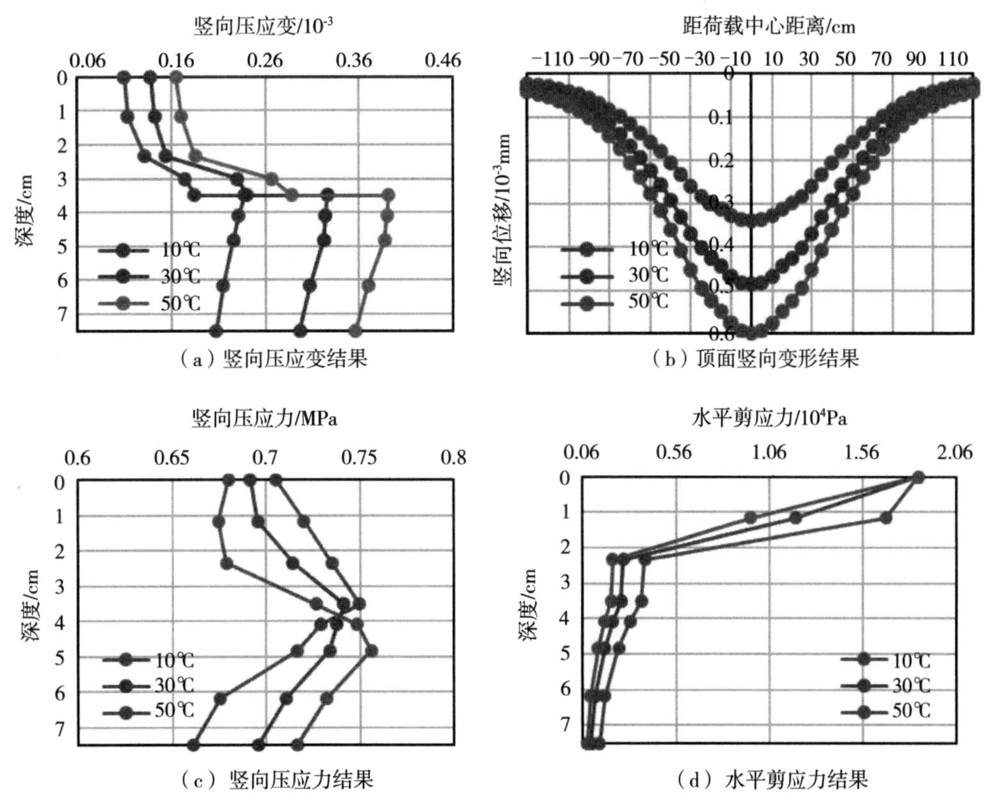

图 6-68　不同温度下有限元模型受力及变形情况

在 30℃条件下，在模型最不利荷载位置施加一个不同轴载的荷载作用后，模型产生的受力及变形情况如图 6-69 所示。

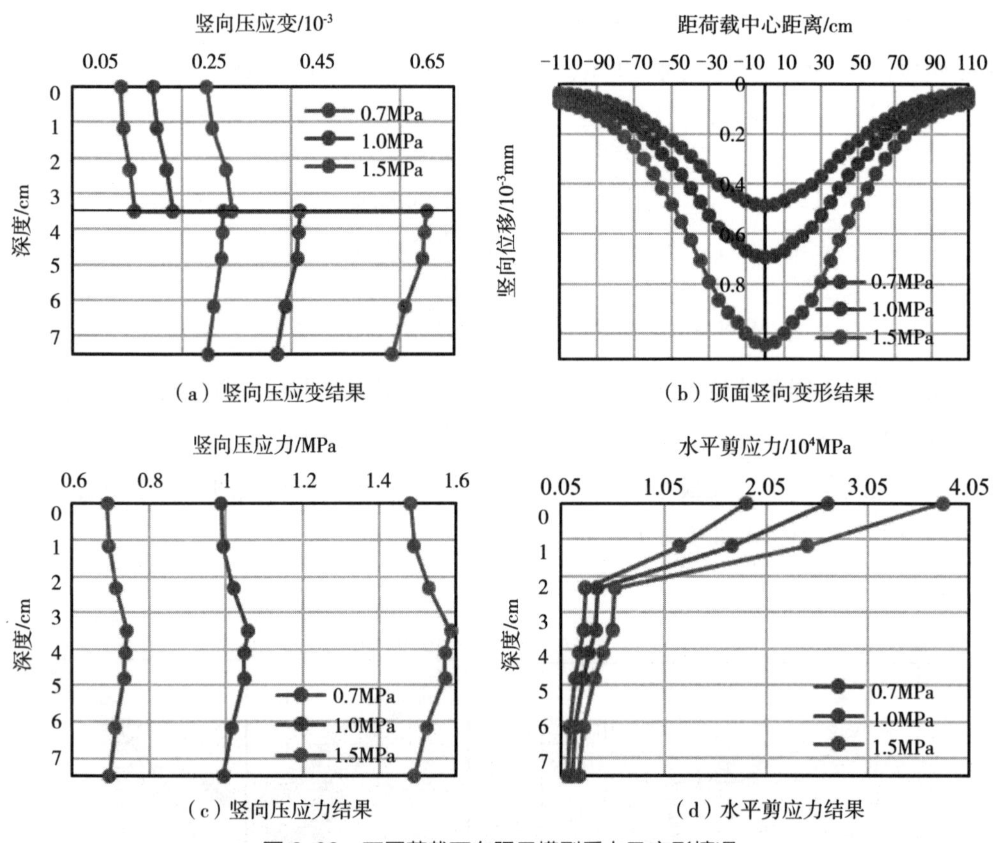

图 6-69 不同荷载下有限元模型受力及变形情况

（3）荷载作用时间

按照轮胎充气压力为 0.7MPa 的双轮荷载来计算荷载作用情况，轮胎接地压力为 0.77MPa，接地状况为 0.186m × 0.175m，轮胎间距为 0.32m。车轮荷载作用的最不利荷载横向位置为荷载中心与两个 U 肋之间的中点重合处，纵向为两个横隔板的跨中部位。根据轮胎的接地长度（L），通常 L 取 0.2m～0.3m，行车的速度采用设计速度 80km/h，可以计算出轮胎一次经过铺装层表面上某一点的时间为 0.00844s。结合之前换算的等效标准轴载作用次数，得到表 6-26 所示的 2013 年至 2018 年各月荷载作用时间。

表 6-26 各月荷载作用时间（单位：s）

月份 / 月	2013 年	2014 年	2015 年	2016 年	2017 年	2018 年
1	229	453	779	742	859	773
2	207	364	570	507	692	714
3	310	478	845	778	930	932

续表

月份 / 月	2013 年	2014 年	2015 年	2016 年	2017 年	2018 年
4	347	809	831	787	913	906
5	358	881	867	791	988	984
6	351	818	859	804	997	1000
7	369	867	738	833	1024	1025
8	381	848	736	867	1042	1043
9	390	814	737	718	1096	1100
10	427	833	743	923	1022	1005
11	437	777	676	974	1074	1051
12	470	807	739	1042	1146	1110

（4）车辙预估结果

在验证 ABAQUS 模型的有效性之后，对桥面铺装及钢桥整体有限元模型进行车辙分析。2019 年车辙荷载拟合变形云图如图 6-70 所示。

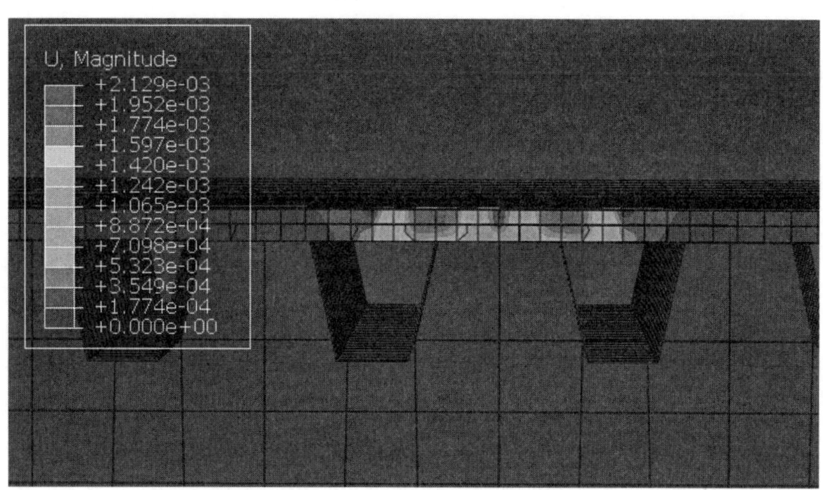

图 6-70　2019 年车辙荷载拟合变形云图

图 6-71 所示为 2019 年铺装层各月车辙累积深度示意图。2013 年至 2019 年各月的铺装层变形发展规律基本相似，在高温的夏季是车辙发生并且积累的主要时间段，在春季和秋冬时间段，车辙发展较为缓慢。

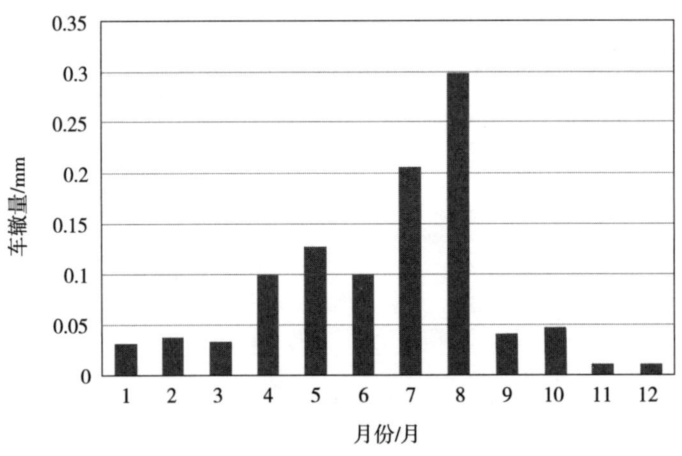

图 6-71 2019 年铺装层各月车辙累积深度示意图

有限元模型在荷载受力分析以及交通流量分析时均考虑最不利情况即第三行车道车辙产生状况，因此将 2013 年至 2019 年的模拟车辙与实测的第三行车道车辙对比，结果如图 6-72 所示。有限元模型模拟值发展规律与车道实测值相符，在前期模拟值较实测值小，后期预测值的增长速度超过实测值，但 2013 年至 2019 年累计 7 年的预测值与上游车道实测值差异仅为 1.3mm，预测效果较为良好。此外，有限元模型预测值在数值上与上游实测值数据较为接近，下游实测值明显小于其余二者，分析原因应当是交通方向分布的不均匀以及上下游方向的货车的轴载有所区别。

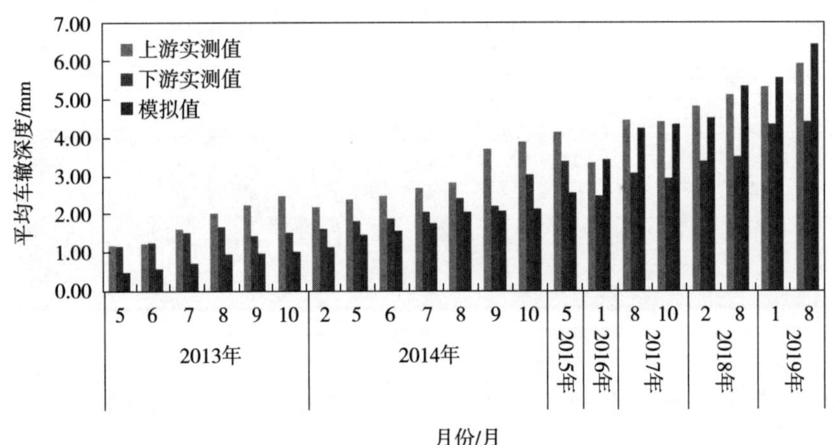

图 6-72 模拟值与实测值对比

图 6-72 仅将含有实测数据的月份列出，将 2013 年至 2019 年车辙数据补全后并添加幂级数拟合趋势线（见图 6-73）进行分析。

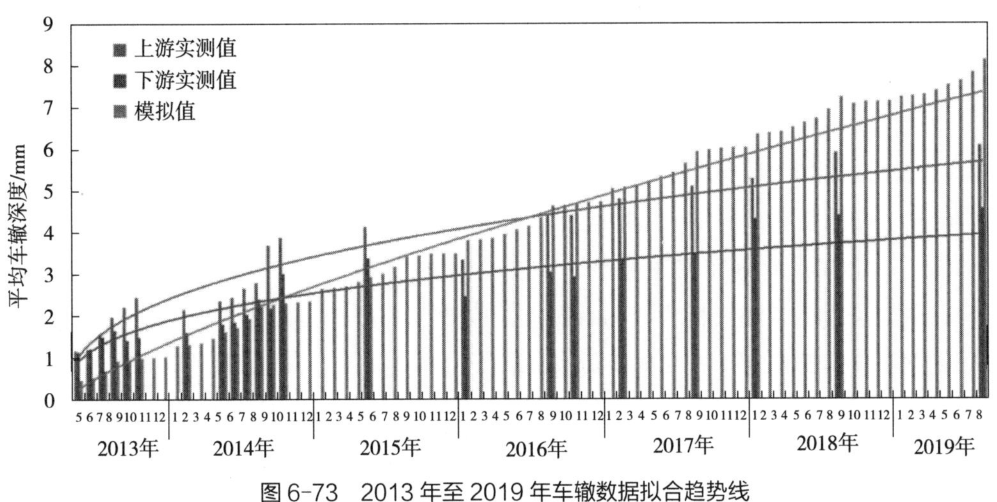

图 6-73　2013 年至 2019 年车辙数据拟合趋势线

利用幂级数拟合车辙数据后，上游实测值与有限元模拟值的趋势线十分接近，表明有限元模型的模拟结果可靠。因此利用 ABAQUS 有限元模型能够有效的模拟南京栖霞山长江大桥铺装层永久变形情况。对比下游实测值、上游实测和模拟值，数据间的仍然存在差异，原因可能是上下游的交通量、车辆的轴载大小存在偏差以及未能完全模拟材料受力情况和老化规律，后续研究可以着手从这些方面进行优化。

（5）未来车辙发展预测

利用现有交通统计结果对未来南京栖霞山长江大桥交通量进行预测，并结合此前对于交通量的基于车辙等效轴载换算的分析，对预测交通量进行有限元交通荷载时间的换算，在建立好的有限元模型基础上对 2020 年至 2027 年南京栖霞山长江大桥车辙量发展进行预测，计算结果如表 6-27 所示。

表 6-27　2020 年至 2027 年南京栖霞山长江大桥车辙量发展预测

年份 / 年	2020	2021	2022	2023	2024	2025	2026	2027
预测车辙深度 /mm	3.6	3.7	3.9	4.0	4.1	4.2	4.3	4.4

6.4.3　疲劳预测模型

根据新建时期所建立的疲劳寿命预测模型，南京栖霞山长江大桥复合浇注式沥青混凝土钢桥面铺装疲劳寿命需满足公式（6-13）要求。

$$N_f \geqslant C_T \times C_t \times C_p \times C_c \times N_B \tag{6-13}$$

式中：

N_f——试验温度为 20℃、4kN 荷载条件下，带钢板的复合件疲劳试验的疲劳次数（次）；

N_B——按表面设计拉应力等效原则条件下，设计期内南京栖霞山长江大桥全断面各种车辆的累计当量轴次（次）；

C_t——时间间隔修正系数取 1/5；

C_c——表面裂缝扩展修正系数取 1；

C_P——轮载横向分布修正系数，$C_P=0.57\times\eta$，η 为车道系数，宜按照表 6-28 选定。因南京栖霞山长江大桥为双向六车道，因此，车道系数选择 0.3～0.4。为提高验证的可靠程度，计算时选择车道系数为 0.4。

表 6-28　车道系数

车道特征	车道系数	车道特征	车道系数
双向单车道	1.0	双向六车道	0.3～0.4
双向两车道	0.6～0.7	双向八车道	0.25～0.35
双向四车道	0.4～0.5		

根据前文中的实际交通量以及基于实际交通量的线性拟合结果所得出的 2019 年至 2027 年预测交通量，经计算可得南京栖霞山长江大桥钢桥面铺装 15 年设计使用寿命内的车辆的累计当量轴次为 $N_B=6.185\times10^8$ 次。

温度修正系数（C_T），按公式（6-14）进行计算。

$$C_T=\frac{1}{\sum_{i=1}^{12}\left(k_1\times e^{k_2T_i}\right)} \tag{6-14}$$

T_i——桥址区第 i 月份的特征温度（见表 6-29）；

k_1、k_2——按应力等效原则确定的换算参数（见表 6-29）。

表 6-29　温度修正计算参数

评价项目	轮迹区裂缝病害评价		非轮迹区表面裂缝评价	
月平均气温	≥20℃	＜20℃	≥20℃	＜20℃
T_i	T_i-2.2	T_i+1.65	T_i-3.05	T_i+1.4
k_1	0.0133	0.0089	0.0290	0.0193
k_2	0.129		0.196	
注：T_i 为第 i 月份平均气温，$T_{max,i}$ 为第 i 月份铺装表面最高温度。				

按照公式（6-14），结合南京地区月平均气温历史调研数据进行计算，得到轮迹

区裂缝病害和非轮迹区表面裂缝评价的温度修正系数分别为 0.498 及 0.054。

基于实际交通量及以实际交通量预测的 15 年设计寿命内剩余运营年限内的交通量下，南京栖霞山长江大桥钢桥面铺装所需承受的疲劳作用次数约为 153 万次。由新建时期的室内带钢板复合件疲劳试验结果可知，南京栖霞山长江大桥复合浇注式沥青混凝土钢桥面铺装在 20℃、5kN 荷载下的疲劳试验次数为 1280 万次＞153 万次，在 15 年设计使用寿命内，南京栖霞山长江大桥产生疲劳开裂病害的风险较低。

6.5 钢桥面铺装温度场

6.5.1 铺装层温度场和外界影响因素的相关性分析

钢箱梁沥青铺装层温度属于随机变量，箱外温度变化、太阳辐射变化也是随机变量。根据南京栖霞山长江大桥健康监测系统，收集 2013 年全年的钢箱梁铺装温度数据、桥面 5m 以上风速、太阳辐射（日辐射）、桥面 5m 以上气温、钢箱梁内部温度，对沥青铺装层温度和外界影响因素进行回归和相关性分析，进而实现混凝土箱梁温度分布规律的简便预测。

6.5.1.1 2013 年外部温度与铺装温度的相关性

图 6-74 为铺装下层的日平均温度与桥面日平均温度的关系图。

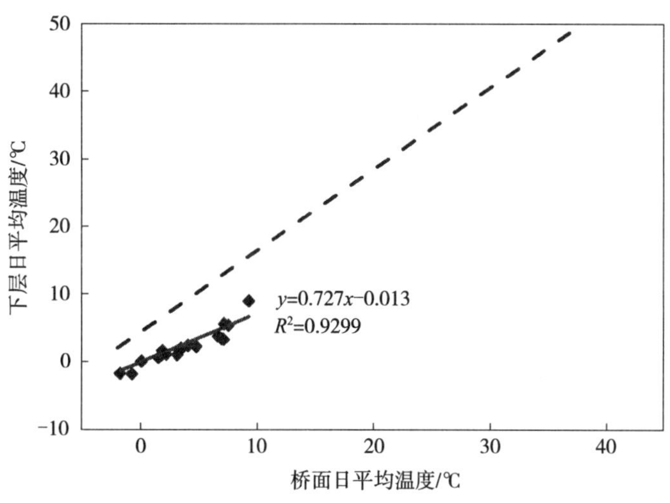

图 6-74 铺装下层日平均温度与桥面日平均温度

从图 6-74 中可以看出，铺装下层日最平均温度与桥面日平均温度线性相关。直线拟合均方差为 0.9299。方程为：

$$y = 0.727x - 0.013 \tag{6-15}$$

铺装下层日平均温度基本在图中虚线以下，虚线方程为：

$$y = 1.2032x + 4.5 \tag{6-16}$$

由此方程可以对铺装下层的最高日平均温度进行估计。图 6-75 为中层日平均温度与桥面日平均温度的关系图。

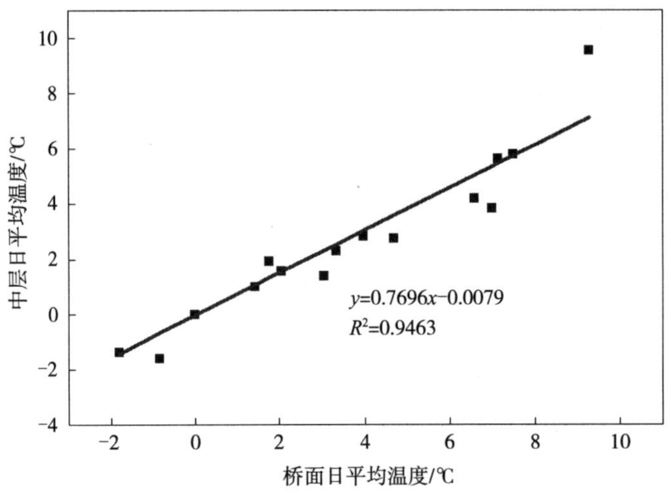

图 6-75　铺装中层日平均温度与桥面日平均温度

从图 6-75 中可以看出，铺装中层日平均温度与桥面日平均温度基本呈线性关系。直线拟合均方差为 0.9463。方程为：

$$y = 0.7696x - 0.0079 \tag{6-17}$$

图 6-76 为铺装面层日平均温度与桥面日平均温度的关系图。

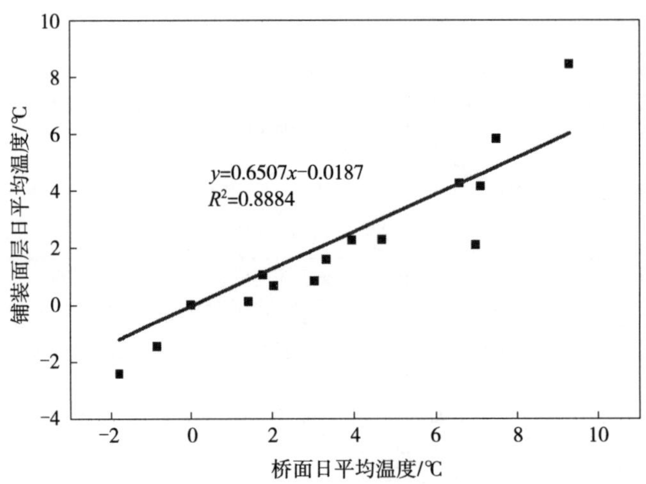

图 6-76　铺装面层日平均温度与桥面日平均温度

从图 6-76 中可以看出，面层日平均温度与桥面日平均温度基本呈线性关系。直线拟合均方差为 0.8884。相对于平均温度，上表面的最高温度对温度分布同样具有影响。图 6-77 为铺装面层日最高温度与桥面日平均温度的关系图。

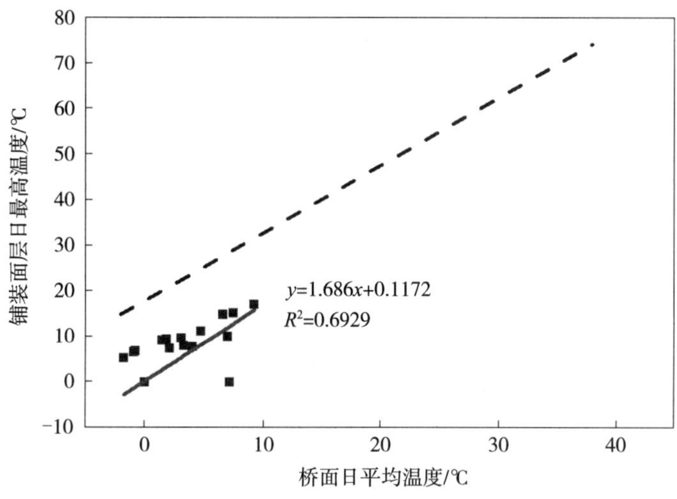

图 6-77 铺装面层日最高温度与桥面日平均温度

从图 6-77 中可以看出，相对于面层日平均温度与桥面日平均温度的线性关系，面层日最高温度与桥面日平均温度离散性增加。直线拟合均方差为 0.6929。铺装面层温度基本在图中虚线以下，虚线方程为：

$$y = 1.485x + 17.8 \tag{6-18}$$

图 6-78 为铺装面层日最高温度与桥面日最高温度的关系图。

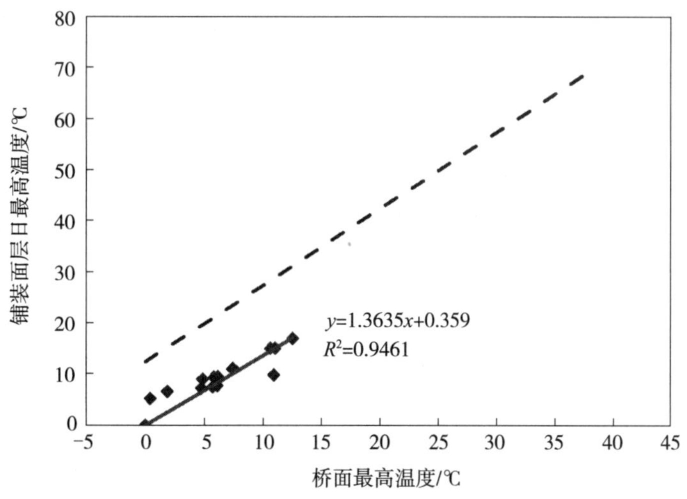

图 6-78 铺装面层日最高温度与桥面最高温度

从图 6-78 中可以看出，相对于面层日最高温度与桥面日平均温度的线性关系，面层日最高温度与桥面日最高温度离散性减小。直线拟合均方差为 0.9461。铺装面层温度基本在图中虚线以下，虚线方程为公式（6-19），由此可对铺装面层最高温度进行预测。

$$y = 1.4996x + 12.5 \tag{6-19}$$

6.5.1.2 2013 年辐射条件与铺装温度的相关性分析

图 6-79 为 2013 年日辐射量与铺装面层最高温度散点图。

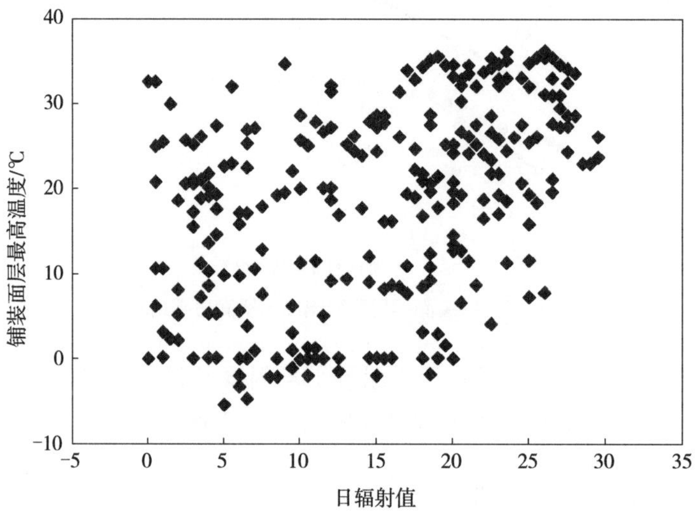

图 6-79　2013 年日辐射量与铺装面层最高温度

从图 6-79 中可以看出，日辐射强度与铺装层最高温度之间并无明显关系。因为最高温度受到初始温度、风速等影响，并非由辐射强度所决定。日辐射量主要与太阳辐射角、日照时间等因素相关。日辐射强度与温度增量关系较大。因此，有必要研究辐射强度与日最高温度对铺装层最高温度的影响。以日最高温度 T_{max} 与日辐射强度 I 为变量，铺装上层最高温度 T_{pmax} 为函数目标，可以得到二元曲线拟合方程为：

$$T_{pmax} = 1.122T_{max} + 0.8181I - 4.838 \tag{6-20}$$

辐射强度与日最高温度与铺装层最高温度关系图如图 6-80 所示。

该拟合方程的均方差为 0.9553，优于仅由日最高温度对铺装层最高温度的一元拟合。如要对铺装层最高温度进行估计，可由公式（6-21）求得：

$$T_{pmax} = 1.122T_{max} + 0.8181I - 4.838 + 2R \tag{6-21}$$

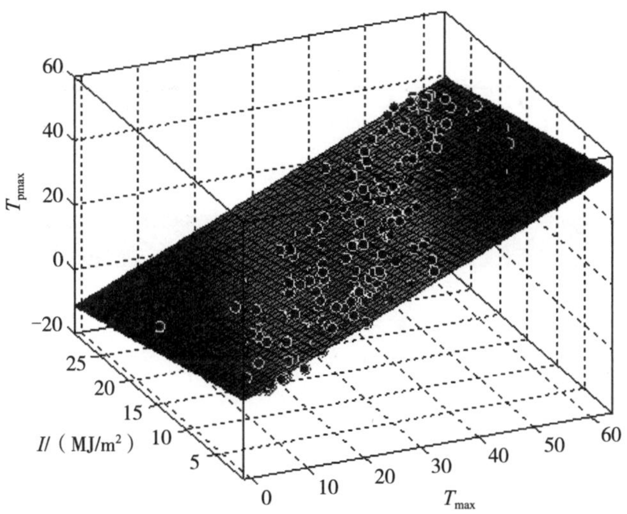

图 6-80　辐射强度与日最高温度与铺装层最高温度关系图

R 为标准误差，其中 R=3.379，因此得到，

$$T_{pmax} = 1.122T_{max} + 0.8181I + 1.920 \tag{6-22}$$

由此可根据当地气温与太阳辐射强度对铺装层最高温度进行预测。

6.5.2　钢箱梁铺装层温度场的有限元分析

6.5.2.1　模型的建立与参数选取

综合考虑温度、钢材与沥青混凝土材料特性、对流边界条件的时变效应等因素，利用有限元分析钢箱梁温度场的计算模式，为铺装层温度场的参数分析建立基础。

基于南京栖霞山长江大桥的健康监测系统，获取 2013 年的钢箱梁铺装温度数据、桥面 5m 以上风速、太阳辐射（日辐射）、桥面 5m 以上气温、钢箱梁内部温度等实际桥梁的边界条件。在此基础上，运用有限元分析软件建立箱梁的实体平面模型，模拟实际钢箱梁的温度场分布。考虑到研究对象为钢箱梁的沥青混凝土铺装层，模型选择为带 U 肋的钢箱梁顶板与沥青铺装层的节段有限元模型。由于结构的对称性，可取半幅桥面模型进行分析，采用热分析单元建立模型，共建立了 8730 个节点、8332 个单元。实际建立的模型如图 6-81 所示。

箱梁温度场进行分析时，存在着选取热力学参数的问题，影响这些参数的因素众多，通常使计算结果与实际情况有所差别，其相关的热力学参数准确与否直接影响着分析的结果。主要热力学参数包括钢与沥青的密度、导热系数、比热容等，混凝土的热物理性质见表 6-30。

（a）整体模型

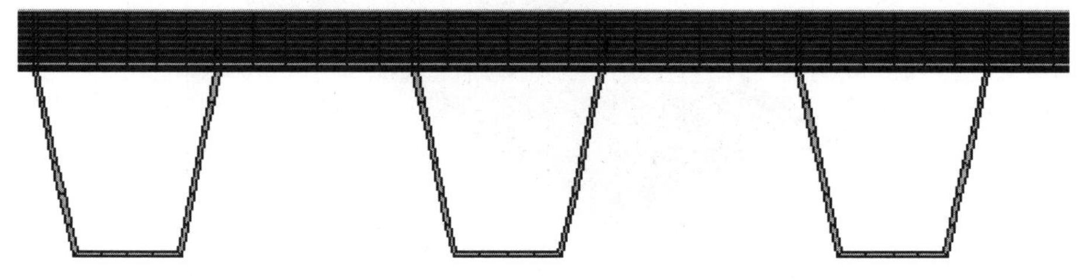

（b）模型局部放大图

图 6-81　带 U 肋的钢箱梁顶板与沥青铺装层的节段有限元模型

表 6-30　混凝土的热物理性质

材料	密度 /（kg/m³）	导热系数 /［W/（m·K）］	比热容 /［J/（kg·K）］
沥青	1700	0.93	920
钢材	7600	24.7	460

6.5.2.2　热交换系数的确定

所进行的温度场分析为瞬态分析，在计算时间内外界温度、太阳辐射强度，对流换热系数都是随时间变化的，因此在利用 Ansys 分析温度场时，将分析类型定为瞬态分析，并在边界上施加随时间变化的外界温度、对流换热系数和太阳辐射强度。

钢箱梁及沥青表面上发生两种彼此独立的热交换：由于辐射引起的热交换及由于传导和对流引起的热交换。对流和热传导的影响在计算中合并为一个数值，并用对流换热系数 h_c 表示。对于太阳辐射部分，可用辐射强度 I_s 表示。顶板混凝土吸收的辐射强度 I_a 为：

$$I_a=\alpha I_s \tag{6-23}$$

式中：

α——吸收率，这里取为 0.8。

获取每个时刻准确的对流表面换热系数相当困难，因为对流表面换热系数与很多因素有关，例如风速、材料特性、物体的表面形状、空气黏度、空气湿度等。本次分析根据凯尔别克的论述，认为对流表面换热系数主要和风速有关，对于箱梁不同的表面，按公式（6-24）和公式（6-25）方式取得箱梁各表面的对流表面换热系数。

顶板上表面：

$$h_{c}=3.83w+4.67 \tag{6-24}$$

箱梁内表面：

$$h_{c}=10 \tag{6-25}$$

6.5.2.3 温度场计算结果分析

由于测试数据较多，本次研究选取 2013 年 8 月 7 日至 8 月 8 日的温度场进行了模拟，计算得到各时刻的温度云图。

图 6-82 为 8 月 7 日 14：00 时刻温差较大时刻的温度场分布。从图中可以看出，铺装层的温度场呈规律性的线性分布，顶面高，底面低。最高温度发生在混凝土顶面，约为 58.2℃。

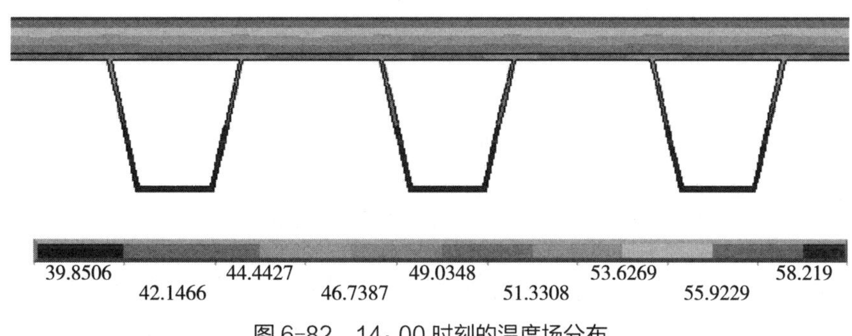

图 6-82　14：00 时刻的温度场分布

图 6-83 为 8 月 6 日 1：00 时刻温差较小时的温度场分布。可以看出，在凌晨时刻顶层沥青温度较低，而底层沥青温度较高，由此沥青铺装层会和白天的梯度温度形成相反的受力形式。

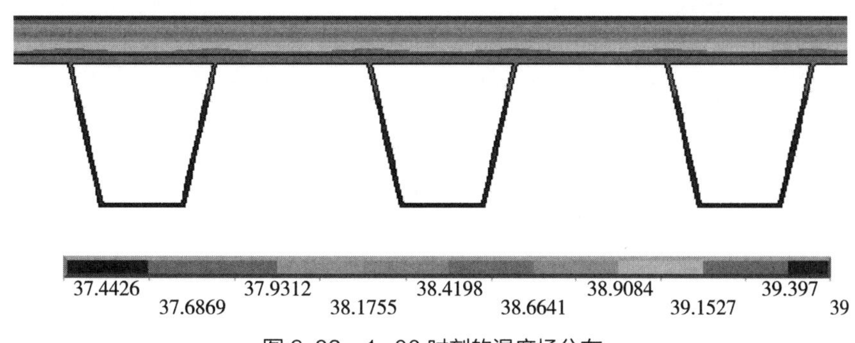

图 6-83　1：00 时刻的温度场分布

图 6-84 为 8 月 7 日至 8 月 8 日铺装层顶面的计算温度与实测温度的比较图。从图中可以看出，有限元分析得到的铺装层温度计算值与温度实际测试值的变化规律一

致，随时间近似按正弦曲线变化。铺装层温度计算值与温度实际测试值吻合较好，两者误差较小，基本在 2℃之内。该误差是由于热物理参数和边界条件的差异性决定的。此外，沥青铺装层的温度在 1d 之中变化范围较大且具有规律性，该变化会对沥青铺装层的受力及其他物理特性产生影响。

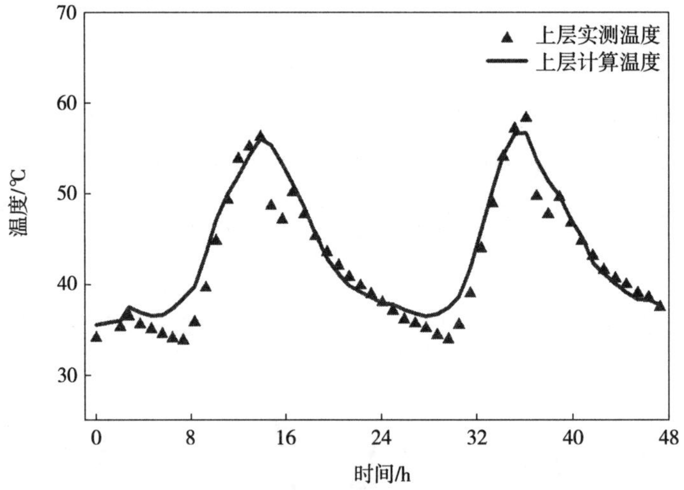

图 6-84　铺装层顶面计算温度与实测温度比较图

图 6-85 为 8 月 7 日至 8 月 8 日铺装层底面模拟温度与实测温度的对比。从图中可以看出，有限元分析得到的铺装层温度计算值与温度实际测试值的变化规律一致，随时间近似按正弦曲线变化。铺装层温度计算值与温度实际测试值吻合较好，两者误差较小，基本在 3℃之内。

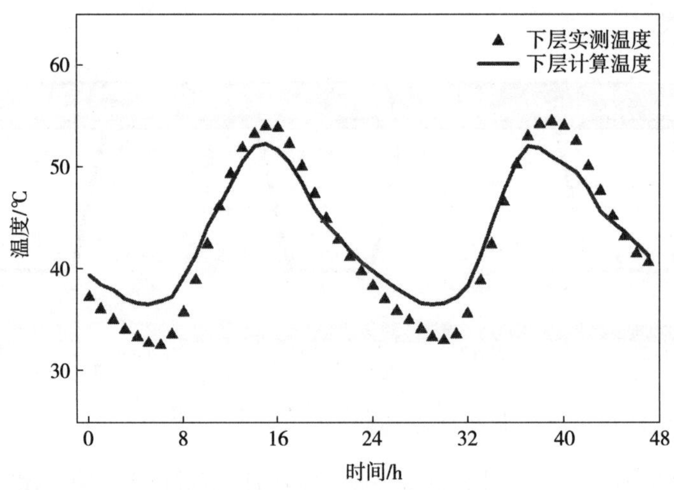

图 6-85　铺装层底面模拟温度与实测温度比较图

由图 6-84 与图 6-85 可知，本次研究所采用的有限元方法能够较准确地模拟沥青铺装层温度场。因此，进一步模拟了 2013 年 8 月 7 日至 8 月 8 日间铺装层的温度场，并给出了层顶面与层底面之间温差变化图。由图 6-86 可以发现，沥青铺装层的最大温差在 -5℃～12℃之间变化，可能会对沥青铺装层产生额外的温度应力，影响其耐久性。

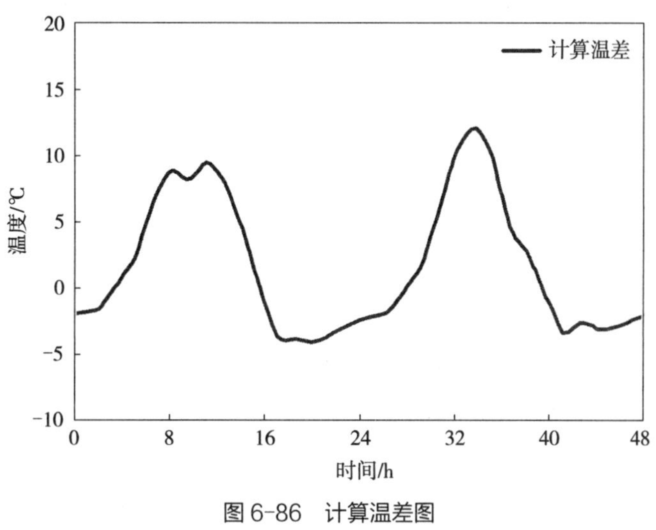

图 6-86 计算温差图

6.6 钢桥面铺装功能性修复措施

南京栖霞山长江大桥钢桥面铺装病害为硬伤，无其他病害。随着使用年限的增加，铺装可能出现车辙病害和突发事件（油污、火烧等）造成的破坏，因此针对设计生命期内钢桥面铺装可能出现的硬伤、车辙和坑槽病害，公司联合苏交科集团股份有限公司等单位提出了详细的养护方案。

6.6.1 局部车辙处置

6.6.1.1 基本要求

基本要求如下。

（1）尽量采用与原铺装方案相同的材料和级配类型。

（2）施工方便快捷，无需拌和楼等大型施工设备。

（3）养生时间短，可以满足当天养护当天开放交通的要求。

（4）混合料具有优良的防水性能和路用性能。

6.6.1.2 处置方案

局部车辙病害处置可用薄层修补的方法，使高差为零。

（1）对于竖向车辙的连续的凹陷部分，可使用局部车辙修复材料进行修补。

（2）南京栖霞山长江大桥钢桥面铺装上面层厚度为35mm，当发生较大面积的拥包、推挤时，切除表面可能会导致上面层变薄，若仍然无法解决问题，则应调查具体原因，确定是否采用局部重新铺装的热补方案。

6.6.1.3 原材料技术要求

用于局部车辙病害修复材料技术指标见表6-31。

表6-31 局部车辙病害修复材料技术指标

试验项目			单位	技术要求
硬化以前的性状	可使时间	10℃	min	≥2
		20℃	min	≥2
	硬化时间	10℃	min	≥30
		20℃	min	≥30
硬化以后的性状	动定稳定度	60℃	次/mm	≥1000
	磨损量	-10℃	cm^2	≤1
	黏着强度	20℃，混凝土	MPa	≥0.6
	黏着强度	20℃，沥青	MPa	≥0.6

6.6.1.4 施工工艺

施工前准备：根据拟修补区域面积计算所需原材料数量，确保备料充足；对原材料进行抽检，确保各原材料指标满足相关要求；对所需机械设备进行调试与保养，确保其处于良好运行状态。

测量放样：使用3m直尺在路面横断面上进行放样，以设定车辙深度确定修补范围，划出修补边线及控制线，线型应平顺，并尽量与车道分界线平行。

清扫修补面：用森林灭火器或压缩空气对原铺装层表面的石屑、尘土等杂质进行彻底清除，确保路面洁净、干燥。

喷洒改性乳化沥青：洒布改性乳化沥青时，应安排专人用彩条布对相邻车道进行防护，防止污染非养护区域；洒布完成后，应用扫帚把积在堆积的黏层油逆纵坡或横坡由低处往高处涂抹，保证黏层油洒布的均匀性；黏层油的洒布应做到均匀、不露白、不堆积。

修补材料填筑与碾压：根据待填补区域面积及厚度计算所需的修补材料，填入冷补材料并刮平或填入热拌高弹改性沥青混合料并夯平。

养生及开放交通：修补结束后应封闭交通养生，待乳化沥青破乳，表面出现透明水（约 30min）或热补沥青混凝土冷却后方可开放交通。

6.6.1.5 质量验评标准

局部车辙修复后路面各检测指标需满足表 6-32 质量验评标准。

表 6-32 车辙修复质量验评标准

检验项目	单位	技术要求
渗水	mL/min	≤20
摩擦系数	BPN	≥60

6.6.2 局部坑槽处置

6.6.2.1 基本要求

基本要求如下。

（1）尽量采用与原铺装方案相同的材料和级配类型。

（2）施工方便快捷，无需拌和楼等大型施工设备。

（3）养生时间短，可以满足当天养护当天开放交通的要求。

（4）混合料具有优良的防水性能和路用性能。

6.6.2.2 处置方案

（1）应急处置方案

应急处置通常是指由于施工季节、施工条件等限制，对出现的坑槽等病害不能及时、彻底地修补，为了控制坑槽的进一步扩展及确保行车安全而采取的临时性、应急性的措施。应急性修补一般是用热拌混合料或冷拌常温混合料填满坑槽，整平后稍作压实即可。该方法一般不对坑槽作切边处理，而只是清理松散集料，清扫修补的坑槽。应急性修补后的坑槽一般最多只能维持 4 个月～5 个月时间，所以在以后对坑槽进行彻底、永久性的修补时应将应急性修补过的坑槽进行重新修补。

（2）常规处置方案

对于坑槽范围不超过 50cm × 50cm 的小面积坑槽病害，可采用常温施工法，挖除病害区域的沥青混凝土。坑槽开槽方式可采用垂直开槽方法，能够保证坑槽内材料的受力均匀性，保证混合料压实度。对于 $10m^2$ 以上大面坑槽积病害，可采用加热施工法，挖除病害区域的沥青混凝土，采用机械设备摊铺与原铺装方案相同的沥青混合料并压实。

6.6.3 原材料及混合料技术要求

6.6.3.1 应急处置方案

由于应急处置自身的突发性、紧急性与临时性，对于应急处置方案所用原材料与混合料可不做性能检测，但施工单位需提供相关原材料与混合料出厂合格证明等相关检测报告。

6.6.3.2 常规处置方案

对于小面积坑槽修补，施工单位应提供相关原材料与混合料自检合格报告与出厂合格证明等相关证明材料，检测报告宜涵盖表 6-33 中所列性能指标。

表 6-33 特种乳化沥青砂浆性能指标

<table>
<tr><th colspan="4">项目</th><th>温度</th><th>单位</th><th>技术要求</th></tr>
<tr><td rowspan="6">固化后</td><td colspan="3">马歇尔稳定度</td><td>60℃</td><td>kN</td><td>≥2.0</td></tr>
<tr><td colspan="3">肯塔堡飞散损失率</td><td>5℃</td><td>%</td><td>≤15</td></tr>
<tr><td colspan="3">路面抗滑值</td><td>20℃</td><td>BPN</td><td>≥65</td></tr>
<tr><td rowspan="3">磨耗值</td><td>初期耐磨性</td><td>空气 1h</td><td>20℃</td><td>g</td><td>≤250</td></tr>
<tr><td rowspan="2">长期耐磨性</td><td>水中 1h</td><td>25℃</td><td>g/m^2</td><td>≤540</td></tr>
<tr><td>水中 6d</td><td>25℃</td><td>g/m^2</td><td>≤800</td></tr>
</table>

大面积坑槽修补宜采用热拌沥青混合料，所用沥青宜为改性沥青，进场前施工单位应提供相关原材料及混合料自检报告或出厂合格证明等合格证明文件。

6.6.4 施工工艺

6.6.4.1 应急处置方案施工工艺

坑槽的应急性修补主要包括以下四道工序。

清槽：利用高压空气将坑槽内的松散颗粒与槽底、槽壁处灰尘、杂物及水分等清除干净。

喷洒乳化沥青：在清槽后的坑槽表面喷洒或涂刷乳化沥青，形成黏结层。

混合料填充与整平：根据待修补坑槽面积与深度，填入适宜的混合料，人工进行整平。

混合料碾压：基于应急处置的突发性，混合料的碾压可采用小型平板夯或工程车辆车轮等进行碾压密实。

6.6.4.2 常规处置方案施工工艺

（1）小面积坑槽修补施工工艺如下。

现场准备：在修补前，要现场对坑槽、松散等进行测量，确定修补的位置和面积（长 × 宽）以及所需混合料的数量（m^3 或 t）；坑槽病害的修补形状按照“小洞大补、圆洞方补、斜洞正补”的原则确定，用石笔或粉笔划出待修补坑槽轮廓线；两个坑槽修补面积边界距离不超过 20cm 时可一并处理。

切缝：用切割机沿划好的轮廓线进行切割，切割时应注意走线顺直，切缝深度在 3cm 左右，切缝应为一闭合矩形。

凿除病害路面：采用电镐或风镐刨除病害位置路面废料，并人工清除。

坑槽清理：病害位置路面废料清除干净，用吹风机清除槽底及槽壁的浮土及杂物。

喷洒乳化沥青：对槽底和槽壁喷洒乳化沥青，喷洒过程中要避免喷洒不足及过量喷洒。

填加修补材料：人工将混合料填至坑槽内，数量要相对准确，避免材料浪费。

摊铺整平：用直尺将填入槽内的混合料刮平，人工摊铺整平要充分考虑松铺系数（1.1～1.2），确保修补位置路面与原路面的平顺性。

压实：摊铺整平后，采用振动夯或手推式压路机碾压；坑槽病害修补混合料的碾压要先压两边，每次相错 1/2 轮，逐步向槽中间碾压。

石屑封边：摊铺碾压后，沿修补面积四周撒布石屑或细砂，进行封边。封边宽度 15cm～20cm，以保证修补坑槽四周的防水性。

质量验收：坑槽修补位置要求平整密实、路拱适度、线条顺直、排水良好，外观无松散、推移、裂缝、轮迹，颜色均匀。

（2）大面积坑槽修补施工工艺如下。

路面坑槽测量：对路面坑槽病害进行处置之前，应对病害进行调查和测量，认真记录病害的位置（桩号）、类型、长度、宽度、深度等。

贮存成品料：将沥青混合料放入特制的钢模（模壁涂油）中，压实冷却后取出，存入干净的库房以备后用；冷料块不要太大，以一个人可轻松搬运为宜；如果在坑槽修补时，沥青拌和厂正在生产，可直接将拌好的热混合料装入修补车预热料仓中，这样可节约预热费用。

预热成品料：修补前 12h，将冷的成品料放入预热料仓预热，温度达到拌和厂的出料温度（160℃～165℃）。

现场准备：在修补前，要现场对坑槽、松散等进行测量，确定修补的位置和面积（长 × 宽）以及所需混合料的数量（m^3 或 t）；坑槽病害的修补形状按照“小洞大补、圆洞方补、斜洞正补”的原则确定；两个坑槽修补面积边界距离不超过 20cm 时可一并处理。

加热或切边清除：对于加热路面型修补车，要对加热墙加热，同时把加热墙放在预先确定好的需要修补的坑槽位置给路面加热，温度为 120℃～140℃。对于开挖清理型修补车，用切割机沿修补面积的四边切缝，切缝深度为 4cm 左右，切缝一定要整齐且与路面垂直，同时切边也应为一闭合的长方形，不能过切，也不能欠切；用液压镐或风镐刨起坑内的原路面材料，用铁锹将刨起的废旧混合料铲入废料仓；清除废旧混合料要确保清除坑内所有松散物质（包括水、杂质等），达到坚硬的基础。

耙松或清扫：对于加热路面型修补车，当路面加热到规定的温度后，提升加热墙，启动液压疏松耙，将加热的路面材料耙松，使块状的路面材料恢复到热混合料的颗粒状态；对于开挖清理型修补车，这道工序就是将坑内的废旧混合料清扫干净，可用修补车自配的压缩空气喷枪吹扫，最后应将废料装入废料仓。

喷洒乳化沥青：打开乳化沥青手持喷枪，给槽底和槽壁喷洒一定量的乳化沥青，使其起到较好的黏结作用，但不能使乳化沥青在坑底堆积。

填加热拌混合料：从沥青混合料预热料仓中通过螺旋输料器、斜槽将热拌混合料送入坑槽内，混合料的数量要相对准确，以免造成浪费。

摊铺整平：填入坑内的混合料通过人工将其摊铺开，并用直尺或找平耙将其找平，人工摊铺整平要充分考虑松铺系数（1.1～1.2），确保既要使沥青混合料得以充分压实，又能使新路面正好与原路面保持高度一致。

压实：摊铺整平后，要对修补坑槽进行压实，小坑槽可用修补车自配的振动夯和手推式压路机碾压，大坑槽要用专门配备的双钢轮压路机进行碾压；碾压是坑槽修补中至关重要的一环，要确保混合料充分压实，压实次数为 4 遍～6 遍；要控制好碾压温度，不能将混合料压偏、压搓、压出坑外；碾压时要先压两（四）边，每次错 1/2 轮，逐步压向槽中间。

石屑封边：当摊铺碾压后，坑槽四周有较明显的缝，而且可能残留一些乳化沥青，所以要用石屑撒布装置沿着四周撒布石屑和细砂，进行封边。封边宽度 15cm～20cm，以保证修补坑槽四周有较好的防水性。混合料冷却后，清扫所有松散材料，便可通车放行。

质量验收：通过对坑槽的修补，路面总体要达到平整密实、路拱适度、线条顺直、排水良好。外观无松散、推移、轮迹，接缝平直，颜色均匀，表面平整。

坑槽修补后路面各检测指标需满足表 6-34 的质量验评标准。

表 6-34　坑槽修补质量验评标准

检验项目	单位	技术要求
外观	—	无松散、推移、轮迹，颜色均匀
渗水	mL/min	≤20

6.7　钢桥面铺装结构性修复措施

6.7.1　处理方案

针对南京栖霞山长江大桥钢桥面铺装，由于上面层直接承受汽车荷载的作用，在正交异性板与沥青混凝土组合形成的复合浇注式沥青钢桥面铺装体系中，荷载对上层铺装造成的损伤高于对铺装下层造成的损伤。钢桥面铺装车辙主要发生于铺装上层，因此南京栖霞山长江大桥钢桥面铺装大修方案以铣刨并重铺上面层为主，以尽量不破坏下面层浇注式沥青混凝土为原则。

6.7.2　原材料及混合料技术要求

对于重铺上面层方案的选择，建议采用原铺装方案高弹改性沥青混合料，相关材料技术要求见表 6-35～表 6-40。

表 6-35　高弹改性沥青技术要求

检测项目		单位	技术指标
针入度（25℃，100g，5s）		0.1mm	60～100
软化点 T		℃	≥70
延度（10℃）		cm	≥50
动力黏度（60℃）		Pa·s	≥20000
黏韧性		N·m	≥16
韧性		N·m	≥10
脆点（弗拉斯法）		℃	≤-12
灰分含量		%	≤1.0
闪点		℃	≥260
旋转薄膜加热试验	质量变化	%	≤0.6
	残留针入度比（25℃）	%	≥65
	软化点比	%	≥80
密度（25℃）		g/cm^3	≥1.0

表 6-36　粗集料技术要求

试验项目		单位	技术要求
表观密度		—	≥2.50
吸水率		%	≤2.0
磨耗量		%	≤25
黏附性		级	5
针片状颗粒含量（＞4.75mm 部分）		%	≤10.0
有害物质成分含量（全部试验材料的质量百分率）	黏土、黏土块	%	≤0.25
	软石含量	%	≤5.0
	扁平颗粒含量	%	≤10.0

表 6-37　高弹改性沥青混合料级配范围

筛孔尺寸 /mm	19	13.2	4.75	2.36	0.6	0.3	0.15	0.075
通过率 /%	100	95～100	55～70	35～50	18～30	10～21	6～16	4～8

表 6-38　细集料技术要求

试验项目	单位	技术要求
表观密度	—	≥2.50
坚固性（＞0.3mm 部分）	%	≤12
砂当量	%	≥60
亚甲蓝值	g/kg	≤25
棱角性（流动时间）	%	≥30
注：细集料应采用坚硬、清洁、不含泥块、垃圾及有害物质成分的天然砂、人工砂或者两者的合成混合砂，并有适当的颗粒级配。		

表 6-39　填料技术要求

试验项目		单位	技术要求
表观密度		—	≥2.50
含水量		%	≤1.0
粒度范围	＜0.6mm	%	100
	＜0.15mm	%	90～100
	＜0.075mm	%	85～100
外观		—	无团粒结块

续表

试验项目	单位	技术要求
亲水系数	—	<1
塑性指数	%	<4
加热安定性	—	实测记录
注：填料主要使用矿粉填料，矿粉必须是石灰岩经磨细得到的矿粉。		

表 6-40 高弹改性沥青混合料技术要求

试验项目		单位	技术要求
马歇尔试验	击实次数	次	75
	空隙率	%	3～5
	饱和度	%	75～85
	稳定度	kN	10
	流值	0.1mm	20～40
	残留稳定度	%	≥85
动稳定度 DS（60℃，0.707MPa）		次 /mm	≥3000
弯曲破坏应变		με	≥6000
四点弯曲疲劳（15℃，10Hz，400με）		万次	≥100

6.7.3 施工工艺

6.7.3.1 施工前准备

施工前，应根据养护工程量及大修施工图设计要求准备好所需的原材料及机械设备，并检查机械设备运转情况，及时做好维修保养。

6.7.3.2 确定大修段落

根据铺装使用性能数据确定大修段落，并做好施工组织设计和交通组织设计。

6.7.3.3 铣刨与清理

铣刨机应选用带自动找平装置的高性能铣刨机，铣刨最大宽度不小于 1.9m，铣刨最大深度不小于 30cm，沥青面层的铣刨应为精铣刨；铣刨宽度和厚度根据设计需要，切边线型顺直，不出现明显的啃边现象。铣刨面平整，高低差小于 8mm。铣刨深度误差 ±1.0cm。确保彻底铣刨到位，不留夹层；如有夹层应二次补铣；单车道铣刨时，应尽量避免纵向拼接缝处在车道的轮迹带的位置；铣刨完成后对下承层顶面进行及时清扫，确保表面无杂物、无大面积灰尘覆盖。清扫时，空压机要适当加大油门，以确保有足够的气压。吹清浮尘以后要再次检查有无病害，如有病害，继续开挖到位，清洁要做到不留死角，彻底清除表面浮尘、浮石。

6.7.3.4 高弹改性沥青混合料施工

拌和：高弹改性沥青混合料采用间歇式拌和机拌制；拌和机应能分口、分级上料、计量准确、拌和均匀、自动调控、自动记录；应及时对拌和出的高弹改性沥青混合料进行检验。高弹改性沥青混合料的技术指标需满足大修设计文件及相关规范要求。

运输：高弹改性沥青混合料运输用大吨位自卸汽车，运输车的数量根据拌和站生产能力、实际运输车速、运距等情况综合考虑，一般在每台摊铺机前不少于 3 辆料车等候卸料，方可开始摊铺，以确保连续摊铺；运输车装料前必须清洗干净，车箱底板及周壁要涂一层隔离剂；拌和楼装料时，自卸车应前后移动装料，以免造成粗集料的离析现象，运输过程中应加盖防雨篷布，以保温和避免污染环境，随时检测沥青混合料的出厂温度和运至现场温度；在摊铺过程中，运料车在摊铺机前 10cm～30cm 处停住，不得撞击摊铺机。卸料过程中运料车应挂空档，由摊铺机推动前进；采用插入式温度计检测沥青混合料的出厂温度和运到现场温度。插入深度要大于 150mm，运料车侧面中部应设专用检测孔，孔距车厢底面约 300mm；所有运输车辆不允许在摊铺区域掉头、急刹车等。

摊铺：高弹改性沥青混合料摊铺应具有可加热的振动熨平板及振动夯等初步压实、熨平装置。摊铺前熨平板的预热温度不低于 100℃；摊铺机摊铺过程中以一定的速度稳定匀速前进，不得随意中途变速或停顿。螺旋布料器的料位以略高于螺旋布料器高度 2/3 为宜，避免摊铺层出现离析；机械摊铺过程中，严禁人工反复修整，但当出现以下问题时，可在施工技术人员专门指导下认真调整、局部换料，仔细修补，同已铺混合料接顺，不留明显印迹和差异，包括断面不符合要求、局部缺料、局部混合料明显离析、表面明显不平整等；摊铺遇雨时，立即停止施工。

碾压：高弹改性沥青混合料的碾压采用配套的碾压机具及碾压组合进行施工，并选用可靠的隔离材料防止胶轮粘黏高弹改性沥青混合料；碾压紧跟摊铺机进行，碾压过程按初压、复压、终压三个阶段进行，初压、复压、终压的碾压遍数和碾压速度根据试验段所确定的工艺进行，碾压遵循紧跟、慢压的原则，严格控制碾压遍数、碾压速度和碾压温度；碾压时，压路机驱动轮面向摊铺机，由低到高，超高段由内侧到外侧依次连续均匀碾压，相邻碾压带重叠 1/3～1/2 轮宽，不允许压路机在沥青混合料上转向、调头，压路机起动、停止应减速缓行，不准急刹急停；要对初压、复压、终压段落设置明显标志（标牌），便于司机辨认；对松铺厚度、碾压顺序、压路机组合、碾压遍数、碾压速度及碾压温度应设专岗管理和检查，杜绝漏压；对于压路机压实不到的局部地方，应及时采用手扶振动压路机等小型机具振捣密实，避免出现轮迹。

6.7.3.5　验收合格后开放交通

高弹改性沥青混合料施工完成后，按照相关标准中的要求进行验收，验收合格后方可开放交通。

6.7.4　质量验评标准

高弹改性沥青混合料铺装层质量验评标准见表6-41。

表6-41　高弹改性沥青混合料铺装层质量验评标准

检测项目		规定值
平整度	IRI/（m/km）	2.5
	σ/mm	1.5
平均厚度 /mm		35±3
摩擦系数		≥54

6.8　总结

为及时准确了解铺装的服役状态，桥梁管理部门持续跟踪和收集每年南京栖霞山长江大桥桥面铺装使用状况检测数据，并结合有限元分析建立桥面铺装性能预测模型。同时，采取科学高效的养护措施对桥面铺装病害进行功能性、结构性修复。实践结果表明，以上养护理论及措施有效阻止了桥面铺装病害的扩展，提升了过往车辆的行车安全性与舒适性。

南京栖霞山长江大桥桥面铺装整体情况良好，各项性能满足使用要求，具体结论如下。

（1）桥面铺装在使用过程中出现了硬伤类、污染类、掉粒、裂缝、烧伤等病害。因此，针对上述病害成因，及时采取相应的处置措施，有效抑制了病害的进一步扩展，保障了桥面铺装的优良性能。同时，针对桥面铺装随着使用年限的增加可能出现局部车辙、局部坑槽等病害，提出采取以铣刨并重铺上面层为主，尽量不破坏下面层浇注式沥青混凝土为原则的处置方案与施工工艺，可有效预防铺装潜在病害的发展，提升了桥面铺装功能性、结构性修复能力。

（2）以行驶质量指数（RQI）、车辙深度指数（RDI）、路面损坏状况指数（PCI）以及平整度指数（IRI）作为桥面铺装路用性能评估指标。采用多功能检测车快速无损检测桥面铺装使用状态，总结分析历年检测数据，结果表明，大桥主桥面上、下行各车道 RQI、RDI 均大于 90，PCI 均大于 95，IRI 基本维持在 1m/km 左右，按现行规范各检测指标评价等级均为“优”，桥面铺装路用性能优良。

（3）为了预测桥面铺装性能，建立基于有限元分析的桥面铺装车辙深度预测模型以及基于交通量增长趋势的桥面铺装疲劳预测模型。结果表明，铺装车辙深度预测模型预测结果与实测结果具有很好的相关性，预测精度较高，可以独立预测各车道车辙病害发展趋势。同时，铺装层在 15 年设计使用寿命内发生疲劳开裂的风险较低。此外，桥面铺装性能受温度影响大，因此通过有限元模拟桥面铺装层温度场变化，并拟合铺装层最高温度与太阳日辐射、环境温度（箱梁内温度）的二元回归方程，可有效预知铺装层最高温度，为铺装层温度控制提供参考。

7 水下地形监测与桥梁防撞

基础冲刷和船舶撞击是影响大跨度桥梁下部结构性能的关键因素。为有效应对南京栖霞山长江大桥长江水道过度冲刷以及高密度通航船舶撞击等风险，公司联合长江水利委员会水文局、长江下游水文水资源勘测局对桥址区水下地形进行了跟踪监测及冲於测报，同时通过改造助航标志、优化防撞设施等手段改善了桥梁水域通航环境，提升了桥梁桥墩的抗船撞性能，从而有效保障了桥梁的结构与运营安全。

7.1 水下地形监测

公司联合长江水利委员会水文局、长江下游水文水资源勘测局在历史数据的基础上分析总结了桥址区水文和水道情况，进一步开展了南京栖霞山长江大桥桥区水下地形监测及冲淤测报，以了解轴线上下游及南岸主桥墩附近水下地形冲淤变化情况，据此分析与评估大桥冲刷性能。

7.1.1 桥位区水文概况

南京栖霞山长江大桥自建成以来长江流域发生过 2 次洪水，2016 年为区域性洪水，2020 年为流域性大洪水。2016 年梅雨期长江流域降雨集中、强度大，暴雨洪水遭遇恶劣，长江中下游地区发生区域型大洪水，部分支流发生特大洪水。南京潮位站水位持续 30d 在警戒水位上方，最高水位达到 9.99m，最大流量达到 71000m^3/s。

2020 年 1 月至 7 月，长江流域发生多轮强降雨，长江流域来水总体偏多，导致 2020 年 7 月长江发生流域性大洪水，长江南京段潮水位自 7 月初持续快速上涨。长江水利委员会水文局先后发布了洪水橙色预警，局部江段曾升级为红色预警。洪水通过期间，长江下游各站普遍发生 1m～2m 的超警水位，南京潮位站 7 月 21 日水位达到 10.39m（吴淞基面），超过 1954 年历史最高潮位 0.17m。大通水文站出现超警戒水位天数为 29d，超平滩流量天数 115d。整编后大通水文站年最大日平均流量达到 83800m^3/s，洪峰流量超过 1998 年，仅次于 1999 年和 1954 年。大通水文站洪水特征

表见表 7-1。

表 7-1 大通水文站洪水特征表

项目	1995 年	1996 年	1998 年	1999 年	2016 年	2020 年
＞$45000m^3/s$ 天数 /d	67	75	110	101	120	115
＞$70000m^3/s$ 天数 /d	17	18	69	26	6	27
＞$80000m^3/s$ 天数 /d	—	—	9	5	—	4
最大 30d 洪量（$108m^3$）	1793	1841	2026	1957	1717	1948
年径流（$108m^3$）	9795	9515	12440	10380	10470	11800
年最大日平均流量 /（m^3/s）	74500	75000	81700	84500	71000	83800

7.1.2 桥位区水道概况

（1）主流走势演变分析

八卦洲左右汊水流在乌龙山一带汇流，1998 年以来汇流点纵横变化都局限在很小的范围之内，汇流点基本处于稳定态势。汇流后主流顶冲北岸西坝一带，经拐头节点进入过渡段龙潭上弯道，过南京栖霞山长江大桥至原摄山作业区贴右岸下行。1998 年以来西坝顶冲段及拐头节点处主流走势稳定地折向过渡段。主流桥轴线断面位于主流过渡区，河宽较大，多年来主流走势有一定摆幅空间。1998 年后主流总体向远离南侧主桥墩方向左偏；2006 年至 2015 年该段深泓摆动微小，基本稳定；2020 年大洪水作用后，本段深泓向右岸主桥墩有所右移，右移幅度约 140m，目前距离右岸主桥墩约 160m。2001 年至 2020 年龙潭水道深泓线历年变化图如图 7-1 所示。

（2）深槽（-30m）演变分析

龙潭上弯道自上而下沿主流走势，顺列三处深槽。上深槽位于八卦洲回流段，贴近左岸西坝至拐头；拐头至摄山过渡段深槽，南京栖霞山长江大桥位于过渡段；右岸摄山作业区近岸深槽。上深槽多年来，槽首及左右缘相对稳定，槽尾随不同水沙有小幅上提下挫的交替变化，2020 年大洪水槽尾略有淤积上提，与过渡段深泓右偏一致，主要是由于“大水走直”因素所致。过渡段河道略有展宽，深槽平面尺度相对较小，且变化相对较大，1998 年深槽贴近右岸，随后上移并左偏，到达桥轴线断面处，位于南岸主桥墩左侧；2020 年大洪水作用后，深槽大幅淤积萎缩并右移，平均槽宽缩小至 2015 年约 1/4 水平，其右缘距离南岸主桥墩距离约 120m，这是南京栖霞山长江大桥建成以来监测到的最新变化，应予以关注。下深槽贴近右岸摄山作业区，多年来平面位置相对稳定，槽首存在一定程度的上提下挫变化，该深槽变化对桥轴线位置影响很小。2001 年至 2020 年龙潭水道深槽（-30m）历年变化图如图 7-2 所示。

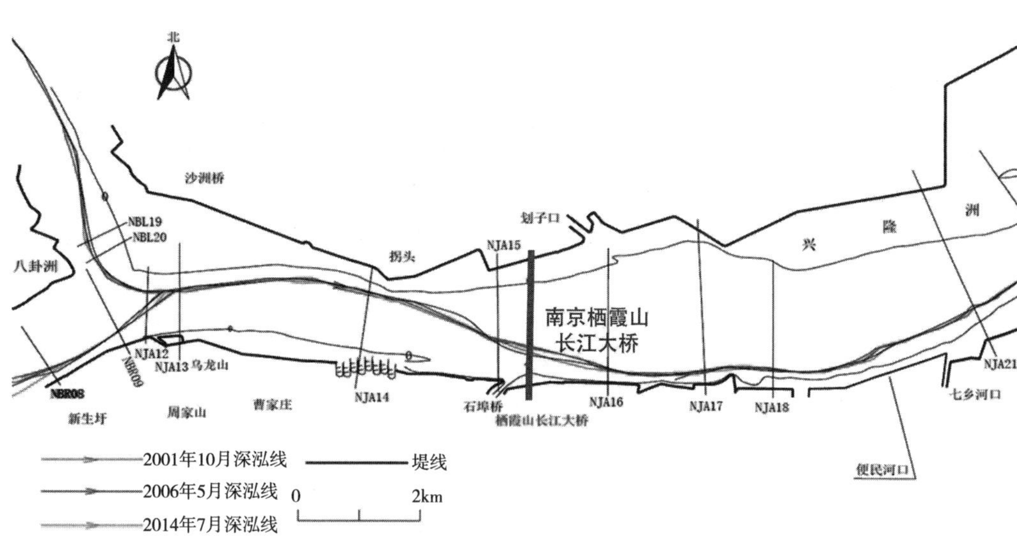

图 7-1　龙潭水道深泓线历年变化图

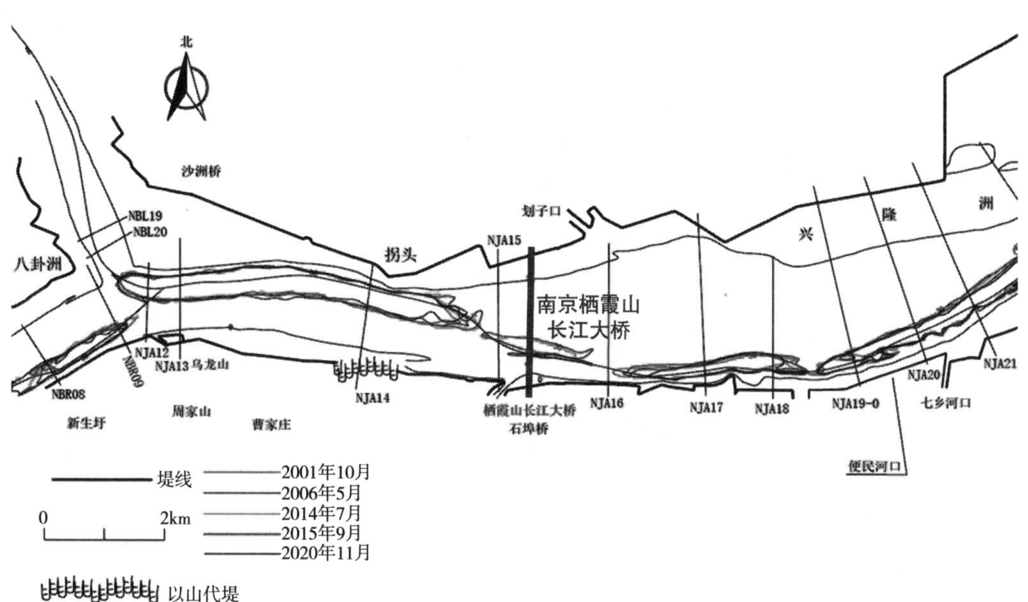

图 7-2　龙潭水道深槽（-30m）历年变化

7.1.3 桥轴线断面河床演变分析

7.1.3.1 监测设备及指标

2013 年 10 月至 2021 年 4 月，公司在每年汛前、汛期、汛后各开展 1 次南京栖霞山长江大桥桥轴线局部与南岸侧局部水下地形测量，并在每年汛前、汛后各进行 1 次冲淤测报分析。采用主要设备包括 GNSS 接收机、测深仪、多波束测深系统、水准仪、水位仪、便携计算机、绘图仪等，主要仪器设备技术指标见表 7-2。南京栖霞山长江大桥河床监测现场如图 7-3 所示。

表 7-2 主要仪器设备技术指标

序号	设备名称	型号	主要技术指标	数量	检定情况	备注
1	GNSS 接收机	Trimble R10	静态和快速静态：水平精度 3mm+0.5pp，垂直精度 5mm+0.5 ppm； RTK 测量：水平精度 8mm+1ppm，垂直精度 15mm+1ppm； RTD 测量：水平精度 0.25m+1ppm，垂直精度 0.50m+1ppm	3 套	检定	控制测量水下地形测量
2		Trimble SPS461\BX982	定位：＜0.25m；定向：＜0.1°	2 套	检定	水下地形测量
3	测深仪	HY1600/HY1601	±（1cm+0.1%×D）	2 套	检定	水深测量
4	多波束测深系统	Reson T50-P	工作频率：200/400kHz； 波束发射频率：50Hz； 波束角：1.0°×0.5°、2.0°×1.0°； 扫测覆盖角度：140°； 扫测波束数量：256/512 个（等角或等距波束）； 测深量程：0.5m～500m； 测深分辨率：6mm	1 套	比测	水下地形测量
5	水准仪	Leica/Topcon	±1.0mm/km	1 套	检定	高程测量
6	水位仪	压力式	≤1cm	2 套	比测	水位观测
7	便携计算机	DELL\Lenovo	—	5 台	—	数据采集与内业处理
8	绘图仪	HP Designjet T1100	—	1 台	—	地形图打印

图 7-3　南京栖霞山长江大桥河床演变监测现场

7.1.3.2　桥位附近河床平面冲淤变化

南京栖霞山长江大桥桥位位于龙潭水道上下弯道的过渡段，即石埠桥附近，该段河道微弯。采用多年实测的大比例系列地形资料对桥轴线局部段河床进行比较分析。平面汇总分析中仅选择典型特征测次，选择分析时段内监测起止测次：2013 年 10 月、2021 年 4 月；大洪水作用后的测次：2016 年 12 月、2020 年 11 月；其余测次为历次报告中变化相对较大的测次。

左岸：2013 年 10 月至 2021 年 4 月，桥位段左岸 0m 线累计淤积右移 32m 左右，淤积主要发生在 2016 年 12 月以前，之后平面变化微冲微淤交替，摆动幅度较小，一般变幅在 5m 范围内；-5m 线以桥墩分界呈上微淤下微冲，平均摆动幅度 5m，桥墩附近变化幅度略大，局部最大处冲刷左摆约 11m（2013 年 10 月至 2021 年 4 月）；左岸桥墩右侧 -10m 线在 2019 年 7 月出现冲刷左移，该测次 -10m 线位于多年最左侧，距离左岸桥墩右缘最近距离缩小至 100m 左右；其余测次间，-10m 线虽有小幅左右冲淤移动，但整体呈淤积态势，从上至下变幅逐渐增大，最大处右摆达约 55m，目前 -10m 线距离左岸桥墩右缘最近距离在 145m 左右。桥墩上游侧有一个 -10m 冲刷坑，于 2016 年 12 月首次监测到，其位置和面积多次监测变化不大。2021 年 4 月冲刷坑大小为 35m × 15m（长 × 宽）。冲刷坑最深点高程近 3 个测次分别为 -12.4m、-12.2m 和 -12.5m。综上来看，2013 年 10 月至 2021 年 4 月桥位段左岸 -10m ～ 0m 岸线整体呈微淤，仅在桥墩上游侧局部微冲；-5m ～ 0m 线摆动幅度相对较小，平均摆幅在 5m ～ 10m 范围内；左桥墩右侧 -10m 线多年来累计淤积右摆，摆动幅度在

5m～55m；桥墩附近的 -10m 冲刷坑面积变化不大，其最深点高程略有冲深。

右岸：2013 年 10 月至 2021 年 4 月桥位段右岸 -10m～0m 岸线普遍年淤积左移，以 -5m 线最为显著，平均预计外移幅度约 25m；-15m 线在桥墩上游淤积左移幅度在 10m～15m，下游最大淤积左移达到 40m，近期以桥轴线分界上微冲下微淤，微淤幅度略大于微冲，局部横向摆动约 10m；-15m 线多年来小幅交替冲淤移动，无显著趋势性变化；经历了 2020 年汛期打水作用后，-20m 线整体向右岸逼近，体现了 -20m 槽横向的扩大，目前 -20m 线距离右岸桩基最近距离约 55m。该处冲刷坑也位于桥墩上游处，出现在墩台头部左缘次数约占 3/4，头部右缘次数占比约 1/4，两缘最深点位置相对固定。南岸桥台下无显著独立冲刷坑，桩基前沿最深点高程近 3 个测次分别为 -18.2m、-18.8m 和 -20.9m。总体来看，2013 年 10 月至 2021 年 4 月桥位段两岸 -10m～0m 都呈淤积外移，其中右岸淤积外移幅度较为显著。最深点都位于墩台下桩基前沿，位置较为固定，近期趋势都是缓慢下切。

7.1.3.3 桥位附近横断面变化

南京栖霞山长江大桥桥位位于龙潭弯道过渡段，根据 1：2000 测图范围在桥位段共布设 3 个通江断面，桥位附近断面变化图见图 7-4～图 7-6。由图显示，桥位段横断面形态基本呈深槽偏右的“V”字型。

SQ03 断面位于桥轴线上游，距离桥轴线约 210m，断面变化图如图 7-4 所示。2013 年 10 月至 2014 年 4 月 SQ03 断面的形态整体稳定，主要变化集中在 -20m 以下深槽部位，宽度 650m 左右，占右汊河宽比例约 34.9%。多年来深槽部位最大冲淤变幅在 7m～8m，2020 年 7 月由于大洪水冲刷，河槽下切至监测以来最低，其断面线可为监测以来下包线。同年汛后，2020 年 11 月，河槽部位快速回淤，几乎为监测以来上包线，深槽变浅同时向右发展约 50m，这与 2016 年 12 月监测到的变化相一致。

SBQ 桥轴线断面变化如图 7-5 所示。2013 年 10 月至 2021 年 4 月间桥轴线断面的变化主要集中在 -20m 高程以下区域，宽度 650m 左右，占右汊河宽比例约 34.1%。多年来深槽部位最大冲淤变幅约 8m，2020 年 7 月由于大洪水冲刷，河槽下切至监测以来最低，其断面线可为监测以来下包线。同年汛后，2020 年 11 月，河槽部位快速回淤，2021 年 4 月深槽部位继续回淤，几乎为监测以来上包线，深槽变浅同时向右发展约 45m，这与 2016 年 12 月监测到的变化相一致。目前深槽右移后距离右岸主墩桩基距离约 175m，为历次最小值。监测以来，桥轴线断面两岸相对稳定少变，北岸桥桩基处历次最大变幅仅为 2.5m，右岸桥桩基处断面最大变幅也仅有 3.3m。

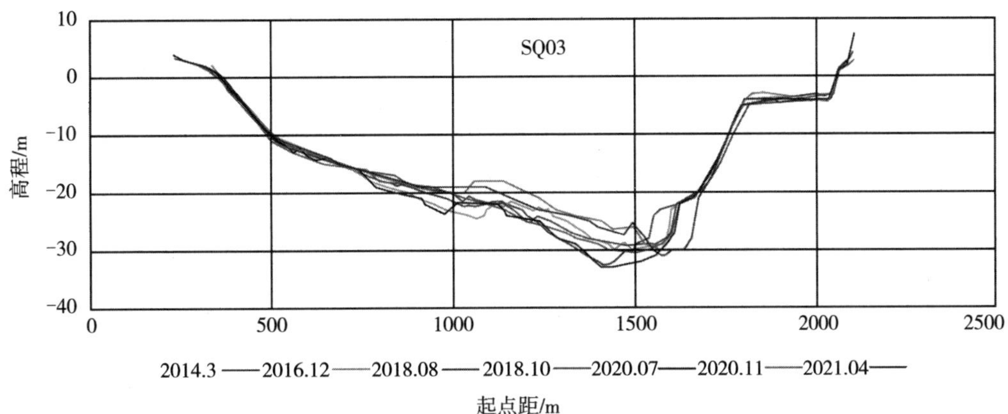

图 7-4　SQ03 断面变化图（1：2000 测图）

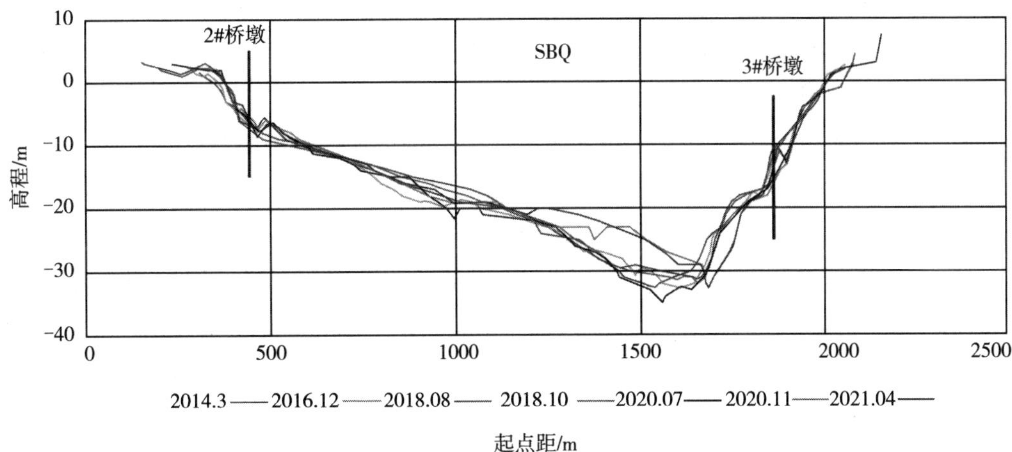

图 7-5　SBQ 桥轴线断面变化图（1：2000 测图）

SQ04 断面位于桥轴线下游约 165m，断面变化图如图 7-6 所示。2013 年 10 月至 2021 年 4 月间桥轴线断面的变化主要集中在 -20m 高程以下区域，宽度 500m 左右，占右汊河宽比例约 26.5%；在断面右侧，右侧河床整体呈淤积抬高，右岸淤积左移，0m 线淤积外（左）移 42m，-10m 线淤积外（左）移 75m。多年来深槽部位最大冲淤变幅在 8m～9m，2020 年 7 月由于大洪水冲刷，河槽下切至监测以来最低，其断面线可为监测以来下包线。同年汛后，2020 年 11 月，河槽部位快速回淤，几乎为监测以来上包线，深槽变浅同时向右发展约 35m，这与 2016 年 12 月监测到的变化相一致，但幅度略大。

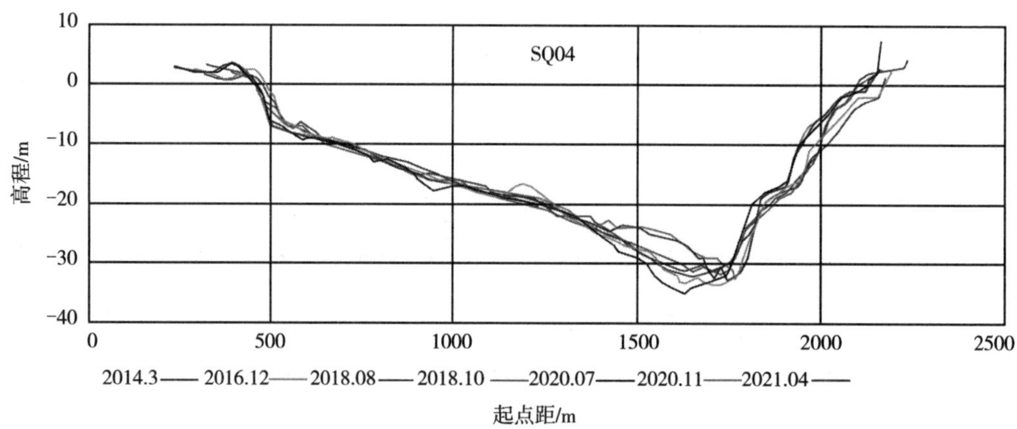

图 7-6　SQ04 断面变化图（1：2000 测图）

7.1.3.4　近岸河床冲淤变化

近岸河床的冲淤变化对水势稳定、护岸及堤防的安全产生影响。大洪水作用会使得上下游水势和来水来沙条件发生显著变化，引起水流顶冲点的上提、下移或贴岸冲刷，可能导致近岸河床过度淤积或崩岸破坏。因此重点分析 2020 年大洪水作用期间及作用后一段时间的南京栖霞山长江大桥桥位段近岸河床冲淤变化，分析时段为 2020 年 4 月至 2021 年 4 月，具体内容如下。

2020 年 4 月至 2020 年 7 月，桥位段近岸两侧 -10m～0m 高程间均以微冲为主，冲刷深度在 1m 范围内。南、北桥墩附近局部最大冲深为 2m。

2020 年 7 月至 2020 年 11 月间，桥位段近岸两侧 -10m～0m 河床呈微冲微淤，冲淤纵向变化在 1m～2m 范围内。-20m 深槽及以下至河床底部呈左淤右冲，南岸主桥墩左侧河槽出现显著冲刷带，宽度约 90m，冲刷厚度达到 6m～8m，局部甚至达到 10m。南、北桥墩附近局部最大冲深 2m 左右。

2020 年 11 月至 2021 年 4 月，桥位段近岸两侧 -10m～0m 高程间均以微冲为主，冲刷深度在 1m 范围内。南、北桥墩附近局部最大冲深为 2m。-20m 深槽以下至河床底部冲刷幅度略大，局部最大处冲深接近 4m。

7.1.3.5　岸坡变化

桥位段右岸岸坡比变化表见表 7-3。2020 年 7 月至 2021 年 4 月，桥位段右岸 -5m～0m、-10m～-5m、-20m～-10m 岸坡比在 1：3.3～1：53 之间，3 次测图比较，变化很小，基本稳定。南京栖霞山长江大桥位于乌龙山边滩的下游，桥位段右岸 3 级岸坡相对较缓，属于相对稳定。表 7-3 还给出了 2020 年 7 月至 2021 年 4 月间大桥桥轴线断面（SQB）的变化，2021 年 4 月时三级岸坡分别为 1：15、1：4、

1：13.1。2020 年 7 月至 2021 年 4 月桥轴线断面右岸岸坡总体处于基本稳定。

表 7-3　桥位段右岸岸坡比变化表

断面名	2020 年 7 月	2020 年 11 月	2021 年 4 月（一级岸坡）	2020 年 7 月	2020 年 11 月	2021 年 4 月（一级岸坡）	2020 年 7 月	2020 年 11 月	2021 年 4 月（一级岸坡）
SQ02	1：3.7	1：3.7	1：3.3	1：8	1：8	1：9.2	1：9.3	1：5.4	1：5.4
SQ03	1：53	1：52	1：52	1：7.1	1：7	1：7.4	1：8	1：7	1：7.1
SQB（桥轴线）	1：14	1：15	1：15	1：5	1：4	1：4	1：13	1：12.9	1：13.1
SQ04	1：21	1：22	1：22	1：16	1：14	1：11.4	1：17	1：10.8	1：12
SQ05	—	—	1：3.4	1：25	1：30	1：30	1：18.5	1：14	1：14.2
注：岸坡比根据 2020 年 7 月、2020 年 11 月、2021 年 4 月、1：1000 测图计算。									

7.2　桥梁防撞

7.2.1　航道通航条件

7.2.1.1　桥区航道布置

根据《关于下达 2022 年长江干线航道养护计划的通知》，2022 年度长江干线航道养护尺度标准，南京长江干线南京新生圩至江阴长江大桥至太仓浏河口（下游 333.2- 下游 154- 下游 25.4）最小航道尺度 12.5m × 500m × 1500m（航深 × 航宽 × 弯曲半径）。桥区航道沿河流走向布设，上游 4km ～ 8km 范围内航道略偏北岸，下游 4km ～ 10km 范围内航道略偏南岸。南京栖霞山长江大桥桥区航道布置如图 7-7 所示。

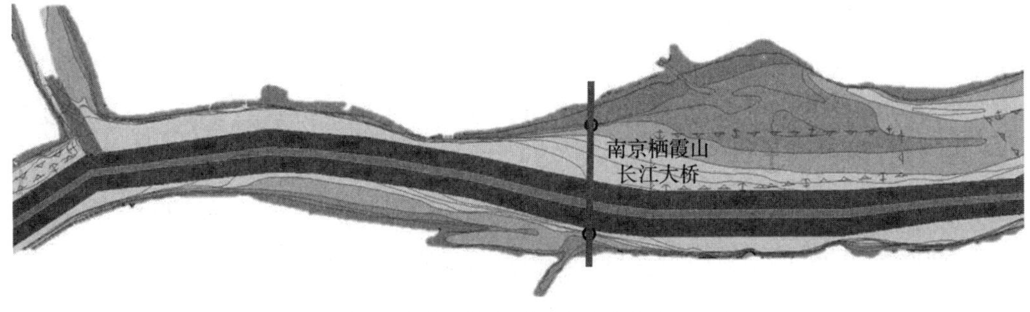

图 7-7　南京栖霞山长江大桥桥区航道布置

如图 7-7 所示，桥区航道总体平顺，桥位处上游 5200m 至下游 900m 范围内均为直线段。南京栖霞山长江大桥与弯道关系见表 7-4。桥区段现状水深条件良好，航宽富裕，现状满足 12.5m 的水深要求。总体而言，桥位无沉船等容易引起船舶碰撞桥梁的因素，通航条件良好。

表 7-4　南京栖霞山长江大桥与弯道关系

与上游弯曲段距离	上游弯曲段半径	与下游弯曲段距离	下游弯曲段半径
2000m	2000m	5200m	2500m

7.2.1.2　通航净空尺度复核

（1）净宽要求

桥梁通航净宽指满足远期规划航道设计水深要求并能供代表船舶或船队安全通过桥孔的最小净空宽度。南京栖霞山长江大桥拟选桥址所处河段属 I-（1）航道，通航海轮和大型江轮船队，依据《内河通航标准》（GB 50139—2014）的规定，结合桥区河段的水流条件，以最大代表船队尺度 406m × 64.8m × 3.5m（总长 × 型宽 × 吃水）来计算桥梁主跨最小通航净空宽度。经计算，南京栖霞山长江大桥的通航净宽单孔单向通航净宽应不小于 390m，单孔双向通航净宽应不小于 690m。

（2）净高要求

桥梁通航净空高度指代表船舶或船队在设计最高通航水位下安全通过桥孔的最小高度。通航净空高度数值为代表船型空载水线以上至最高固定点高度与富裕高度之和。该河段通航海轮的代表船型为 5 万吨级巴拿马型海轮，其空载线以上高度在 40.63m ～ 48m 之间，最高为 48m。从长远考虑，用于通航论证的船型高度取 48m。富裕高度根据相关标准的规定，取 2m。因此，通航净空高度应不小于 50m。

（3）净空尺度复核

经 2022 年 5 月在现场复测，南京栖霞山长江大桥通航孔南塔和北塔之间的桥下净空高度为 50.88m ～ 62.27m，均大于 50m。但根据桥位处的实测水下地形，以及工程处航道的河演分析特征，南京栖霞山长江大桥所在航段，深槽贴南岸，在南京栖霞山长江大桥两塔之间并非都能布置 12.5m 深航道，主航道近南塔布置，设标宽度在 600m 左右。

综上，南京栖霞山长江大桥通航孔下深槽区域的通航净空尺度为 690m × 51.35m，满足 690m × 50.0m 的通航净空要求。同时，主航道左侧界限与北塔之间有 700m 宽，水下地形高程为 −16.5m ～ −5.3m，最小水深 5.74m ～ 16.94m，具有一定的通行能力。

7.2.1.3 涉水桥墩通航影响分析

南京栖霞山长江大桥通航孔跨径为1418m，主通航孔跨过主航道。其中，北塔距主航道左侧界限700m，北塔附近水下地形高程在 -5.3m～-4.3m之间，在最低通航水位下，水深为5.74m～5.84m，水深相对较小，对航道正常通行影响较小。南塔距主航道右侧界限30m，南塔附近水下地形高程在 -17.3m～-14.6m之间，水深较深，对航道正常通行有一定影响。因此，桥区均已设置助航标志引导船舶规范通航。综上所述，南京栖霞山长江大桥涉水桥墩的布设对船舶通航影响较小、可控。

7.2.2 船舶交通状况

7.2.2.1 交通流量分析

（1）桥区船舶流量分析

根据交通运输部资料，截至2021年1月，南京下游可通航5万吨级海轮、武汉下游可通航5000吨级船舶。长江干线货船平均吨位由2016年的1490t提升至2020年的1960t，其中2020年三峡过闸船舶平均吨位达4680t，反映出长江黄金水道通过能力持续提升。

2021年5月至2022年5月南京栖霞山长江大桥航道船舶流量统计数据如下：航道日均通行船舶流量为866.2艘；峰值通行流量为66艘/h～72艘/h（2022年5月）；平均载重吨位为10380t；最大吨位为120000t；累积频率85%、90%、95%的船舶吨位分别为18970t、20480t、24360t；航道船舶以货船、油轮为主，两种类型船舶占比分别为86.4%、11.6%。南京栖霞山长江大桥通过船舶载质量分布规律见表7-5。

表7-5 南京栖霞山长江大桥通过船舶载质量分布规律

特征指标	平均值	中间值	载重吨区间（0～1000］	载重吨区间（1000～5000］	载重吨区间（5000～20000］	载重吨区间（20000～50000］
统计值	10380t	8200t	2.0%	10.3%	58.6%	27.2%

（2）过桥航速

船舶（队）航速是计算桥墩撞击力的主要因素之一。根据航运安全管理部门规定，为了确保船舶（队）过桥时有良好操纵性以及保证航道的通过能力，船舶（队）航速不宜过小，过桥船舶上水航速需大于4km/h。同时，长江航道十分复杂，桥区航行密度大，为了桥梁的安全，船舶（队）航速也不宜过大。因此应综合各方面因素确定船舶的过桥航速。

根据公司调查分析，航区内大型船舶上水航速介于 18km/h～22km/h，下水航速介于 22km/h～25km/h；高速客船航速达 54km/h；船队长度一般在 200m 左右，拖带量一般在 15000t 以下，船队速度为 10km/h～15km/h。根据长江航运安全管理有关规定和桥区航道通航条件，公司确定了船舶（队）的基准航速（见表 7-6），以保障通行船舶通行安全。

表 7-6 船舶（队）基准航速

航道	船舶吨位	航向	过桥航速 / 节
主通航孔	4.8 万吨船级船队	上水	6
		下水	8
	5 万吨级海轮	上水	10
		下水	11
	5000 吨级以下轮船	上水	9
		下水	10
	1000 吨级以下轮船	上水	4
		下水	6
边孔航道	1000 吨级以下小型船舶	上水	4
		下水	6

7.2.2.2 通航秩序分析

南京栖霞山长江大桥桥位区现状航行船舶分布图如图 7-8 所示。由图可知，桥位区船舶基本沿着主辅通航孔通行，通航秩序良好。主航道水域维护水深为 12.5m、航宽 500m，该深水航道主要供实际吃水 4.5m 以上及船长 50m 以上的大型船舶航行。桥位区深水航道北侧 200m 航宽航路，供吃水 4.5m 以下、船长小于 50m 的小型船舶上行航行。南侧下行小型船舶全部沿下行通航分道行驶，且尽可能沿南侧红浮标连线一侧边缘行驶。桥位上游栖霞山港池内码头船舶及金陵石化 1#～8# 码头船舶从南侧上行靠拢。

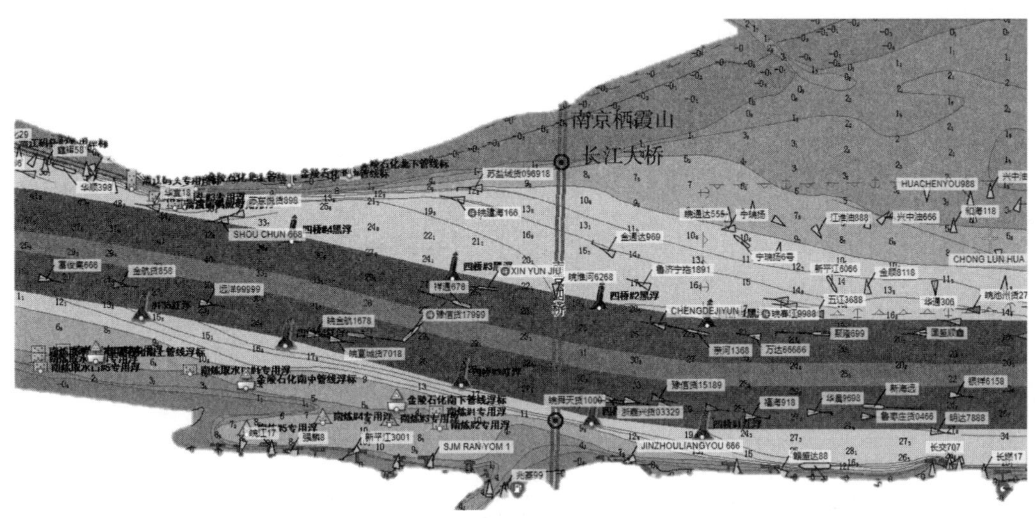

图 7-8　南京栖霞山长江大桥桥位区现状航行船舶分布图

7.2.3　助航标志专项改造

2015 年，公司根据《长江干线通航标准》《长江干线桥区和航道整治建筑物助航标志》等要求，为南京栖霞山长江大桥设计了桥涵标和警示标，并按要求进行了布设。导助航标志标牌布置见表 7-7。桥位处界限标分布如图 7-9 所示。

表 7-7　导助航标志标牌布置

标志名称	灯质	数量	位置
桥涵标悬挂装置	红色定光	2	下行航路迎船面距离南塔 500m； 上行航路迎船面距离南塔 850m
桥柱灯（检修通道）	绿色定光	桥柱灯 16 盏； 检修通道 4 套	南塔和北塔上下游桥柱迎船面位置，桥柱灯最下一盏高程为 29.3m，间距 4m
桥墩承台警示标志	黄快闪 同步闪	3	在南塔桥墩和北塔桥墩偏主航道侧迎船边界位置分别设置 2 座、1 座

如图 7-9 所示，桥墩承台上设有 8.5m 高塔形警示标志，南塔迎船面上下游各一组、北塔下游迎船面一组，警示过往通行船舶。桥区航道水域设置有浮标，标示航道的侧面界限，指示来往船舶在航道内航行。桥位上游设置有管线标、沿岸码头均设置有码头专用岸标或浮标等警示标牌。桥位上下游 3.5km 范围内导助航设施配布见表 7-8。

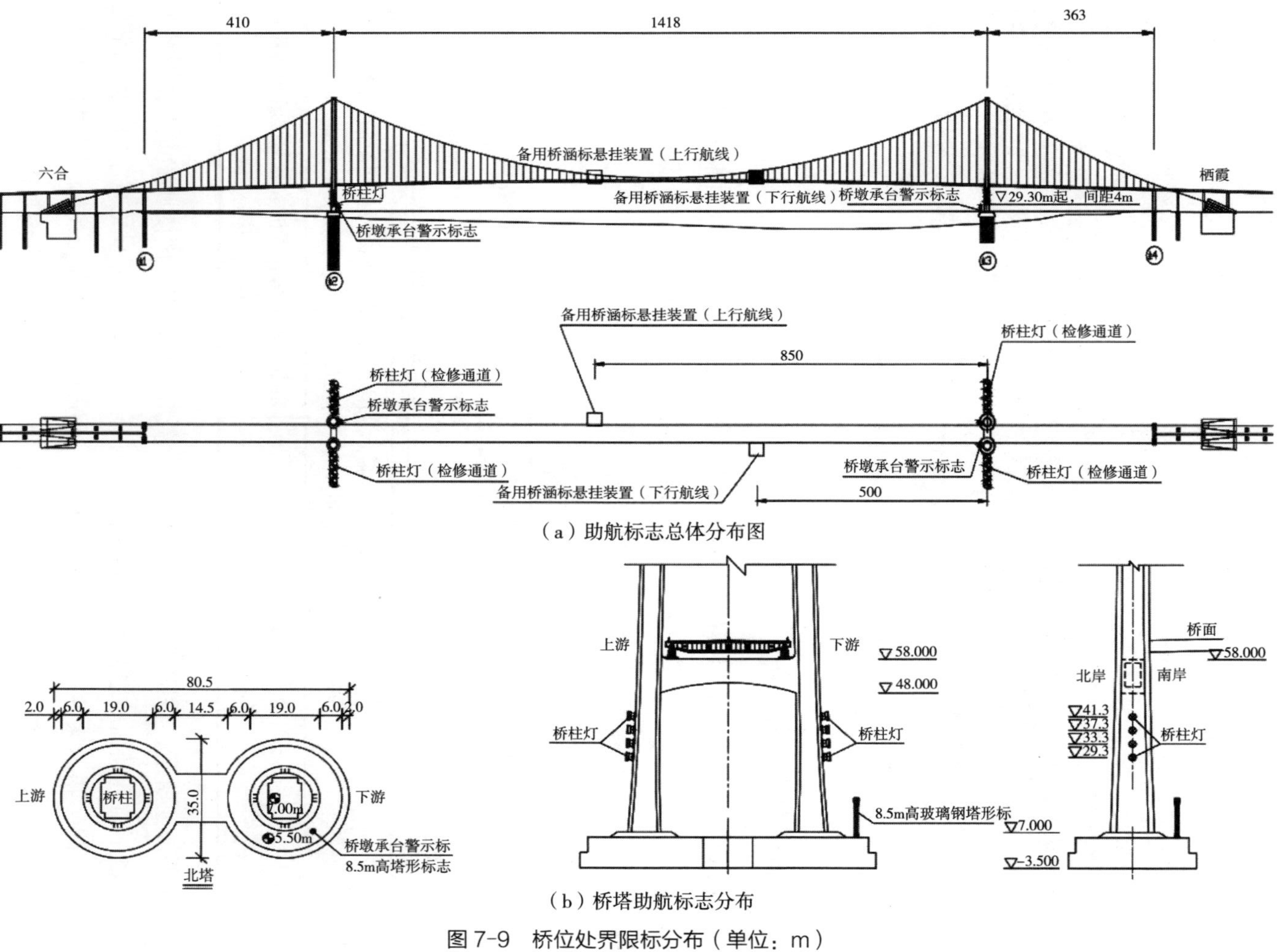

图 7-9 桥位处界限标分布（单位：m）

表 7-8 导助航设施配布

	位置	名称	形状
航道右	上游 500m	栖霞山长江大桥 3# 红浮	
	上游 1.5km	栖霞山长江大桥 4# 红浮	
	上游 2.5km	135# 红浮	
	下游 150m	栖霞山长江大桥 2# 红浮	
	下游 750m	栖霞山长江大桥 1# 红浮	
航道左	上游 600m	栖霞山长江大桥 3# 黑浮	
	上游 1.5km	栖霞山长江大桥 3# 黑浮	
	下游 170m	栖霞山长江大桥 2# 黑浮	
	下游 800m	栖霞山长江大桥 1# 黑浮	
	下游 3.4km	132# 黑浮	

7.2.4 防撞护舷改造提升

南京栖霞山长江大桥设置的防撞设施情况如下：防撞体由内、壁、底板、主甲板、平台甲板、纵横舱壁等板架构件组成，其中外壁板上开有规则的消波孔。设施材料主要为钢材、橡胶。同时，防撞体外侧还设置有橡胶件、钢质护舷和不锈钢扶梯。防撞体壁体厚 2m，底标高 -6.91m，顶标高 +8.0m，全高 14.91m，其中防撞体顶面设有 1.9m 高的防护。套箱以防撞体作为壁体进行结构防护，通过增加底板、支撑、拉杆体系、定位导向装置等形成箱的实体。南塔主墩防撞钢套箱材料见表 7-9。

表 7-9 南塔主墩防撞钢套箱材料表

序号	名称	规格	材料	数量	总质量 /kg
1	壁体结构	—	Q235B	—	1328905
2	挂腿	—	Q235B	6	3846
3	钢护弦	—	Q235B	—	27686
4	漂浮型橡胶件	TD-F1200Φ × 2000L	—	13	834
5	吊耳	—	Q345B/Q235B	16	32224
6	拦截索	破断力大于 100t	—	3	—
7	橡胶件	—	—	96	—
8	封底隔舱	—	Q235B	2	22162

2019 年，根据《南京栖霞山长江大桥承台防撞设施改造工程施工图设计》，采用超级拱形（SA）橡胶护舷对桥梁承台防撞设施进行改造，规格为 SA600 × 1500（高度 1.5m，厚度 0.6m，宽度 1m），南、北塔各 96 件，每条橡胶护舷由四个锚栓连接承台。橡胶护舷设计压缩率 52.5%、设计反力 412kN、吸收能量 102kJ，与原漂浮型橡胶护舷相比吸收能量有所提高。防撞设施结构布置图如图 7-10 所示。

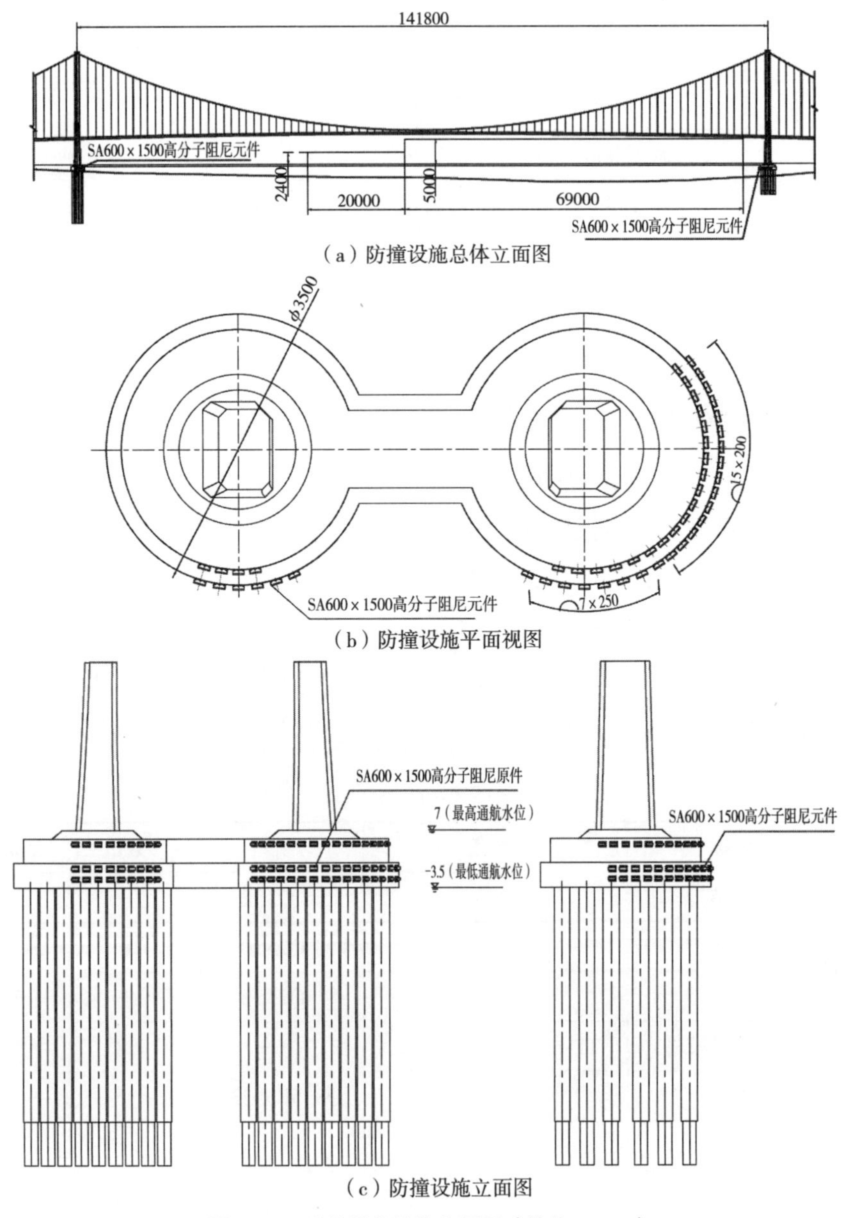

（a）防撞设施总体立面图

（b）防撞设施平面视图

（c）防撞设施立面图

图 7-10　防撞设施结构布置图（单位：mm）

7.2.5 桥墩防撞性能评估

7.2.5.1 抗撞性能标准

根据《公路桥梁抗撞设计规范》（JTG/T 3360-02—2020），桥梁的抗船撞设防目标根据船撞重要性等级、船撞作用设防水准确定。桥梁的船撞重要性等级按照所属公路等级和桥梁分类按表 7-10 的规定取用；船撞作用设防水准划分按表 7-11 的规定取用；桥梁的抗船撞设防目标按表 7-12 规定取用；桥梁结构的抗船撞性能等级按表 7-13 的规定取用；桥梁构件的抗船撞性能等级按表 7-14 的规定取用。经分析，南京栖霞山长江大桥的抗船撞性能等级为 JX1，要求桥梁被设防船型撞击后支座仍可以保持正常功能。

表 7-10 桥梁的船撞重要性等级

所属公路等级	桥梁分类		
	特大桥	大桥	中桥
高速	C1	C1	C1
一级	C1	C1	C1
二级	C1	C1	C1
三级	C2	C2	C2
四级	C2	C3	C3

表 7-11 船撞作用设防水准划分

船撞作用设防水准	失效概率
L1	1×10^{-3}
L2	1×10^{-4}

表 7-12 桥梁的抗船撞设防目标

船撞作用设防水准	船撞重要性等级		
	C1	C2	C3
L1	P1	P1	P2
L2	P1	P2	P3

表 7-13 桥梁结构的抗船撞性能等级

结构的抗船撞性能等级	总体性能描述	构件的抗船撞性能等级要求		
		柱式构件	支座	桩基础
P1（长期功能降低的临界状态）	结构构件的安全性能完全保持，即其承载能力和通行能力没有降低，但因局部损伤（如保护层混凝土剥落等）影响桥梁的耐久性，需要进行耐久性的修补	JX1	JX1	JX1
P2（部分安全功能丧失的临界状态）	结构主要构件受到一定程度的损伤，即其承载能力和通行能力一定程度降低。当限制交通荷载和通行能力时，仍可以使用，可以提供紧急通行功能。损伤可以修复，且修复后功能可以得到恢复	JX2	JX2	JX2
P3（安全功能完全丧失的临界状态）	结构接近倒塌，承载能力和通行能力接近完全丧失	JX3	—	JX3

表 7-14 桥梁构件的抗船撞性能等级

构件的抗船撞性能等级	船撞重要性等级		
	柱式构件	支座	桩基础
JX1	无需维修	支座可以保持正常功能	碰撞后基础正常工作
JX2	可修复的损伤	支座发生破坏，但不发生落梁；更换	主要功能不受影响，无需较大的维修即可继续使用
JX3	更换新构件	—	需维修加固

7.2.5.2 设防代表船型

根据 JTG/T 3360-02—2020 的规定，确定南京栖霞山长江大桥航道代表船型为 50000 吨级海轮；根据统计分析资料，桥位处通行船舶累积频率 95% 的船舶吨位为 24360t；根据《长江局关于印发长江干线船舶碰撞桥梁隐患治理自查评估区段通航代表船型船队的通知》要求，桥位处设防代表船型为 50000t 海轮，同时兼顾 100000t 海轮（减载至 70000t）。

综上，南京栖霞山长江大桥设防代表船型取 50000t 海轮，同时按照 70000t 进行复核计算。

7.2.5.3 桥梁抗船撞性能验算有限元模型

开展南京栖霞山长江大桥的撞击处及附近各个敏感构件截面的抗弯强度验算、抗剪强度验算、位移计算。采用 Midas Civil 有限元软件对整体桥梁进行建模，墩台用实体单元模拟，桩基用梁单元模拟，使用节点弹性支承建立土弹簧以模拟桩土效应。南京栖霞山长江大桥有限元模型如图 7-11 所示。

计算以下 4 组工况的船舶撞击作用：最大频率货船（5000t 货船）、95% 覆盖率货船（25000t 货船）、航道设防代表船型（50000t 货船）以及最大兼顾船型（70000t 货船）。

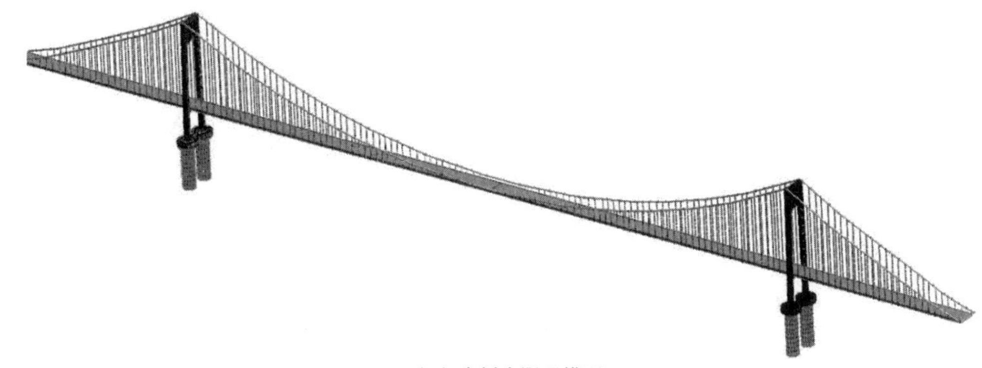

（a）全桥有限元模型

（b）桥墩受船舶撞击作用示意

图 7-11 南京栖霞山长江大桥有限元模型

7.2.5.4 设防代表船型（50000 吨级船舶）验算结果

（1）计算条件

根据《长江干线通航标准》（JTS180-4—2020）等相关规范，50000 吨级船舶排水量为 50000/0.75=66666.7t，船舶计算质量为 66666.7t，最不利航速为 6.94m/s。根据规范进一步计算得到 50000t 设防代表船型撞击力时程曲线（见图 7-12）及曲线参数见表 7-15。

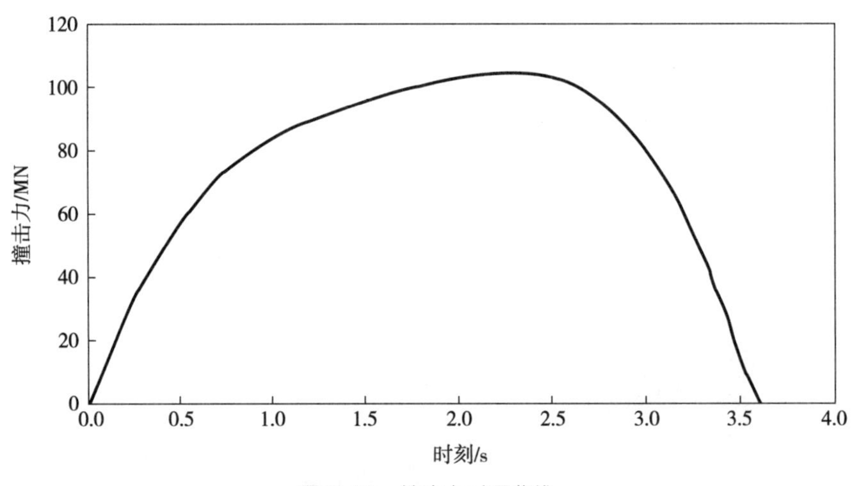

图 7-12　撞击力时程曲线

表 7-15　50000t 级载重代表船型撞击力时程曲线参数

验算工况	船舶计算质量 / t	撞击速度 / (m/s)	撞击持续时间 /s	初始动量 / MJ	计算参数（线性插值）			规范模型计算参数	
					a	τc	η	α_1	α_2
50000 吨级	66666.7	6.94	3.56	271.47	2.32	0.52	0.63	−2.06	2.34

（2）撞击墩台应力验算

50000t 代表船型撞击工况下，撞击墩台截面应力分布图如图 7-13 所示，撞击墩台最大、最小主应力分布图如图 7-14、7-15 所示。

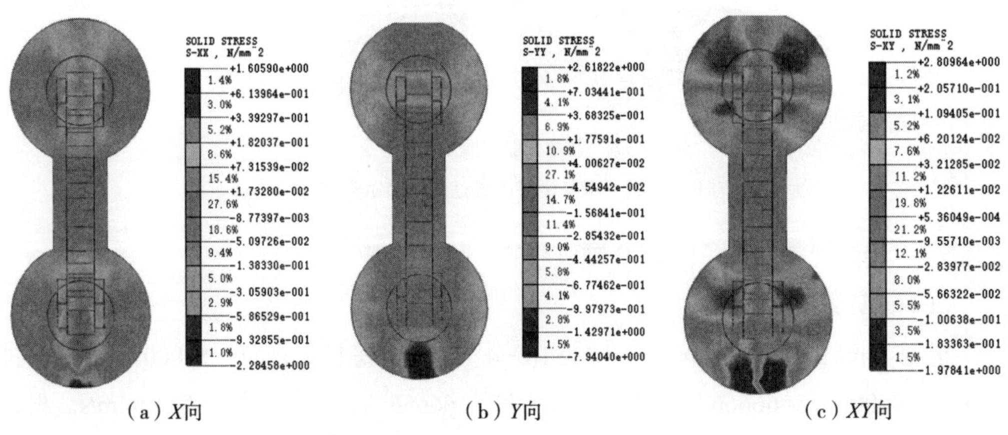

（a）X向　（b）Y向　（c）XY向

图 7-13　撞击墩台截面应力分布图（整体坐标系）

由图 7-13 可知，在撞击向（整体单元坐标系 Y 向），承台撞击截面最大压应力位于撞击点位置，承台最大压应力 7.94MPa，最大拉应力 2.62MPa；从整体单元坐标

系 *XY* 向应力分布可以看出，压应力与拉应力呈间隔分布，最大拉应力 2.81MPa，最大压应力 1.98MPa。由图 7-14、图 7-15 可知，墩台整体受压，局部受拉。墩台最大主拉应力为 2.98MPa，位于撞击点位置，最大主压应力为 2.02MPa，位于墩柱与承台连接处。结果表明，按 C40 混凝土抗压强度设计值（19.1MPa）、抗拉强度设计值（1.71MPa）进行验算，承台撞击点处发生局部混凝土拉裂破坏。综合分析墩台受撞截面及三维模型应力分布情况，可知墩台开裂比例较小，裂缝未扩散至桥墩，不影响桥墩性能，对桥梁结构的影响在可控范围内。

图 7-14　撞击墩台最大主应力分布图（整体坐标系）

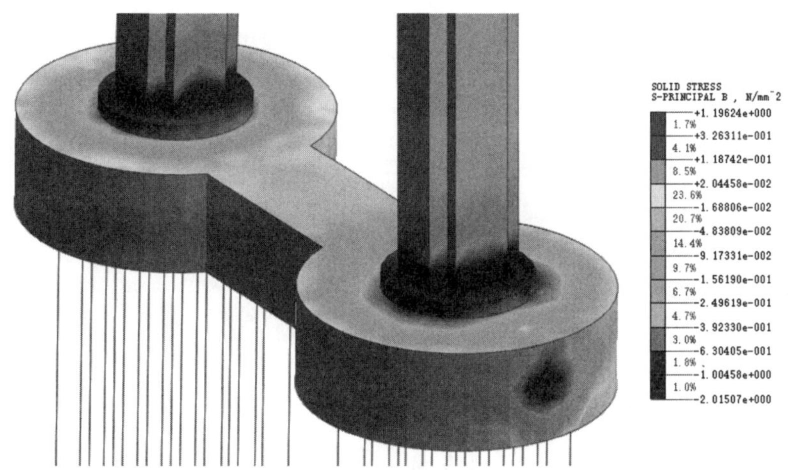

图 7-15　撞击墩台最小主应力分布图（整体坐标系）

桥墩下基桩顶部截面纤维模型开裂情况如图 7-16 所示。从模型可以看出，基桩顶部与承台固结截面未出现开裂，截面各处均处于线弹性状态。

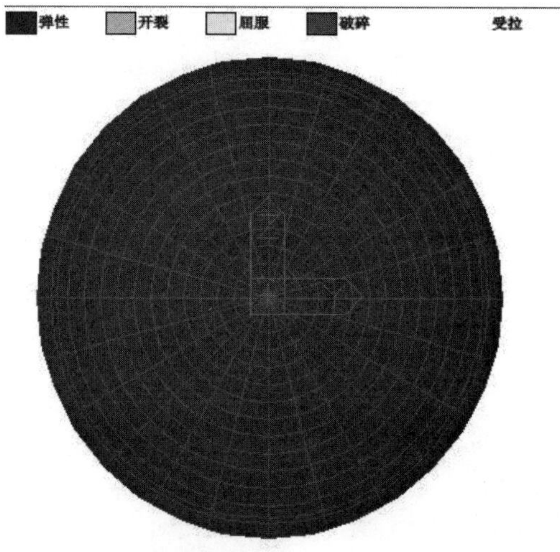

图 7-16　桥墩下基桩顶部截面纤维模型开裂情况

（3）墩台位移计算

墩台整体位移分布云图如图 7-16 所示，墩台 *X* 向、*Y* 向、*Z* 向位移分布云图如图 7-17、图 7-18 及图 7-19 所示。由图可知，整体坐标系 *X* 向最大位移 0.04mm，*Y* 向最大位移 5.52mm，*Z* 向撞击侧最大向上位移 0.56mm，距离撞击点最远侧向下位移 0.33mm。中部横梁处最大位移 3.40mm，位移计算值整体较小，表明 50000t 代表船型撞击桥墩未产生显著位移影响。

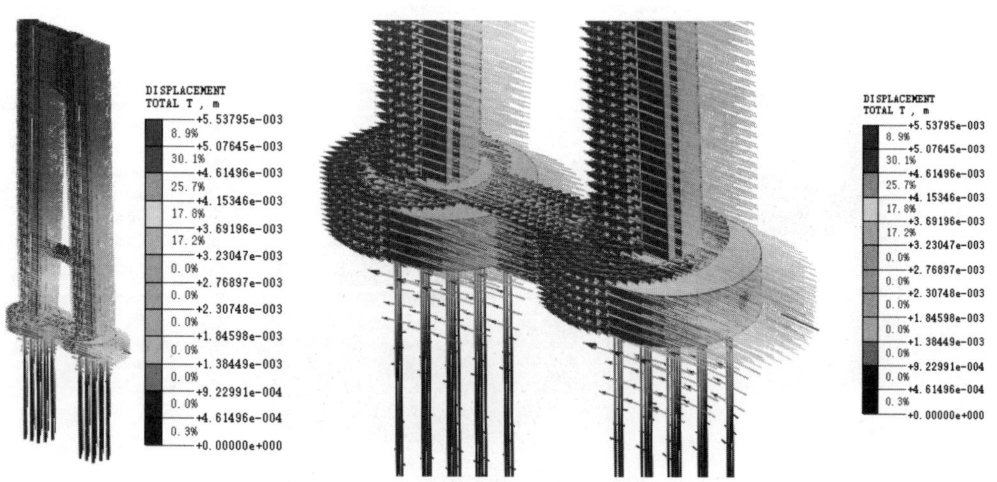

图 7-17　墩台整体位移分布云图

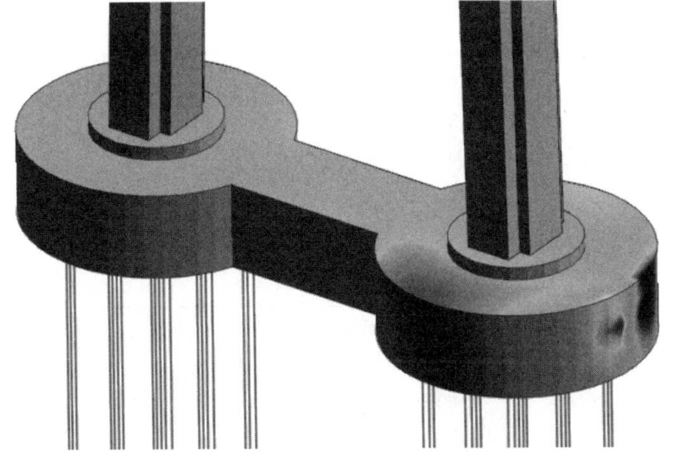

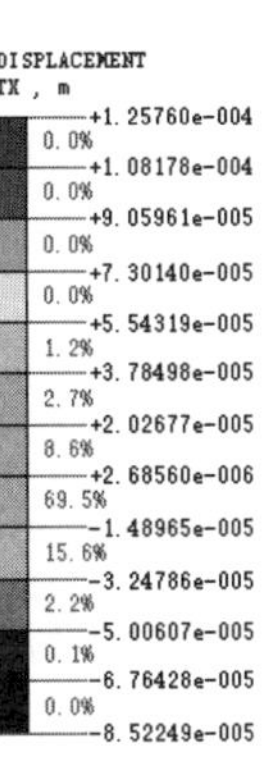

图 7-18　墩台 *X* 向位移分布云图

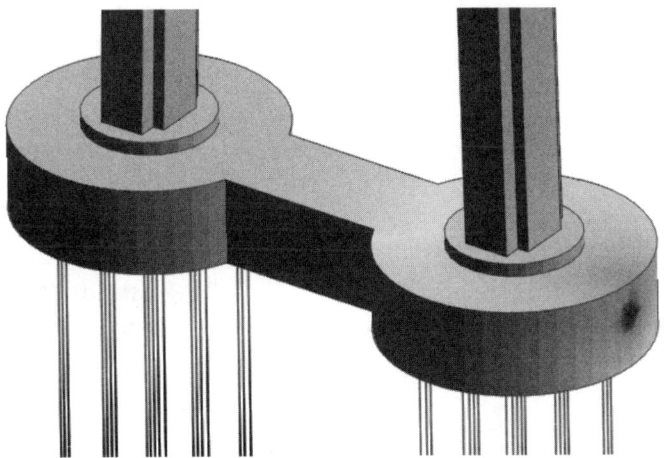

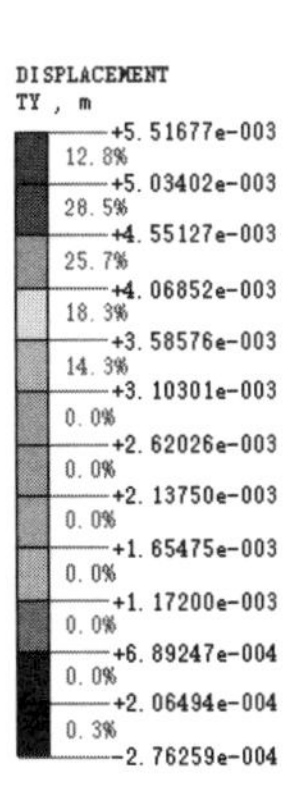

图 7-19　墩台 *Y* 向位移分布云图

图 7-20　墩台 *Z* 向位移分布云图

7.2.5.5 多种船型撞击工况验算结果

桥梁设防代表船型为50000t海轮，同时对现状航道通行频率最大船舶（5000吨级船舶）、载重吨位95%覆盖率船舶（25000吨级船舶）以及兼顾船型（70000吨级船舶）进行复核计算，多种船型撞击力时程曲线参数见表7-16，多种船型撞击工况验算结果见表7-17。

表 7-16 多种船型撞击力时程曲线参数

验算工况	船舶计算质量/t	撞击速度/（m/s）	撞击持续时间/s	初始动量/MJ	计算参数（线性插值）			规范模型计算参数	
					a	τc	η	α_1	α_2
5000吨级	6666.7	6.94	1.15	29.38	0.75	0.51	0.64	−2.72	2.83
25000吨级	33333.3	6.94	2.98	128.84	1.94	0.51	0.62	−1.76	1.90
50000吨级	66666.7	6.94	3.56	271.47	2.32	0.52	0.63	−2.06	2.34
70000吨级	93333.3	6.94	3.84	380.05	2.50	0.54	0.67	−3.06	3.57

表 7-17 多种船型撞击工况验算结果

验算工况	墩台应力验算/MPa				墩台位移计算/mm			距离撞击点最远侧向下位移/mm	中部横梁处最大位移/mm	是否满足JX1级防撞要求
	*Y*向		*XY*向		*X*向	*Y*向	*Z*向			
	最大压应力	最大拉应力	最大压应力	最大拉应力						
5000吨级	2.92	1.12	0.86	0.61	0.04	1.77	0.18	0.11	1.40	是
25000吨级	4.77	1.54	1.66	1.17	0.08	3.31	0.34	0.20	2.63	是
50000吨级	7.94	2.98	2.81	1.98	0.04	5.52	0.56	0.33	3.40	是
70000吨级	11.11	4.52	3.95	2.78	0.18	7.72	0.79	0.46	4.13	是

由表7-16、表7-17可知：在5000吨级、25000吨级、50000吨级、70000吨级船型撞击工况下，墩台、承台下部基桩顶部均未开裂，桥墩各构件的抗拉、抗剪强度、桥墩最大位移等指标均满足JX1级防撞要求。在50000t、70000t船舶船型撞击工况下，墩台撞击截面压应力均小于C40混凝土抗压强度，最大拉应力大于C40混凝土抗拉强度，局部混凝土受拉开裂，但开裂比例较小，未扩散至桥墩，不影响结构性能。分析结果表明，桥梁桥墩抗撞性能满足规范要求。

7.3 总结

为应对南京栖霞山长江大桥长江水道冲刷以及船舶撞击的风险，公司联合长江水利委员会水文局、长江下游水文水资源勘测局等开展了桥区水下地形监测及冲於测报，并针对高密度通航的长江干线航道，通过改造助航标志、优化防撞设施等措施有效提升了桥梁通航环境，保障了桥墩的防撞性能。

对南京栖霞山长江大桥水下地形监测与桥梁防撞等方面的结论如下。

（1）南京栖霞山长江大桥桥位附近河床平面整体呈微淤，桥墩上游侧局部微冲，桥墩附近冲刷坑面积变化不大；桥位附近横断面形态整体稳定，桩基处变幅小；近岸河床断面整体微冲微淤，桥墩冲刷深度变化小；桥位岸坡变化很小，基本稳定；桥轴线断面河床冲刷程度较小，两岸主墩桩基冲刷最深点变幅较小，桥墩冲刷性能良好，能保障结构安全运营。

（2）针对航道交通流量大、船舶载重量高的问题，开展了助航标志优化布置、承台防撞护舷改造，从而提升了通航环境，保障了通行船舶和大桥结构的安全。

（3）为了评估桥墩防撞性能，通过数值模拟计算了5000t、25000t、50000t、70000t船舶船型的撞击作用，开展撞击处及附近各个敏感构件截面的抗弯强度验算、抗剪强度验算、位移计算。结果表明，在现有的防撞钢套箱结构体系下，南京栖霞山长江大桥桥墩的抗拉强度、抗压强度、位移等指标均满足规范要求，桥位处防撞性能满足设防工况要求，桥墩抗撞性能良好。

8 风险评估与应急管理

8.1 风险评估与控制措施

8.1.1 风险评估目的

风险的概念可认为是在特定的客观情况下和特定的时期内，某一事件的预期结果与实际结果间的偏离程度。偏离程度越大，风险越大；反之，风险越小，即包括两个方面：偏离发生的概率和偏离程度。具体到桥梁工程领域，可以认为其风险为在桥梁全寿命过程中，对桥梁安全造成影响的不确定事件。桥梁运营期风险的产生是内部因素（如桥梁结构本身）与外部条件（如人、运营条件）在一定的时间和空间中相互作用的结果，具有客观性和严重性。风险可以控制、减小、分担、转移或接受，在一定的时间和空间内改变风险存在和发生的条件，降低风险发生的概率和损失程度，但不能忽略风险更不能消除风险。因此，公司应研讨桥梁运营期风险发生的机理，辨识风险源，并利用概率论和数理统计的方法测算风险事故发生的概率及其损失程度，然后制定应对策略，降低风险发生的概率及其可能导致的损失，防患于未然。

8.1.2 风险评估方法

风险评估方法可以分为 3 类，即定性、半定量和定量分析方法，或称为经验风险评估、相对风险评估和概率风险评估。

定性分析方法带有很强的主观性，往往需要凭借分析者的经验和直觉，或者业界的标准和惯例，为风险管理诸要素（风险事故发生的可能性，现有应对策略的效力等）的大小或高低程度定性分级，主要回答“有没有”“是不是”方面的问题，具体采取的方法有小组讨论、检查列表、问卷法、人员访谈法、专家调查法等。该方法实际操作相对容易，但也可能因为操作者的经验和直觉的偏差而使分析结果失准。

半定量分析方法虽然是较好的定量风险评价方法，这种方法是在风险评价过程中，对导致事故发生可能性和后果的危险因素进行分级或打分，从而实现风险评价。这种分级或打分的量化方法又称为相对风险评价方法，但该方法需要详尽的系统风险分析和完善的基础数据库，而且需要经验丰富的专业人员进行操作，因此半定量分析方法还不能得到广泛的应用。

定量分析方法是对构成风险的各个要素发生的概率和潜在的损失水平赋予数值或货币金额的概念，当度量风险的所有要素都被赋值，风险评估的整个过程和结果就都可以被量化了，如蒙特卡罗法等。理论上，通过定量分析方法可以对安全风险进行准确的分级，但需要保证可供参考的数据指标的准确性。然而，在工程实际中，定量分析所依据的数据可靠性难以得到保证，并且数据统计缺乏长期性、计算参数的假定不准确等问题给分析的量化带来了很大困难。

因此，目前工程实际应用的风险分析以定性分析方法为主。本章所述及的桥梁运营期风险评估即采用定性分析方法。

8.1.3 风险评估指标

一般来说，风险可表征为风险事故发生的概率和事故损失的“乘积”，根据《公路桥梁和隧道工程设计安全风险评估指南》，并结合南京栖霞山长江大桥运营的实际情况，下面给出风险事件的发生概率和损失（人员伤亡、经济损失、环境破坏）的等级评定标准，并在最后给出针对风险事故的等级划分标准，见表 8-1～表 8-5。

表 8-1 风险发生概率等级标准定性描述

等级	概率描述	定义
1	极低	几乎不可能发生
2	低	难以发生
3	中	偶然发生
4	高	可能发生
5	极高	频繁发生

表 8-2 风险发生概率等级标准定量描述

等级	概率区间	中值
1	$P_f<0.0003$	0.0001
2	$0.0003\leqslant P_f<0.003$	0.001
3	$0.003\leqslant P_f<0.03$	0.01
4	$0.03\leqslant P_f<0.3$	0.1
5	$P_f\geqslant 0.3$	1

表 8-3 人员伤亡等级标准的定量描述

等级	定义
1	重伤人数≤5 人
2	人员死亡（含失踪）人数≤3 人或 5 人＜重伤人数≤10 人
3	3 人＜人员死亡（含失踪）人数≤10 人或 10 人＜重伤人数≤50 人
4	10 人＜人员死亡（含失踪）人数≤30 人或 50 人＜重伤人数≤100 人
5	人员死亡（含失踪）人数＞30 人或重伤人数＞100 人

表 8-4 经济损失等级标准的定量描述

等级	定义
1	经济损失≤500 万元
2	500 万＜经济损失≤1000 万元
3	1000 万＜经济损失≤5000 万元
4	5000 万＜经济损失≤10000 万元
5	经济损失＞10000 万元

表 8-5 环境破坏等级标准的定量描述

等级	定义
1	涉及范围很小，无群体性影响，需紧急转移安置人数≤50 人
2	涉及范围较小，一般群体性影响，50 人＜需紧急转移安置人数≤100 人
3	涉及范围大，区域正常经济、社会活动受影响，100 人＜需紧急转移安置人数≤500 人
4	涉及范围很大，区域生态功能部分丧失，500 人＜需紧急转移安置人数≤1000 人
5	涉及范围非常大，区域内周边生态功能严重丧失，需紧急转移安置人数＞1000 人，正常的经济、社会活动受到严重影响

根据不同的风险概率等级和风险损失等级，建立风险等级评价矩阵，见表 8-6。

表 8-6 风险等级矩阵表

风险损失	风险概率				
	1	2	3	4	5
1	Ⅰ	Ⅰ	Ⅱ	Ⅱ	Ⅲ
2	Ⅰ	Ⅱ	Ⅱ	Ⅲ	Ⅲ
3	Ⅱ	Ⅱ	Ⅲ	Ⅲ	Ⅳ
4	Ⅱ	Ⅲ	Ⅲ	Ⅳ	Ⅳ
5	Ⅲ	Ⅲ	Ⅳ	Ⅳ	Ⅳ

不同等级的风险需采用不同的风险控制对策与处置措施，结合风险评价矩阵，风险水平接受准则见表 8-7。

表 8-7 风险水平接受准则

风险等级	定义
Ⅰ	风险水平可以接受，当前应对措施有效，不必采取额外技术、管理方面的预防措施
Ⅱ	风险水平有条件接受，工程有进一步实施预防措施以提升安全性的必要
Ⅲ	风险水平有条件接受，必须实施削减风险的应对措施，并需要准备应急计划
Ⅳ	风险水平不可接受，必须采取有效应对措施将风险等级降低到Ⅲ级及以下水平；如果应对措施的代价超出项目法人（业主）的承受能力，则更换方案或放弃项目执行

8.1.4 风险评估流程

风险评估的步骤流程包括：风险识别、风险评价、风险控制及应急预案，风险评估流程见图 8-1。

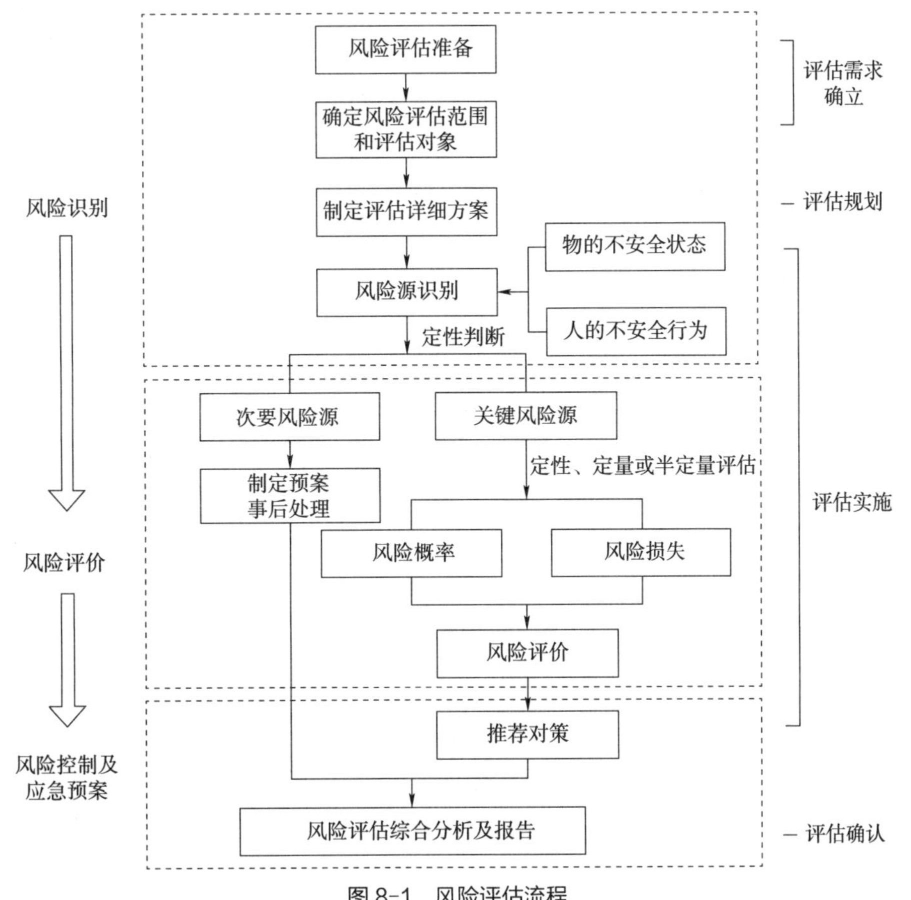

图 8-1 风险评估流程

8.1.5 运营期风险识别

根据南京栖霞山长江大桥运营环境及结构特点，并向专家进行咨询，确定桥梁运营管理的主要风险源为：①施工缺陷风险；②钢桥面铺装层损坏风险；③主缆腐蚀风险；④吊索锈蚀断丝风险；⑤锚碇耐久性风险；⑥钢箱梁积水风险；⑦风致行车风险；⑧汽车超载风险；⑨灾害天气风险；⑩大位移伸缩缝装置损毁风险。

南京栖霞山长江大桥的引桥及接线桥梁均为梁式桥，其下部结构包括翼墙、锥坡、桥墩、桥台、墩台基础、河床，上部结构包括主梁、体外索、支座，桥面系包括桥面铺装、伸缩缝、栏杆护栏、排水系统、照明、标志等。上部结构中的预制空心板、装配式小箱梁、预应力混凝土箱梁和钢主梁均属于非常成熟的设计构造，并有相应成熟的施工工艺和方法与之匹配。

结合南京栖霞山长江大桥实际情况，对以下风险源进行分析。

8.1.5.1 施工缺陷风险

第一个方面主要体现在主缆、加劲梁或混凝土梁线形与理论状态存在偏差，体外索张力也与理论值存在偏差，索股锚跨张力、吊索力不均匀等，上述缺陷可能在结构运营期内加重，并恶性循环；第二个方面主要有钢箱梁焊缝缺陷、涂层剥落、混凝土裂缝等；第三个方面是过渡墩限位装置体外预应力由于堵孔等因素未按照设计要求全部设置并张拉。上述施工缺陷均将对结构的安全性、舒适性、耐久性造成不利影响，存有风险。

8.1.5.2 钢桥面铺装层损坏风险

桥面铺装损坏是桥梁在运营中普遍存在的病害，但由于正交异性钢桥面的刚度较小，变形较大，铺装寿命相对于混凝土桥面铺装要短，我国部分公路钢桥桥面铺装在通车后不久即出现高温车辙、横向推挤、开裂等病害。从国内桥梁运营情况看，一般混凝土桥面铺装寿命为 10 年左右，而有的钢桥面铺装仅为 3 年左右。造成钢桥桥面铺装破坏损坏的原因是多方面的，既有施工、材料等方面的原因，也存在桥梁运营状态下结构受力及周围环境影响等方面的原因。

在不同的车辆荷载和自然环境因素影响下，除了因施工工艺不当造成一些病害（如局部松散、泛油等）外，钢箱梁桥面铺装使用过程中出现的主要破坏类型可概括为两大类：一类是结构性破坏，如疲劳开裂、低温开裂、黏结层失效或脱层等；另一类是功能性破坏，如车辙、推移和拥包等。

一般情况下，在桥梁运营期间导致钢桥面铺装发生破坏的原因主要有以下方面。

（1）由于钢箱梁的正交异性特性，在车辆荷载作用下，桥面板局部刚度变异的部位，其桥面铺装会产生应力或弯矩奇变，造成局部应力集中，在循环往复的车辆荷载作用下，形成疲劳裂缝，如钢桥面板的纵、横隔板和纵向加劲肋上方铺装层出现的有规律的裂缝。而在车辆轮载和水的渗入等因素的综合影响下使得裂缝进一步扩展。

（2）在夏季，一般周围环境温度较高，由于钢板对于温度的高敏感性，一方面导致气温的变化使梁体快速产生较大的温度升降，会影响结合层的工作状态；另一方面，钢板随温度伸缩使钢板与铺装层间产生不利的水平应力。同时，高温状态下，钢板与铺装层的黏接性能急剧下降，导致桥面抗剪能力大大降低。

（3）由于重载与特大交通量的作用，车轮对桥面铺装层的局部冲击作用导致在桥面铺装层薄弱的区域，如纵缝附近或伸缩缝两端，出现局部碎裂或网状裂缝。

（4）由于水分的侵蚀，常常会使得桥面钢板生锈，一方面降低了钢板自身的结构性能，另一方面在黏结层间产生分解隔离层，降低了钢板与铺装层间的整体性能。因此病害发生后，该病害周围的桥面铺装损害呈加速的趋势。

8.1.5.3 主缆腐蚀风险

主缆是悬索桥的主要承力构件，具有不可更换性，是桥梁的“安全生命线”。因此，主缆防腐质量的优劣直接关系到桥梁的使用寿命。南京栖霞山长江大桥主桥悬索桥主缆防腐则综合利用密封和除湿两种方式，即将传统的防护方法（涂抹防护腻子、缠丝、涂漆）与主缆除湿系统相结合，以期实现主缆具备良好的防腐性能。

南京栖霞山长江大桥采用了当前最为先进的主缆防腐技术水平，但由于主缆施工过程中受雨水侵袭和镀锌层破坏，钢丝抑或已经腐蚀，以及运营使用过程中受静、动载作用的影响，可能出现防护腻子的老化（尤其索夹处）和外护层的破损，空气中的水蒸气和雨水侵入，使得主缆中的钢丝因受潮而产生锈蚀，可能影响主缆的密闭性，削弱主缆除湿系统的作用。此外，主缆除湿系统并非一劳永逸，在其后期漫长的维护阶段其长期可靠性及设备寿命也将影响主缆的防腐能力。因此，主缆腐蚀风险依然存在，仍需引起足够重视。

8.1.5.4 吊索锈蚀断丝风险

吊索是将加劲梁、桥面系以及活荷载吊挂在主缆上的传力构件，其应力幅较大。吊索脆断将严重影响结构和行车安全。吊索部分断丝或断裂的因素包括以下方面。

（1）在温度、汽车荷载及风荷载等作用下，加劲梁沿桥轴纵向和横向摆动导致吊索下端处于反复弯剪受力状态，尤其是对于跨中附近的较短吊索，其下端的剪切变形更大，更易发生疲劳断裂。

（2）吊索防水密封性欠佳，而吊索的受力状况和特点使得吊索下端部防水密封性能不断降低，导致吊索受到大气和雨水的直接侵蚀，出现腐蚀断丝现象。

上述两个因素相互作用，也加速了吊索的断丝破坏。

南京栖霞山长江大桥为了适应主缆的横向位移，虽在中跨及边跨短吊索和主缆限位装置的吊索锚头处设有适应横向转动的关节轴承，但吊索的疲劳锈蚀断丝的风险依然存在。此外，对于限位装置吊索，除了自身存在锈蚀断丝的风险外，其锚固座体的预应力钢束也存在类似风险。

8.1.5.5 锚碇耐久性风险

锚碇是主缆的锚固系统，包括锚块、鞍部、缆索防护构造、散索鞍支承及其他附属构造的锚体和基础的总称，在设计、施工和运营管理等各个阶段，都具有很重要的地位。

锚室设有除湿系统，但由于所处桥位季节性雨量较大，表层土排水性较差，存在水渗入锚室的可能性，进而引起锚室钢构件锈蚀，影响锚碇的耐久性。同时，若除湿系统运行不良，维修不及时也将引起的锚室潮湿，引起锚室钢构件锈蚀，影响结构的耐久性。

南京栖霞山长江大桥的锚固系统采用分布传力式锚固系统。锚固板与混凝土无黏结接触，使索股力顺畅传递至锚固区域，除钢筋混凝土榫剪力键锚固区域外，混凝土内锚固板均设置钢板防护设施。钢板表面贴附 10mm 厚氯丁橡胶板，外包 2mm 厚钢板，边缘用 M6 螺栓夹紧固定。橡胶板在螺栓位置每 200mm 贴附一条，宽度 200mm。为防止水分沿防护钢板渗入锚固区域，在靠近锚固区域端将防护钢板弯起并形成封闭止水槽，槽内附设遇水膨胀橡胶止水带。因此，锚固系统的后期维护风险也较大，处理不当易发生结构腐蚀，对锚碇的耐久性产生不利影响，需引起足够重视。

此外，在运营期内，锚碇将发生均匀或不均匀沉降，可能产生水平位移，此都将对结构造成不利影响。

8.1.5.6 钢箱梁积水风险

雨水对桥梁的影响主要体现在箱内积水风险上，南京栖霞山长江大桥运营期间若箱梁封闭不当，如施工过程中的预留空洞未按要求封闭，人孔封闭不当或运营过程中维护不当等，易导致雨水进入箱梁，无法排泄，从而引起结构发生锈蚀，对桥梁的耐久性及使用性能造成不利影响。

8.1.5.7 风致行车风险

在桥梁运营阶段，需要进一步加深对长大桥梁上行车安全的关注，对桥梁的设计及运营的安全都提出了更高的要求。为了减少大风天气下的交通事故，有关部门已经采取了一些措施，如制定大风天气下的车辆行驶限制车速，以及在自然风达到一定风速等级时关闭交通等。如果限制车辆行驶的风速标准制定得过高，就会让车辆在本已不安全的大风环境中行驶，必然会增加行车安全事故发生的概率；反之，过低地限制车辆行驶风速标准，势必又会影响桥梁的通行效率，过多地关闭交通无疑将会造成很大的经济损失，并带来不良的社会影响。因此，强风条件下车辆通过桥梁的安全性，需要采用合适的桥梁管理策略和措施。

（1）桥面风环境变化导致的行车安全风险分析

桥面上的风环境往往变化较大，特别是桥塔区域，在这里风速由于桥塔的遮挡作用而迅速变化，造成车辆在行驶至该区域时发生两次车辆侧风的突变，极易造成车辆驾驶困难而发生车辆事故。国内外对这个问题的解决方法主要有两种：一是在高风速下限制车辆的通行或对车辆进行限速；二是在全桥或桥塔局部区域设置风障。

根据我国相关规范规定，桥梁的安全行车风速确定为25m/s，而如果一旦出现大风引起桥梁行车安全性问题时，需要对桥梁进行封闭。

（2）桥梁风振对行车安全的影响

桥梁受到脉动风的作用会产生随机振动响应，从而对行驶在桥面上的车辆产生动力影响，进而影响车辆的安全性。目前的研究成果认为：在低风速抖振作用下，车辆无论是倾覆还是滑移安全性受风的影响均很小；在高风速下，抖振起了主要作用，桥面的行车安全车速随风速增大而显著降低。

（3）交通管理问题引起的行车安全风险

由于强风条件下桥梁行车安全交通管理的复杂性，以及交通管理失误引起的损失风险很难避免，为了将这种风险控制在较低的水平，需要对强风条件下的桥梁行车安全性能进行深入的分析，得到针对不同车型的安全行车速度，从而制定合理的行车管理策略。

8.1.5.8 汽车超载风险

汽车超载往往会对桥梁的安全性能造成隐患和威胁。就南京栖霞山长江大桥而言，汽车超载对桥梁产生的风险因素主要体现在以下方面：

（1）在超载车辆作用下，对钢箱梁而言，钢桥面板会直接承受超载车辆车轮荷载的反复作用，易于遭受疲劳损伤，形成疲劳裂纹和裂纹扩张，在一定条件下造成构件疲劳断裂。而对于混凝土箱梁而言，在汽车超载作用下，可能发生开裂，裂缝即使在荷载卸除后能够闭合，但由于混凝土结构内部已经受到损伤，构件的开裂弯矩降低、刚度下降，于是在正常使用荷载作用下，本来不该开裂的结构产生裂缝或本来较小的裂缝成为超出规范允许的裂缝或产生较大的变形，严重影响了结构的长期使用性能和结构的耐久性。

（2）汽车超载会对桥面铺装层的耐久性产生不利影响，加速了桥面铺装病害的产生。

（3）超载会加剧吊索振动和疲劳作用的影响，过大的荷载还可能破坏吊索表面的防腐保护层，加速吊索锈蚀进程，影响吊索耐久性。

（4）长期的超载运营还会加速伸缩缝、支座、阻尼器等桥梁附属构件的损坏进程，导致结构边界条件的改变，影响结构的整体受力性能。

8.1.5.9 灾害天气风险

桥梁遭受雷击，不仅会导致桥梁电子设备损毁，更可能导致人员伤亡。防雷安全是保障桥梁正常运营的关键措施之一，开展对雷击风险的评估也是十分必要的。

8.1.5.10 大位移伸缩缝装置损毁风险

国内外桥梁大位移伸缩缝损坏已屡见不鲜，其在桥梁运营期间由于受到车辆荷载及周围环境因素的影响，较易发生损坏或失效。

8.1.6 运营管理风险估测

南京栖霞山长江大桥运营管理风险评估表见表 8-8。

表 8-8 南京栖霞山长江大桥运营管理风险评估表

序号	风险源		风险描述	概率级别	损失级别	风险等级
1	施工缺陷风险		缺陷可能在结构运营期内加重，并恶性循环，施工缺陷均对结构的安全性、舒适性、耐久性造成不利影响	3	2	Ⅱ
2	钢桥面铺装损坏风险		正交异性钢桥面的刚度较小，变形较大，在荷载反复作用下，易造成桥面铺装易损性	3	2	Ⅱ
3	主缆腐蚀风险		主缆钢丝出现腐蚀，关系到桥梁的使用寿命	3	2	Ⅱ
4	吊索锈蚀断丝		吊索锈蚀断丝甚至断裂，对结构和行车安全造成影响	3	2	Ⅱ
5	锚碇耐久性风险	锚碇渗水	锚碇运营阶段的主要风险为混凝土抗渗性差及结构缝防水处理不当引起的锚室渗水，导致锚室钢构件锈蚀	3	2	Ⅱ
		锚碇锚固体系耐久性风险	锚碇改进后锚梁锚固系统因防护不当或养护不力导致腐蚀	2	2	Ⅱ
6	钢箱梁积水风险		雨水通过桥面孔洞进入箱梁，并引起钢箱梁腐蚀	3	1	Ⅱ
7	风致行车安全风险		高桥面风速较高，索塔处由于塔身的遮挡造成局部风场突变，给桥面行车带来安全隐患，可采取在索塔附近的局部设置风障的措施	3	1	Ⅱ

续表

序号	风险源	风险描述	概率级别	损失级别	风险等级
8	汽车超载风险	汽车超载不但使桥面铺装、伸缩装置等遭受了严重的破坏，会对桥梁主体结构造成永久性的损害，为桥梁结构安全埋下了安全隐患，甚至会直接导致了桥梁坍塌事故，使社会承受了巨大的经济损失	4	2	Ⅱ
9	灾害天气风险	桥梁遭受雷击，不仅会导致桥梁电子设备损毁，更可能导致人员伤亡。防雷安全是保障桥梁正常运营的关键措施之一，开展对雷击风险的评估也是十分必要的	2	2	Ⅱ
10	大位移伸缩缝装置损坏或失效风险	大位移伸缩装置损坏或失效，直接影响结构边界条件，对车辆行驶舒适性造成影响	2	2	Ⅱ

南京栖霞山长江大桥各个风险水平均为Ⅱ级风险及以下，风险水平有条件接受，但是也需要实施降低风险的应对措施，并需要准备应急计划，在运营管理中应对各类风险予以重视。

8.1.7 风险控制措施

根据上述南京栖霞山长江大桥运营期风险评估的结果，并结合专家意见，桥梁运营管理风险控制措施如下。

8.1.7.1 施工缺陷风险

在桥梁投入运营初期的初始状态巡检时，尽可能发现施工缺陷，及时进行修复。对已经暴露的施工缺陷区域有针对性加强检测。

8.1.7.2 主缆腐蚀风险

风险应对措施包括：保持主缆清洁，加强巡检，及时养护；确保主缆除湿系统正常工作。

8.1.7.3 吊索锈蚀断丝风险

风险应对措施包括：加强巡检、养护力度，定期检测吊索索力；吊索 PE 护套若有裂纹应及时修复；对锚头浸水的吊索可选择性打开查看其内部钢丝锈蚀程度，据此考虑是否更换吊索。

8.1.7.4 桥面铺装损毁风险

针对桥面铺装层损坏风险，风险应对措施包括：确保运营期间排水系统的通畅；

禁止超载车辆上桥通行；加强检查、养护和维修的力度，尤其对铺装的日常巡检应高度重视，这样可以及时发现病害，便于制定可靠的修补方案。

8.1.7.5 锚碇耐久性风险

风险应对措施包括：加强锚室的巡检养护，对已发生渗水位置，须采取措施进行封堵处理；保证锚碇除湿机工作正常，锚室内干燥，湿度符合要求；加强锚固系统巡检养护，保证钢结构件的防腐涂装完好。

结合施工期检测数据，持续对锚碇几何姿态进行监测。

8.1.7.6 箱梁积水风险

风险应对措施包括：对施工中遗留下的孔洞、接缝等进行及时封闭，避免进水；加强对钢箱梁内的日常检查，养护；确保梁内除湿机工作正常；保证钢箱梁排水系统顺畅。

8.1.7.7 风致行车风险

风险应对措施包括：做好对桥面风速的动态预报和跟踪，在风速较大的情况下，建议采取限制或封闭交通的方式来保证桥面行车的安全；桥面位置设置风速仪实时监测现场风速：超过 10 级风禁止车辆通行，超过 8 级风可考虑限制微型客车、轻型客车和空载集装箱车等类型车辆通过；加强大风天气条件下，桥梁的运营管理。

8.1.7.8 汽车超载风险

风险应对措施包括：加强超载车辆的管理和宣传力度，严禁超载车辆通行；通过结构健康监测系统，及时发现超载超限车辆以及结构对其的响应，评估结构受力状况。

8.1.7.9 灾害天气风险

加强巡检养护，确保桥梁防雷系统发挥实效。

8.1.7.10 大位移伸缩缝损毁风险

风险应对措施包括：建议加强日常的巡检维护，保持伸缩缝清洁、无堵塞；通过结构健康监测系统，查看伸缩缝处位移计变化情况，出现异常应及时上桥检查维修。

8.2 突发事件应急管理措施

8.2.1 制定生产安全事故应急预案目的

为全面规范生产安全事故应急管理和应急响应程序，及时有效地实施应急救援工作，最大程度地减少人员伤亡、财产损失和社会影响，创造安全稳定的环境，根据《中华人民共和国安全生产法》《生产安全事故报告和调查处理条例》《生产安全事故应急预案管理办法》《生产经营单位生产安全事故应急预案编制导则》（GB/T 29639—2020）、《南京市公路（长江桥隧）突发事件应急救援预案》（2020版）等法律、法规、标准、规章，结合南京栖霞山长江大桥实际情况，制定了《生产安全事故应急预案》。

8.2.2 危险源与风险分析

8.2.2.1 恶劣天气危险性分析

南京地区属亚热带季风气候，雨量充沛，年降水1200mm，四季分明，年平均温度15.4℃，年极端气温最高39.7℃，最低-13.1℃，年平均降水量1106mm，具备出现浓雾、雨雪冰冻灾害等恶劣天气的条件。浓雾天气时，因能见度受到严重影响、车辆行车速度快、制动距离较长等因素，较易发生车辆追尾、车辆撞击护栏、车辆坠入边沟及车辆撞击等候救援的人员等类型的交通事故，及较长距离的车辆拥堵，可能导致物体打击、车辆伤害、高处坠落等类型的事故，造成人员伤亡。

冬季雨雪冰冻灾害天气时，因降雪量较大、气温较低、路面摩擦系数降低、车辆制动距离延长，可能发生路桥面结冰、车辆追尾、侧滑、侧翻及车辆撞击等候救援的人员等类型的交通事故，导致物体打击、车辆伤害、高处坠落、其他伤害等类型的事故，造成人员伤亡。

8.2.2.2 交通事故危险性分析

南京栖霞山长江大桥交通流量日益增加、过境车辆较多，具备发生重特大交通事故的可能。高速公路实行24h不间断运行管理，因恶劣天气、疲劳驾驶、操作不当等因素，均可能导致交通事故发生。

客车、运输非危险化学品的货车发生交通事故，可能直接导致物体打击、车辆伤害、高处坠落、火灾等类型的事故；因施救难度较大，处置不当可能导致物体打击、机械伤害、起重伤害、灼烫等类型的事故，造成人员伤亡。运输危险化学品的货车发生交通事故，可能直接导致物体打击、车辆伤害、各类爆炸、中毒、火灾等类型的事故；因施救难度较大，救援措施不当可能导致物体打击、机械伤害、起重伤害、灼烫、各类爆炸、中毒、火灾等类型的事故，造成人员伤亡。

8.2.2.3 人员密集场所危险性分析

通过对近年来全国各类特大火灾进行分析，结合南京栖霞山长江大桥附属设施电气设备较多、人员流动性较大等特点，火灾诱因包括电气火灾、电路老化火灾、用火不慎引起火灾、违章操作引起火灾、火源管理不到位引起火灾等。

火灾事故的后果社会影响大、人员伤亡大、经济损失大；火势蔓延迅速，站点位置偏僻，救援路线复杂，施救力量抵达时间较长；人员密集场所发生火灾后现场秩序混乱，增加抢险救援工作难度。

8.2.3 风险源监控

8.2.3.1 火灾（爆炸）风险源监控

桥面、路面的监控方式有监控闭路电视监视系统（CCTV）等。

桥梁附近使用液化气作为餐饮火源的收费站、管理中心等厨房，均安装了可燃气体探测报警系统作为监控手段，探测器须定期检测或更换。

柴油发电机房、配电房均安装了相应监控摄像、电气火灾监控等设备作为监控手段，有关单位应按照操作规程实施监控。

8.2.3.2 交通事故风险源监控

交通监控系统包括交通监测、交通控制及交通诱导。通过监控系统设备，实时准确地获取交通运行参数，便于判断系统的交通状况和选择交通控制方式。按照一定的交通控制模式，针对不同交通情况，实施不同的交通控制策略。

闭路电视监视系统（CCTV）及交通流视频监视系统。通过电视摄像头监视整个桥面路面，在交通事故发生时第一时间提供迅速、准确的资料，值班监控人员可根据视频画面及交警、交通执法提供的信息，作出判断并及时采取必要的、有效的措施。

交警、交通执法部门的巡视车定期在沿线巡逻，可以检查桥面路面的交通情况，遇到交通事故可以迅速通知总值班室（监控中心）工作人员。

8.2.3.3 洪涝风险源监控

洪涝风险源监控包括如下内容。

（1）国家政府通过新闻媒体公开发布的预警信息。

（2）省、市（区）政府主管部门向公司告知的预报信息。

（3）监控中心报告的路面现场洪汛灾害信息。

（4）汛期每天准时查看当地气象和水情预报，并及时准确地通知相关部门，做好第一手防范准备工作。

（5）养护单位现场24h专人巡视，观测水位涨幅及堤岸的变化，发现异常及时上报大桥管养部门。

8.2.3.4 恶劣天气风险源监控

恶劣天气风险源监控包括如下内容。

（1）国家政府通过新闻媒体公开发布的预警信息。

（2）省、市（区）政府主管部门向公司应急指挥中心告知的预报信息。

（3）监控中心报告的恶劣天气信息。

（4）每天准时查看当地气象预报，并及时准确地通知各部门、管养、相关部门，做好第一手防范准备工作。

8.2.4　应急预案体系

为更加科学规范的开展应急处置工作，公司依托自有技术力量，编制了《生产安全事故应急预案》（见图 8-2）。

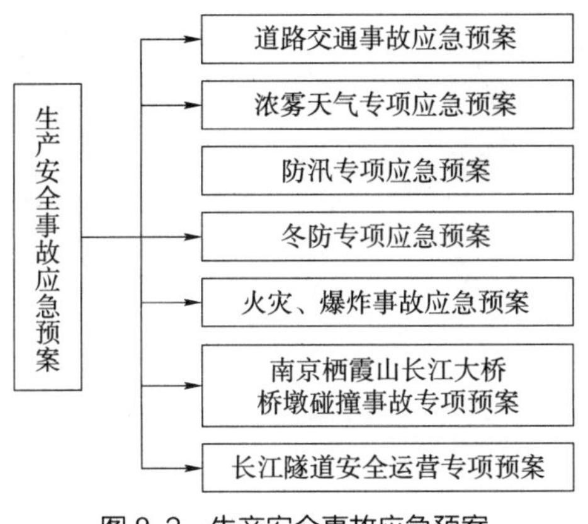

图 8-2　生产安全事故应急预案

8.2.5　预案演练

8.2.5.1　南京栖霞山长江大桥北锚碇桥梁运营安全应急演练

2019 年 9 月，为进一步提高南京栖霞山长江大桥应对恐怖袭击事件的应急处置能力，全面检验应急预案的科学性、合理性和可操作性，公路集团牵头，组织组织市公安局反恐支队、栖霞区人防办、六合区反恐办、六合区公安分局、栖霞区公安分局反恐大队、六合区公安局反恐大队、六合区公安分局巡特警大队、市交管局高速四大队、栖霞区公安分局栖霞派出所、六合区公安分局龙袍派出所、市交通运输执法支队第四大队、市消防支队六合西坝支队、南京市六合人民医院等有关单位在南京栖霞山长江大桥北锚碇开展桥梁运营安全应急演练。反恐演练现场图见图 8-3。

本次演练主要围绕歹徒闯入北锚锭试图破坏大桥结构、公路集团及时发现并及时启动预案，多方联动制服歹徒并转公安机关处理、消防救援、医疗急救等启用“5G+云视讯”，实现演练现场和指挥中心无缝连接。现场人员可借助 5G 网络将无人机现场采集的超高清视频实时传回，协助指挥中心不断给出行动指令，确保各演练单位及时接收到信息并准确执行命令，为在最短时间内成功处置恐怖袭击事件提供有力的技术支撑。

本次演练活动全面检验了多方联动处置恐怖袭击事件的协同作战能力，进一步提升了应急处置水平，为有效应对和防范各类恐怖袭击事件、切实增强防恐维稳能力、保障安全生产态势平稳有序奠定了坚实的基础。

图 8-3 反恐演练现场图

8.2.5.2 南京栖霞山长江大桥危化品运输车辆交通事故现场处置应急演练

2020 年 6 月，为降低发生危化品运输车辆交通事故时对桥梁结构安全的影响，避免污染长江水源，提高一路多方应对危化品运输车辆交通事故的应急处置能力，南京公路集团牵头，南京市公安局交通管理局高速公路四大队、江苏省高速公路交通运输执法总队南京支队第四大队、南京市消防支队栖霞区大队、南京市 120 急救中心、南京市栖霞区人民防空办公室、南京长江隧道有限责任公司、南京长江第三大桥有限责任公司、南京地方铁路有限公司、南京交通工程检测有限责任公司、南京交通建设项目管理有限责任公司、中国石油化工股份有限公司金陵分公司等有关单位在南京栖霞山长江大桥开展危化品运输车辆交通事故现场处置应急演练。危化品运输车辆交通事故现场处置应急演练现场图见图 8-4。

本次演练主要围绕一辆面包车由北往南行驶至南京栖霞山长江大桥主桥面时突发故障，占用第三和应急车道，后方同向行驶的液化石油气危化品运输车未能及时避让，紧急制动变道，发生追尾碰擦，挂车斜停第三车道，后方一辆商务车车速过快，直接撞击危化品罐车侧面，导致液体出口、进口变形但并未泄漏，商务车驾驶室变形，司机被困车内，无生命危险。

本次演练有效检验了一桥多方联动处置危化品运输车辆交通事故的应急救援程序，对进一步提升南京市域高速公路安全保畅能力，有着较好的借鉴意义。

图 8-4　危化品运输车辆交通事故现场处置应急演练现场图

8.2.5.3　南京上坝夹江桥（浦仪公路西段）多车追尾交通事故现场处置应急演练

2021 年 7 月，为切实提升应对多车追尾交通事故的处置能力，建立健全统一指挥、协调有序、迅速高效的应急体系南京公路集团牵头，南京市江北新区公安分局交警支队机动大队、南京市交通运输综合行政执法三支队六大队、南京市消防支队高新技术开发区消防大队、南京市 120 急救中心、南京路桥道路工程有限公司等有关单位在南京上坝夹江大桥浦仪公路（西段）开展多车追尾交通事故现场处置应急演练。多车追尾交通事故现场处置应急演练现场图见图 8-5。南京市交通集团、南京市交通运输局、南京市公安局交通管理局、南京市江北新区公安分局、江苏省高速公路交通运输执法总队南京支队、南京市消防救援支队等有关单位参加观摩。

图 8-5　多车追尾交通事故现场处置应急演练现场图

本次演练主要围绕一辆蓝牌小货车由西向东行驶至浦仪公路（西段）上坝夹江桥主桥面时突发故障（右前轮爆胎），失控向右偏移，撞上行驶在第三车道的一辆面包车，导致面包车撞向应急车道边护栏后发生侧翻，占用第三车道及应急车道；小货车车上装载的货物（箱装纸巾）散落在桥面，副驾驶室变形，乘客被困车内，无生命危险，车辆斜停在第二车道、第三车道，小货车后方同向行驶的第一辆轿车及时刹住，另一辆轿车车速过快，避让不及，与前车发生追尾事故，事故现场占用第二车道、第三车道及应急车道，仅第一车道可通行，侧翻面包车驾驶员自行逃至车外。

本次演练有效检验了一路多方联动处置多车追尾交通事故的应急救援程序，对进一步完善应急处置体系，有着较好的借鉴意义。

8.2.6 突发事件处置

8.2.6.1 北象山隧道货车自燃应急处置

2015 年 12 月 13 日北象山隧道南口有货车发生自燃，车上运输物品为纸质印刷品和变压器等百货用品，总值班室立即启动隧道应急处置预案，通知消防、交巡警和路政部门赶赴现场救援。总值班室联动相关单位，通过采取栖霞收费站入口临时封闭、由南往北栖霞出口主线分流等管制措施，控制现场积压车辆数量和避免紧急停靠带被占用，并做好相关信息发布和汇报工作。通知栖霞站将入口滞留车辆引导调头并开通快速救援通道，经过救援火情迅速得到控制。由于事件处置及时，无人员受伤。

8.2.6.2 南京栖霞山长江大桥北往南方向大客车自燃事故交通中断事件处置

2017 年 4 月 29 日，在南京栖霞山长江大桥高速 K44（北往南）段，一辆 53 座的大客车发生自燃起火事故，事发后，总值班室迅速启动应急救援预案，通知消防 119、交警、排障单位、养护单位赶赴现场救援。总值班室立即在沿线及收费站情报板发布事故警示信息，通过省市交通广播电台向社会公众发布实时路况，同时向省调度中心、96777 客服、省路网办、市交通集团和公司领导汇报。大客车自燃事故交通中断事件处置现场图见图 8-6。

图 8-6　大客车自燃事故交通中断事件处置现场图

各单位到达现场后第一时间对大客车乘客进行疏散，并立即展开初期灭火处置工作，交警、路政现场对第三行车道和应急车道进行了封闭，并指挥疏导现场车辆通行，同时后方收费站开始削减车流量。随后，消防部门两辆消防车到达现场进行扑救。

事故造成大客车基本烧毁，由于疏散及时，事件未造成人员伤亡。疏散乘客随后在四桥高速栖霞收费站得到了妥善安置，收费站向乘客，特别是老人、儿童提供了饮水、食物等一系列便民服务。桥梁管理部门对这次突发事件处置得当，受到了群众和媒体的广泛好评。

为应对可能突发的各类事件、迅速有效地组织开展事故抢险、救援工作，最大限度地减少人员伤亡和财产损失，从以下 4 个方面进一步着力加强南京栖霞山长江大桥各项应急管理工作，完善应急管理体系及制度，保护员工的身体健康和生命财产安全不受威胁。

（1）建立健全应急预案体系。进一步加强应急预案的修订工作，根据南京栖霞山长江大桥实际需求对预案进行修编和增订，逐步形成规范的安全生产事故预防和应急救援的标准体系。

（2）着力强化应急救援队伍建设。进一步加强应急救援队伍建设，强化队伍的素质教育，提高队伍的实战能力。大力普及安全生产事故的预防和应急救援知识，定期组织应急救援演练，不断提高员工的安全意识和责任心，增强员工对安全事故的处置能力。

（3）做好突发事件的隐患排查和应急处置工作。进一步做好双控体系落地，强化监管力度。不断完善检查制度，及时落实相关预防措施和整改方案，将事故消灭在萌芽状态。

（4）确保应急管理资金投入。确保资金投入，充实应急救援的物资储备，优化应急救援装备，适应应急救援工作的需要。同时根据实际，建立专家库，为应急救援提供技术支持。